독자의 1초를
아껴주는 정성을
만나보세요!

세상이 아무리 바쁘게 돌아가더라도 책까지 아무렇게나 빨리 만들 수는 없습니다.
인스턴트 식품 같은 책보다 오래 익힌 술이나 장맛이 밴 책을 만들고 싶습니다.
땀 흘리며 일하는 당신을 위해 한 권 한 권 마음을 다해 만들겠습니다.
마지막 페이지에서 만날 새로운 당신을 위해 더 나은 길을 준비하겠습니다.

길벗 IT 도서 열람 서비스

도서 일부 또는 전체 콘텐츠를 확인하고 읽어볼 수 있습니다.
길벗만의 차별화된 독자 서비스를 만나보세요.

더북(TheBook) ▶ https://thebook.io

더북은 (주)도서출판 길벗에서 제공하는 IT 도서 열람 서비스입니다.

EFFECTIVE SOFTWARE ARCHITECTURE: BUILDING BETTER SOFTWARE FASTER
Authorized translation from the English language edition, entitled EFFECTIVE SOFTWARE
ARCHITECTURE: BUILDING BETTER SOFTWARE FASTER, 1st edition, Oliver Goldman,
published by Pearson Education, Inc, Copyright © 2024 Pearson Education, Inc.
All rights reserved. No part of this book may be reproduced or transmitted in any form or by
any means, electronic or mechanical, including photocopying, recording or by any information
storage retrieval system, without permission from Pearson Education, Inc.
KOREAN language edition published by GILBUT PUBLISHING CO., LTD., Copyright © 2025.
KOREAN translation rights arranged with PEARSON EDUCATION, INC. through Danny Hong
Agency, Seoul, Korea.

이 책의 한국어판 저작권은 대니홍 에이전시를 통한 저작권사와의 독점 계약으로 (주)도서출판 길벗에 있습니다.
신저작권법에 의해 한국 내에서 보호를 받는 저작물이므로 무단전재와 복제를 금합니다.

이펙티브 소프트웨어 아키텍처
EFFECTIVE SOFTWARE ARCHITECTURE

초판 발행 · 2025년 3월 28일

지은이 · 올리버 골드만
옮긴이 · 최희철
발행인 · 이종원
발행처 · (주)도서출판 길벗
출판사 등록일 · 1990년 12월 24일
주소 · 서울시 마포구 월드컵로 10길 56(서교동)
대표 전화 · 02)332-0931 | **팩스 ·** 02)323-0586
홈페이지 · www.gilbut.co.kr | **이메일 ·** gilbut@gilbut.co.kr

기획 및 책임편집 · 정지은(je7304@gilbut.co.kr) | **편집 ·** 정지은 | **표지 디자인 ·** 박상희
제작 · 이준호, 손일순, 이진혁 | **마케팅 ·** 임태호, 전선하, 박민영, 서현정, 박성용
유통혁신 · 한준희 | **영업관리 ·** 김명자 | **독자지원 ·** 윤정아

교정교열 · 김윤지 | **전산편집 ·** 책돼지 | **출력 및 인쇄 ·** 정민문화사 | **제본 ·** 정민문화사

- 이 책은 저작권법의 보호를 받는 저작물이므로 이 책에 실린 모든 내용, 디자인, 이미지, 편집 구성은 허락 없이 복제하 거나 다른 매체에 옮겨 실을 수 없습니다.
- 인공지능(AI) 기술 또는 시스템을 훈련하기 위해 이 책의 전체 내용은 물론 일부 문장도 사용하는 것을 금지합니다.
- 잘못 만든 책은 구입한 서점에서 바꿔 드립니다.

ISBN 979-11-407-1299-1 93000
(길벗 도서번호 080436)

정가 28,000원

독자의 1초를 아껴주는 길벗출판사

(주)도서출판 길벗 | IT단행본&교재, 성인어학, 교과서, 수험서, 경제경영, 교양, 자녀교육, 취미실용 www.gilbut.co.kr
길벗스쿨 | 국어학습, 수학학습, 주니어어학, 어린이단행본, 학습단행본 www.gilbutschool.co.kr

페이스북 · www.facebook.com/gbitbook

이펙티브 소프트웨어 아키텍처
Effective Software Architecture

올리버 골드만 지음
최희철 옮김

글로리아가 보여 준 사랑과 파트너십에 감사하며

지은이의 말

EFFECTIVE SOFTWARE ARCHITECTURE

소프트웨어는 점점 더 복잡해지고 있습니다. 우리는 전 세계 어디에서든 다양한 디바이스로 원하는 정보와 도구를 쉽게 사용할 수 있으며, 사용자 수십억 명을 지원하는 제품에 익숙합니다. 하지만 이러한 시스템을 개발하고 운영하는 일은 수십 년 전에 개발한 단순하고 독립적인 소프트웨어 제품을 운영하는 것과는 비교할 수 없을 정도로 어렵습니다.

이 과정에서 소프트웨어 아키텍처는 시스템을 구상하고 구현하며 운영하는 데 중요하고 핵심적인 역할을 합니다. 소프트웨어 아키텍처는 대규모 시스템을 설계하고 운영하는 데 필요한 여러 분야 중 하나입니다. 이 분야는 시스템의 모든 요소가 어떻게 함께 작동하는지 이해하고 그 구조를 지속적으로 발전시킬 수 있는 **큰 그림**을 보는 능력을 요구합니다.

지난 20여 년간 아키텍트들은 이러한 복잡한 과제를 해결하는 기술과 기법을 개발하는 데 큰 진전을 보였습니다. 조직이 소프트웨어 아키텍처를 잘 수행할수록 더 양질의 소프트웨어를 제때 제공할 수 있습니다.

다만 제품 개발 조직의 대부분은 소프트웨어 아키텍처를 제대로 수행하지 못합니다. 경험이 풍부한 아키텍트들로 구성된 팀을 이끌며 소프트웨어 아키텍처를 효과적으로 수행하지 못하는 조직이 많다고 더욱 확신하게 되었습니다. 아키텍트 각각은 개별적으로 복잡한 소프트웨어 설계를 처리하는 데 능숙했습니다. 하지만 그들이 가진 기술을 조직 전체에 이익이 되도록 활용하지는 못했습니다. 특히 문서화, 프로세스, 커뮤니케이션에 투자가 부족했습니다.

이러한 이유로 소프트웨어 아키텍처 팀은 제 역할을 하지 못했습니다. 업무 우선순위를 정하는 데 어려움을 겪었고, 때로는 엉뚱한 문제에 시간을 허비하기도 했습니다. 명확한 의사 결정 프로세스가 없어 결정을 내리기도 유지하기도 어려웠습니다. 작업 내용을 문서화하는 데도 일관성이 부족하여 이전 작업을 무시하거나 중복해서 수행하기도 했습니다. 당시 프로젝트는 복잡하고 중요해서 상당한 소프트웨어 아키텍처 투자가 필요했지만, 도합 경험치가 100년이 넘는 소프트웨어 아키텍처 팀임에도 조직 기대에 부응하지 못하는 상황이었습니다.

새로운 팀원들과 소통하는 과정에서 문제는 인지하고 있었지만 그 원인은 정확히 파악하지 못하고 있음을 알았습니다. 팀원 각자는 소프트웨어 아키텍처를 수행하는 방법은 알았지만 팀 단위로 효과적으로 구현하는 방법은 몰랐습니다. 이는 개개인이 하는 노력을 팀 차원으로 결집하고 대규모 조직에 원활하게 통합하는 체계가 없었기 때문입니다.

이러한 경험이 이 책을 쓰는 직접적인 계기가 되었습니다. 경험치가 수십 년이나 되는 아키텍트조차 소프트웨어 아키텍처를 효과적으로 실행하는 방법을 제대로 이해하지 못한다면 다른 사람도 동일한 문제로 어려움을 겪을 가능성이 높습니다. 소프트웨어 관련 책에서 아키텍처 팀을 운영하는 주제를 완전히 배제하지는 않고 있지만 그렇다고 광범위하게 다루지도 않습니다. 예를 들어 〈Software Architecture: Foundations, Theory, and Practice〉(Wiley, 2009)는 총 736쪽 분량 중 단 3%만 **사람**, **역할**, **팀**에 할애하고 있습니다. 필자가 가진 소프트웨어 아키텍처에 관한 대다수 책도 이와 비슷한 수준입니다. 필자는 이 부족한 부분을 채우기로 결심했습니다.

올리버 골드만

감사의 말

EFFECTIVE SOFTWARE ARCHITECTURE

이 책은 오랜 배움과 실무 경험에서 얻은 지식과 통찰을 집약한 결과물입니다. 그 과정에서 영향을 받고 배움을 준 분이 너무도 많지만, 이 자리에서 모두를 언급하기는 어려울 것 같습니다. 그중 꼭 감사 인사를 전해야 할 몇 분이 있습니다.

먼저 부모님 버나딘과 테리, 형제자매 엘리자베스, 레아, 매튜에게 감사를 전합니다. 아홉 살 무렵 부모님께서는 코모도어 64를 사 주셨는데, 필자의 소프트웨어 개발 경력은 그 순간 시작했다고 해도 과언이 아닙니다. 어린 시절 집은 수많은 책과 깊이 있는 사고, 언어를 활용한 다양한 놀이로 가득 차 있었습니다. 그 환경 덕분에 언젠가 필자 이름이 적힌 책을 갖고 싶다는 꿈을 꾸었고, 이제는 코모도어 64가 결국 꿈을 이루는 데 도움을 주었습니다.

고등학교 시절에는 훌륭한 영어 선생님 두 분, 제프 레잉과 릭 탈만께서 글을 쓸 수 있다는 사실과 그 방법을 가르쳐 주셨습니다. 두 분이 보내 준 피드백과 격려에 깊이 감사를 드립니다. 그리고 컴퓨터 실습실에서 마음껏 탐구할 기회를 주신 톰 레이저 선생님께도 큰 감사를 전합니다.

대학에서는 멘델 로젠블룸 교수님을 지도교수로 모신 것이 큰 행운이었습니다. 교수님이 가르치신 운영 체제 수업은 가장 흥미로운 과목이었습니다. 방학과 졸업 후에는 잠시 동안 조지 츠바이크 박사님과 함께 일할 기회가 있었는데, 조지 박사님은 아직 미숙하고 충동적인 젊은 필자를 신뢰하셨습니다. 그때 한 경험을 지금도 소중하게 간직하고 있습니다.

필자 커리어의 대부분을 어도비에서 쌓았습니다. 너무나도 훌륭한 동료가 많아 모두 언급하기는 어렵지만, 윈스턴 헨드릭슨과 아베이 파라스니스 두 분께 특별히 감사합니다. 두 분은 필자에게 큰 기회를 주셨고 그 기대에 부응하려고 노력했습니다. 또 보리스 프루스만, 댄 포이겔, 레너드 로젠솔, 로이 혼스, 스탠

스위처 등과 다양한 프로젝트에서 협력하며 이 책에서 다룬 많은 개념을 함께 발전시킬 수 있었습니다.

아울러 이 책 초고를 검토하고 귀중한 피드백을 제공한 브렛 아담, 댄 포이겔, 케빈 스튜어트, 로이 혼스에게 감사합니다. 만줄라 아나스카르, 헤이즈 험버트, 멘카 메타, 메리 로스, 제이아프라카시 P.와 보이지 않는 곳에서 도와주신 출판사 피어슨의 모든 분께도 깊은 감사를 전합니다. 신인 저자인 필자에게 기회를 주시고 출간까지 많은 도움을 주셔서 덕분에 오랜 꿈을 이룰 수 있었습니다.

무엇보다 아내 글로리아와 네 아들에게 가장 큰 감사를 전하고 싶습니다. 이 책은 우리가 함께 만든 집에서 편안하게 집필했는데, 이보다 더 좋은 환경에서 작업하기는 불가능했을 것입니다.

옮긴이의 말

처음 이 책 번역을 제안받았을 때 이를 수락할지 말지 고민이 많았습니다. 번역 작업은 평생 한 번쯤은 꼭 하고 싶었던 일이었기에 이번 기회를 놓치고 싶지 않았습니다. 이 책을 번역하는 과정에서 지난 14년간 소프트웨어 개발자로서 고민했던 부분들과 소프트웨어 아키텍처 지식을 더욱 깊이 있게 다질 수 있으리라 생각했습니다.

하지만 번역을 시작하는 시점에 첫째는 아직 어렸고 둘째는 태어난 지 얼마 되지 않았습니다. 당시 저는 미국에 거주했기에 부모님이나 친척들의 도움을 받기 어려운 상황이었는데, 제 일이 많아지면 결국 아내가 감당할 육아 부담이 커질 수밖에 없었습니다. 그런데도 아내는 번역을 도전해 보라고 격려했고, 저는 아내의 지지 덕분에 이 작업을 시작할 수 있었습니다.

번역 작업은 단순히 원문을 한국어로 옮기는 것이 아니라, 저자 의도를 이해하고 독자가 자연스럽게 받아들일 수 있도록 표현을 다듬는 과정입니다. 하지만 원문이 설명하는 개념을 최대한 살리면서도 독자에게 익숙한 용어와 문장 구조를 고민하는 과정은 결코 쉽지 않았습니다. 때로는 원문이 사용한 표현을 직역하면 의미가 불분명해지고, 반대로 너무 의역하면 원문 의도를 훼손할 위험도 있었습니다. 이러한 균형을 맞추는 것이 번역자가 할 역할이라는 점을 절감하는 시간이었습니다.

이 책은 소프트웨어 아키텍처가 소수 전문가만 접근할 수 있는 신비로운 영역이 아니라, 누구나 이해하고 실무에 적용할 수 있는 직관적이고 실용적인 개념임을 보여 줍니다. 또 아키텍처는 단순한 이론이 아니라 실용적인 원칙과 반복할 수 있는 프로세스를 이용하여 점진적으로 발전해 나가는 과정임을 강조합니다.

아무쪼록 이 책으로 보다 많은 사람이 소프트웨어 아키텍처를 체계적으로 이해하고, 실무에서 효과적으로 적용하는 데 도움이 되길 바랍니다. 또 저처럼 개발자인 분들과 IT 종사자분들이 더욱 성장할 수 있는 계기가 되었으면 합니다.

끝으로 번역 작업을 할 수 있도록 기회를 주신 길벗출판사와 바쁜 일정 속에서도 원고를 검토하신 정지은 에디터님을 비롯한 모든 분께 감사합니다. 한국에 계신 부모님과 장인어른, 장모님, 사랑하는 아들딸, 무엇보다도 언제나 제 결정을 존중하고 응원하는 아내에게 깊은 감사를 전합니다.

2025년 겨울 매사추세츠 워터타운에서

최희철

들어가며

EFFECTIVE SOFTWARE ARCHITECTURE

컴퓨터 공학 학위를 받고 대학을 졸업할 당시 평균적인 수준에서 소프트웨어 개발 이론을 이해하고 있었습니다. 데이터베이스, 알고리즘, 컴파일러, 그래픽, CPU 아키텍처, 운영 체제, 동시성 등 다양한 분야를 공부했고, 이러한 기술들이 서로 어떻게 연관되는지 기본적인 틀도 어느 정도 갖추고 있었습니다.

그러던 중 학업 외에 여름 방학 일거리로 소프트웨어를 개발하면서 학문적 지식을 실제 소프트웨어 개발에 적용하는 것이 결코 단순하지 않다는 사실을 깨달았습니다. 더 정확히 말하자면, 학문적 지식을 실제 제품 개발로 옮기는 데는 여러 가지 어려움이 있었습니다. 적절한 알고리즘을 선택하고 구현하는 일은 대체로 쉬웠지만, 대규모 코드 베이스에서 작업하고 기능적인 사용자 경험을 만들어 품질과 성능을 테스트하고 여러 팀과 협업하는 일들은 어려웠습니다.

졸업 후에는 여러 기업에서 소프트웨어 제품을 개발했습니다. 성공적인 결과로 이어진 프로젝트도 있었지만 대부분은 그렇지 못했습니다. 그러나 실패를 하면서 많은 것을 배웠습니다. 실패에서 배운다는 말이 다소 진부하지만 필자에게 그 경험은 값진 배움의 기회였습니다.

다양한 프로젝트를 수행하면서 다른 동료보다 소프트웨어 제품을 시스템적인 관점에서 보는 경우가 많았습니다. 즉, 개별 기능보다는 시스템을 구성하는 요소와 그 관계에 더욱 집중했습니다. 당시에는 잘 몰랐는데, **큰 그림**을 보고 추론하는 능력은 상대적으로 드물지만 매우 유용한 기술이었습니다.

소프트웨어 시스템의 모든 구성 요소와 그 관계를 포괄적으로 다루는 것이 바로 소프트웨어 아키텍처입니다. 사실 아키텍처 용어는 소프트웨어에만 국한되지 않습니다. 아키텍처 용어는 건축 분야에서 차용한 것으로 집, 자동차, TV, 로켓 등 모든 유형의 제품(프로덕트)에 적용할 수 있습니다. 필자가 로켓 과학자였다면 아마도 특정 밸브나 노즐 설계보다는 로켓의 여러 부품이 서로 어떻게 맞물려 있는지에 더 관심을 가졌을 것입니다. 지금은 소프트웨어 분야에서 일했기에 정말 그렇게 되었을지는 알 수 없지만요.

수십 년간 업계에 몸담고 있는 동안 우리가 만드는 소프트웨어 복잡성은 상상을 초월할 정도로 증가했습니다. 필자가 처음 소프트웨어 개발을 시작할 때만 해도 고작 상업용 플로피 디스크 한 장에 들어가는 정도였고, 한 번에 컴퓨터 한 대에서만 실행되었으며 인터넷에도 연결되지 않았습니다. 그러나 오늘날 **클라우드**에서 운영되는 소프트웨어는 연계 프로그램 수백 개로 손쉽게 구성할 수 있으며, 지리적으로 분산된 여러 웹 사이트에서 실행됩니다. 하루에도 여러 번 업데이트되며 중단 없이 영원히 작동할 것으로 여깁니다. 물론 가끔은 그런 기대에 미치지 못하기도 합니다. 이처럼 소프트웨어의 규모와 복잡성이 급격히 증가하면서 소프트웨어 아키텍처는 그 어느 때보다 더 중요해졌으며 그만큼 어려워졌습니다.

이러한 변화로 소프트웨어 아키텍처는 점점 더 어렵고 중요한 분야가 되었습니다. 추적해야 할 구성 요소와 그 관계가 기하급수적으로 증가하면서 아키텍처를 설계하기가 더 어려워졌습니다. 구성 요소 간 관계를 효과적으로 관리하지 않으면 시스템 복잡성은 필연적으로 증가하여 시스템의 신뢰성과 개발 속도를 저해하는 요인이 될 수 있습니다. 실제로 제품 대부분에서 시스템 복잡성 때문에 결국 실패로 이어지는 사례들을 목격해 왔습니다.

물론 소프트웨어 아키텍처는 단순히 복잡성을 관리하는 것에 국한되지 않습니다. 다만 아키텍처가 제공하는 가장 핵심적인 가치를 하나만 꼽는다면 복잡성 관리라고 말할 수 있습니다. 복잡성은 소프트웨어의 본질적인 기능을 저해하고 예측 불가능한 동작을 유발하며 사용자 신뢰를 떨어뜨립니다. 또 결함으로 이어져 소프트웨어 안정성을 해치기도 하고, 장애를 전파시켜 작은 오류로 대규모 중단 사태를 만들기도 합니다. 나아가 복잡한 시스템은 이해하기 어려워 더 단순한 형태나 구조로 개선하기 어렵게 합니다. 즉, 복잡성은 소프트웨어의 가장 큰 적이며, 체계적인 아키텍처 설계야말로 이를 방어할 수 있는 최선의 방법이라고 할 수 있습니다.

필자는 커리어 후반에 대규모 소프트웨어 제품의 아키텍처 팀을 이끄는 역할을 맡았습니다. 담당했던 두 제품은 완전히 새로운 것이 아니라, 10년 이상 운영해 온 시스템이었습니다. 기존 아키텍처를 분석하고, 요구 사항의 적합성을 평가하며, 변경 사항을 제안하고 검토하는 등 모든 아키텍트의 핵심적인 업무를 수행했습니다. 이 책 뒷부분에서 이 작업을 수행하는 방법을 더 자세히 설명할 예정입니다.

비록 이 작업들이 중요하기는 하지만, 이것이 곧 소프트웨어 아키텍처의 전부라고 하는 것은 마치 컴퓨터 공학 수업 몇 개를 듣고 소프트웨어를 개발할 줄 안다고 하는 것과 같습니다. 앞선 작업들을 이해하는 것은 좋은 출발점이지만, 소프트웨어 아키텍처를 소프트웨어 개발의 완전하고 성공적인 부분으로 만들기 위해서는 이보다 더 많은 것이 필요합니다. 그것이 이 책에서 다루고자 하는 내용입니다. 특히 소프트웨어 개발 조직에서 아키텍처를 실무에 적용하는 방법을 집중적으로 다룰 것입니다.

이 책에 대하여

이 책은 소프트웨어 아키텍처를 소개하는 책이 아닙니다. 클라이언트-서버, 도메인 주도 설계, 감지-계산-제어 등 아키텍처 스타일을 설명하지 않습니다. 데이터베이스 기술을 어떻게 선택하고 배포를 어떻게 지역화하며 확장성을 위해 어떻게 설계해야 하는지도 다루지 않습니다. 물론 이들은 모두 중요한 주제입니다. 다만 이러한 주제를 다룬 여러 책과 블로그, 자료가 많이 있고 이 분야에 정통한 아키텍트도 있습니다.

병합 정렬 알고리즘을 구현할 줄 안다고 해서 애플리케이션 개발을 모두 아는 것은 아닙니다. 마찬가지로 단순히 아키텍처를 이해하는 것만으로는 이를 실제 시스템에 적용하여 구축하기에는 부족합니다. 병합 정렬은 엔지니어 한 명이 구현할 수 있지만, 시스템 아키텍처는 여러 이해관계자가 협력해야 하는 작업입니다.

이 책은 아키텍처 기술과 지식을 훨씬 더 크고 복잡한 제품 개발 프로세스에 어떻게 적용할 수 있는지 설명하는 것이 목표입니다. 특정 아키텍처 스타일에 초점을 맞추지 않고 소프트웨어 아키텍처를 정의하며, 제품 개발 팀의 다른 전문 분야 사이에서 아키텍처의 위치와 역할을 규정합니다. 또 아키텍처가 개념, 프로세스, 표준 등과 어떻게 연관되는지 다양한 접점을 알아봅니다.

다음으로 시스템 변경이라는 주제를 자세히 살펴볼 것입니다. 아키텍처 실무에서 핵심은 시스템 변경 사항을 식별하고 관리하며 설계하는 것입니다. 설계 과정은 종종 블랙박스처럼 보일 수 있습니다. 마치 아이디어와 요구 사항을 입력하면 완성된 설계가 자동으로 나오는 것처럼 인식되기도 합니다. 하지만 실제로 시스템 변경 과정은 연속적이면서도 구분 가능한 여러 단계로 구성되어 있습니다. 이러한 단계들을 명확히 하고 가시화하며, 각 변경 단계를 체계적으로 관리하는 모든 노력이 전체 프로세스 개선으로 이어질 것입니다.

EFFECTIVE SOFTWARE ARCHITECTURE

엔지니어링 핵심은 트레이드오프(trade-offs)를 다루는 것이며, 변경으로 시스템을 개발하고 발전시키는 과정에는 끊임없는 설계 결정이 따릅니다. 각 결정은 어떤 경로를 열거나 닫기도 하며, 막다른 길에 이르렀을 때 이전 결정을 번복하기도 합니다. 이러한 결정을 내리는 방법 자체가 핵심 기술입니다. 프로젝트 팀이 올바른 결정을 더 많이 내릴수록 이전 결정을 번복하는 데 낭비하는 시간은 줄어듭니다. 좋은 결정을 빨리 내릴수록 프로젝트를 신속하게 진행할 수 있습니다.

대규모 프로젝트에서는 프로젝트 관리와 원활한 의사소통이 중요한 고려 사항입니다. 이미 내려진 결정과 보류 중인 결정, 시스템을 설명하는 용어, 현재 사용 중인 아키텍처를 선택한 이유 등은 모두 도구와 프로세스, 의사소통의 핵심 요소가 됩니다.

마지막으로 소프트웨어 아키텍트의 독립적인 역할을 정의하고, 조직 내에서 아키텍처 팀을 어떻게 운영하는지 살펴봅니다. 아키텍처 팀을 구성하는 선택지와 아키텍처가 조직 내 다른 분야와 어떻게 협력해야 하는지도 알아볼 것입니다. 아울러 이 장에서는 아키텍처 인재를 어떻게 발굴하고 효과적으로 육성할 수 있는지도 다룰 것입니다.

대상 독자

이 책은 소프트웨어 아키텍트, 매니저, 제품 관리자, 사용자 경험 디자이너, 프로그램 관리자 등 다양한 역할을 맡은 사람들을 위한 지침서입니다. 소프트웨어 개발은 여러 분야가 협력하여 진행하는 과정입니다. 이 책이 소프트웨어 아키텍처 이해를 높이고 각 담당자가 소프트웨어 개발 과정에서 맡은 역할을 다하며, 아키텍처 팀이 효과적으로 운영되는 방법을 익혀 성장하는 데 도움이 되길 바랍니다.

현업에 종사하는 아키텍트라면 이 책에서 자신의 방식을 되돌아보고 개선할 수 있는 지침을 발견할 수 있을 것입니다. 경력이 풍부한 전문가도 이 책에서 새로운 인사이트를 얻을 수 있을 것입니다. 소프트웨어 아키텍처는 비교적 새로운 분야라서 아직 문헌을 표준화하거나 실무 관행을 일관성 있게 정립하지 못했습니다. 따라서 이 책은 유용한 참고 자료가 될 것입니다.

이 책은 소프트웨어 아키텍처 팀과 협업하는 모든 사람을 대상으로 하는 지침서입니다. 프로젝트 규모가 커지면 역할을 세세하게 나누어야 합니다. 제품 관리자는 요구 사항을 관리하고, 테스팅 팀은 테스트 계획을 수립하며, 보안 팀은 위협 모델을 개발하는 등 각자 자신의 전문 분야를 담당합니다. 이러한 모든 활동은 결국 하나로 통합해야 하며, 이를 위해 각 팀원은 자신의 역할이 전체 시스템과 어떻게 조화를 이루는지 이해해야 합니다. 결국 원활하게 협업하려면 시스템 아키텍처 이해는 필수입니다. 이 책은 소프트웨어 프로젝트에 참여하는 모든 사람이 소프트웨어 아키텍처가 프로젝트 목표를 달성하는 데 어떤 역할을 하는지 쉽게 이해할 수 있도록 구성했습니다.

마지막으로 이 책은 아키텍처 팀을 관리하거나 조직하는 경영진에게 유용한 정보를 제공합니다. 소프트웨어 아키텍처의 원리와 실무를 설명하며, 경영진이 현재 아키텍처의 적합성을 평가하고 인재를 채용할 때 고려할 사항을 판단하는 데도 도움을 줍니다.

성공 요소

효과적인 소프트웨어 아키텍처는 제품 개발 조직이 고품질의 소프트웨어를 더 빠르게 개발할 수 있도록 지원합니다. 이는 시스템의 구성, 변경 관리, 복잡성 제어, 효율성과 안정성을 고려하여 설계함으로써 소프트웨어 개발 난제를 해결하는 데 큰 역할을 합니다. 훌륭한 아키텍처를 갖춘 소프트웨어 시스템은 원활하게 작동하며 시간이 지나도 높은 성능을 유지합니다. 반면에 아키텍처가 부실한 시스템은 실패할 가능성이 높으며 종종 심각한 문제를 일으킵니다.

성공적인 소프트웨어 아키텍처는 제품 개발의 다양한 과제를 효과적으로 통합합니다. 아키텍트는 요구 사항을 종합하여 단순히 부품의 집합이 아닌 일관된 전체를 설계하는 데 중요한 역할을 합니다. 이러한 포괄적인 시각은 모든 이해관계자가 시스템 구성 요소 간 유기적인 결합 방식을 이해하는 데 도움을 줍니다.

소프트웨어 아키텍처를 효과적으로 실현하려면 컴퓨터 공학 이해뿐만 아니라 다양한 아키텍처 스타일 경험도 필요합니다. 예측 가능하고 반복할 수 있는 시스템 변경 프로세스를 구축하고 신속하고 효율적으로 의사 결정을 내리며, 시간이 지나면서 더욱 발전하는 팀을 구성하는 능력 또한 중요합니다.

요컨대 소프트웨어 아키텍처는 소프트웨어를 개발하고 제공하는 데 점점 더 중요한 역할을 담당합니다. 이 책이 여러분과 조직이 더욱 효과적으로 소프트웨어 아키텍처를 구축하고 실행하는 데 도움이 되길 희망합니다.

베타리더 후기

처음 책 제목을 보았을 때는 기술적인 관점에서 효율적인 소프트웨어 아키텍처를 다루는 내용일 것이라고 예상했습니다. 그러나 책을 읽어 나가면서 단순한 기술적 접근을 넘어 소프트웨어 아키텍처의 본질을 바로잡고, 더욱 거시적인 관점에서 소프트웨어와 이를 둘러싼 환경을 탐구하는 책임을 통감했습니다. 책에서 직접적으로 사용한 표현은 아니지만, 읽는 내내 이 질문이 떠올랐습니다. "끊임없이 진화해야 하는 소프트웨어가 살아가는 생태계에서 자정 작용은 어떻게 해야 할까?" 또 실제 업무에서 겪었던 한계와 고민들이 책 속에 그대로 담겨 있어 읽는 내내 공감했고, 때로는 뜨끔하기도 했습니다.

책을 거의 읽을 즈음에는 소프트웨어 변화 과정에 영향을 주는 요소와 프로세스들이 실무적으로 Best Practice를 갖추려면 어떤 조건이 필요한지 통찰을 얻을 수 있었습니다. 마지막 부록에서는 소프트웨어 아키텍처를 개선하는 첫걸음으로 어떤 시도를 할 수 있는지 소개하므로 끝까지 유익한 내용을 담고 있는 책입니다.

정의엽_LINE Plus

스마트폰이 촉발한 IT 혁명은 거의 모든 산업에서 IT를 기반으로 한 혁신을 이끌어 내고 있습니다. 이러한 거대한 변화 속에서 기술 혁신과 발전은 더욱 가속화되고 있으며, 다양한 시스템 요구 사항에 맞추어 소프트웨어 아키텍처 또한 끊임없이 진화합니다. 특히 오픈 소스 소프트웨어(OSS)를 활용한 클라우드 인프라 기반 시스템이 일반화되고, 운영과 개발의 경계가 점차 허물어지면서 개발자에게도 아키텍처 이해는 필수 역량으로 자리 잡았습니다. 이 책은 시스템 아키텍처의 기본 개념과 통찰을 제공하는 좋은 기회가 될 것입니다. 시스템을 설계하고 구성하는 사람뿐만 아니라, 개발과 운영을 담당하는 다양한 IT 실무자에게도 유용한 인사이트를 제공할 것으로 기대합니다.

김용회_(주)씨에스피아이 SA사업본부 이사/시스템 운영 사업부장

EFFECTIVE SOFTWARE ARCHITECTURE

소프트웨어 아키텍처는 반드시 고려해야 할 필수 요소입니다. 현재 요구 사항을 충족하면서 향후 변화할 수 있는 요구 사항에 효과적으로 대응할 수 있도록 유지 보수가 용이한 소프트웨어를 개발하려면 아키텍처 설계는 필수입니다. 특히 오늘날처럼 소프트웨어의 규모와 복잡성이 지속적으로 증가하는 환경에서 소프트웨어 아키텍처의 중요성은 더욱 커졌습니다. 이 책은 소프트웨어 아키텍처 업무의 개념과 필요성, 개발 프로세스 전반에서 수행해야 할 구체적인 내용을 체계적으로 설명합니다. 또 소프트웨어 아키텍트가 업무를 수행할 때 놓치면 안 되는 커뮤니케이션 포인트와 실무적인 조언을 풍부하게 담고 있어 실제 아키텍처 설계와 운영에 매우 유용한 가이드를 제공합니다.

예를 들어 소프트웨어를 새로 개발할지, 아니면 유지 보수를 지속할지 판단 기준을 다룬 부분은 특히 인상 깊었습니다. 이는 제가 현재 회사에서 실제로 직면하여 고민하는 부분이기도 했기에 단순히 유용함을 넘어 놀랍고 반갑기까지 했습니다. 이외에도 책에서 소개하는 다양한 사례를 통해 소프트웨어 아키텍트가 갖추어야 할 전략적 사고 방식과 접근 방식을 배울 수 있어 앞으로 실무에 큰 도움이 되리라고 확신합니다. 이 책은 모든 소프트웨어 아키텍트가 반드시 읽어야 할 필독서입니다.

최성욱_삼성전자 VD사업부 Security Lab

이 책은 소프트웨어 아키텍처가 갖추어야 할 가장 기본적인 원칙을 담고 있습니다. 저자의 친절한 설명으로 더욱 효과적이고 효율적으로 소프트웨어 아키텍처를 설계하는 방향을 이해할 수 있습니다. 또 책에서 제시하는 다양한 방법은 실무에 직접 적용할 수 있는 실용적인 지침을 제공하며, 이를 활용하면 더 나은 소프트웨어를 빠르게 구축할 수 있습니다. 특히 대규모 시스템을 설계할 때 성능, 확장성, 유지 보수성을 균형 있게 고려하는 방법에 대한 통찰을 제공합니다. 이것으로 독자는 지속적으로 확장 가능하고 유지 보수하기 쉬운 시스템을 구축하는 데 필요한 실질적인 인사이트를 얻을 수 있을 것입니다.

남지영_11번가

점점 더 복잡해지는 서비스 환경에서 서비스를 안정적으로 운영하려면 개발뿐만 아니라 설계의 중요성도 필수적으로 고려해야 합니다. 다양한 요구 사항을 종합하고 개별 요소의 역할과 상호 연결을 유기적으로 조화시켜 최적의 아키텍처를 설계하는 것이 무엇보다 중요합니다. 이 책은 아키텍처를 설계할 때 고려해야 할 핵심 요소와 원칙을 단계별로 상세히 설명합니다. 특히 개별 요소를 어떤 규칙으로 관리하고 다루어야 하는지는 물론, 서로 다른 버전 간 호환성을 유지하는 방법까지 다루어서 설계 이후의 운영 관점에서도 많은 인사이트를 제공합니다. 또 아키텍처 설계의 전 단계를 체계적으로 소개하며 여러 팀과 협력 관계를 구축하고 유지하는 과정에서 아키텍처가 수행해야 할 역할의 중요성도 강조합니다. 이것으로 설계뿐만 아니라 시스템 전체의 동작을 이해하고 조율하는 능력도 배울 수 있었습니다. 이 책은 아키텍처를 설계할 때 고려해야 할 사항을 종합적으로 이해하는 데 큰 도움이 될 것이므로 소프트웨어 설계에 관심 있는 사람에게 강력히 추천합니다.

최인주_에스에스지닷컴

목차

EFFECTIVE SOFTWARE ARCHITECTURE

1장 소프트웨어 아키텍처 ····· 027

- 1.1 기본 구조 **029**
- 1.2 시스템 **031**
- 1.3 구성 요소 **032**
- 1.4 구성 요소 간 관계 **036**
- 1.5 환경과의 관계 **038**
- 1.6 설계를 통제하는 원칙 **041**
- 1.7 시스템 진화 **045**
- 1.8 요약 **048**

2장 맥락 ····· 049

- 2.1 콘셉트 **050**
- 2.2 신뢰도 **053**
- 2.3 아키텍처적으로 중요한 요구 사항 **055**
- 2.4 제품 계열 **058**
  - 2.4.1 하나의 제품, 여러 플랫폼 058
  - 2.4.2 제품 라인 060
  - 2.4.3 제품군 062
  - 2.4.4 크로스 플랫폼 065
- 2.5 플랫폼 구축 **066**
- 2.6 표준 **068**
- 2.7 요약 **071**

3장 변화 ····· 073

3.1 변화의 단계　075

3.2 변화의 유형　077

3.3 제품 중심 변화　078

3.4 기술 중심 변화　081

3.5 단순화　083

3.6 투자 마인드　088

3.7 점진적 배포　092

3.8 아키텍처 진화　095

3.9 요약　098

4장 프로세스 ····· 101

4.1 시스템 문서화　103

4.2 비전을 향한 작업　106

4.3 변경 제안서 작성　108

4.4 백로그 관리　110

4.5 대안 고려　112

4.6 아무것도 하지 않기　117

4.7 긴급성과 중요성　118

4.8 시스템 재문서화　119

4.9 요약　120

5장 설계 ····· 123

5.1 아키텍처가 설계 효율을 높이는 방법 125
5.2 설계가 아키텍처 변화에 미치는 영향 128
5.3 분해 130
5.4 조합 133
5.5 조합과 플랫폼 135
5.6 점진적 접근 136
5.7 병렬 처리 138
5.8 조직 구조 140
5.9 개방적인 작업 141
5.10 포기하기 145
5.11 완료 146
5.12 요약 147

6장 의사 결정 ····· 149

6.1 추가 정보는 도움이 되는가? 151
6.2 그동안 어떤 일이 일어났는가? 153
6.3 얼마나 많은 의사 결정을 하고 있는가? 155
6.4 아무것도 하지 않을 경우 비용은 얼마인가? 156
6.5 변경을 수용할 수 있는가? 158
6.6 결정을 잘못 내렸을 때 비용은 얼마인가? 160
6.7 얼마나 더 확신할 수 있는가? 162
6.8 이 결정은 내 책임인가? 163

6.9 일관성이 있는가? **165**

6.10 문서화할 수 있는가? **166**

6.11 요약 **168**

7장 실무 방식 ····· **171**

7.1 백로그 **173**

7.2 카탈로그 **178**

7.3 템플릿 **179**

7.4 검토 **183**

7.5 진행 상태 **187**

7.6 진행 속도 **189**

7.7 집중 시간 **192**

7.8 요약 **195**

8장 커뮤니케이션 ····· **197**

8.1 정신 모델 **199**

8.2 문서 작성 **202**

8.3 대화 **206**

8.4 정보 아키텍처 **209**

8.5 네이밍 **215**

8.6 용어집 **219**

8.7 경청 **222**

8.8 요약 **224**

9장 아키텍처 팀 …… 227

- 9.1 전문화 229
- 9.2 팀 구조 231
- 9.3 리더십 236
- 9.4 책임 239
- 9.5 인재 241
- 9.6 다양성 243
- 9.7 조직 문화 244
- 9.8 모임 247
- 9.9 세미나와 서밋 248
- 9.10 요약 249

10장 제품 개발 조직 …… 251

- 10.1 개발 방법론에 따른 작업 253
- 10.2 제품 관리 팀과 협업 256
  - 10.2.1 도와주기 260
  - 10.2.2 다양한 결말 262
  - 10.2.3 작업 범위의 한계 설정 264
- 10.3 UX 팀과 협업 265
- 10.4 프로그램 관리 팀과 협업 267
- 10.5 엔지니어링 팀과 협업 270
  - 10.5.1 끝까지 참여하기 273
- 10.6 테스팅 팀과 협업 275
- 10.7 운영 팀과 협업 279
- 10.8 요약 283

부록 결론 ····· 285

A.1 비전 287

A.2 아키텍처 복구 288

A.3 조직 변화 289

A.4 변경 프로세스 289

A.5 맺음말 290

찾아보기 292

1장

소프트웨어 아키텍처

1.1 기본 구조

1.2 시스템

1.3 구성 요소

1.4 구성 요소 간 관계

1.5 환경과의 관계

1.6 설계를 통제하는 원칙

1.7 시스템 진화

1.8 요약

효과적인 소프트웨어 아키텍처 관행은 제품 개발 조직이 더 나은 소프트웨어를 더 빠르게 생산할 수 있게 합니다. 하지만 이러한 효과적인 관행을 논의하기에 앞서, 먼저 소프트웨어 아키텍처라는 용어를 이해해야 합니다. 소프트웨어 아키텍처는 업계에서 자주 사용하는 용어지만 때로는 모호하게 사용하기도 합니다. 다만 이 책에서 다루는 내용은 엄격한 아키텍처 정의와 밀접하게 연관되어 있으므로 먼저 아키텍처부터 명확하게 정의해야 합니다.

소프트웨어 아키텍처는 자주 소프트웨어 설계와 혼용해서 사용합니다. 하지만 실제로 두 개념은 다릅니다. **소프트웨어 설계**는 시스템 요소를 특정 시점에 맞게 구체적으로 나타내는 과정입니다. 예를 들어 시스템의 각 **릴리스**(release)[1]에 포함될 변경 사항을 어떻게 개발하고, 해당 변경 사항이 어떻게 동작하도록 할지 결정하는 과정은 **소프트웨어 설계**에 해당합니다.

시스템의 다음 버전을 만들 때는 이전 버전을 수정하여 새로 설계하고 그 변경 사항을 시스템에 적용합니다. 즉, 이전 설계를 완전히 버리고 처음부터 다시 시작하는 것이 아니라, 기존 설계를 기반으로 하여 설계합니다. 이에 따라 모든 설계는 항상 바로 이전 설계와 관련이 있습니다.

소프트웨어 아키텍처는 이렇게 서로 연계된 설계를 반복적으로 만드는 일종의 템플릿입니다. 비록 소프트웨어 아키텍처도 설계를 해야 하는 것이지만, **설계** 그 이상의 의미를 지닙니다. 효과적인 소프트웨어 아키텍처는 단순히 하나의 좋은 설계를 만드는 것이 아니라 좋은 설계를 수백수천 개 만들 수 있는 기반을 마련하는 것입니다. 그리고 이러한 부분은 소프트웨어 아키텍처가 지닌 잠재력이자 효과적인 아키텍처가 제공하는 가치라고 할 수 있습니다.

그렇다면 아키텍처를 구성하는 요소는 무엇일까요? 아키텍처에서 표준은 중요한 역할을 합니다. 따라서 **IEEE 표준**[2]에서 정한 아키텍처 정의부터 살펴보면 좋

---

1 역주 소프트웨어의 버그 수정, 기능 추가, 성능 개선 등을 작업하여 사용자에게 제공하는 것입니다. 아울러 특정 버전의 소프트웨어를 출시하는 것을 의미하기도 합니다.

2 역주 IEEE(Institute of Electrical and Electronics Engineers: 전기전자공학자협회)에서 관리하는 기술 표준으로 전기, 전자, 컴퓨터 공학 및 관련 분야의 기술 제품과 서비스의 설계, 구현, 운영 등에 관한 규정을 제공합니다.

을 것 같습니다.

아키텍처는 시스템의 기본 구조로 구성 요소와 구성 요소 간 관계, 환경과의 관계, 시스템 설계와 진화를 통제하는 원칙으로 되어 있습니다.[3]

이러한 아키텍처 정의를 제대로 이해할 수 있도록 각 부분을 하나씩 자세히 살펴보겠습니다.

1.1 기본 구조

구성 요소가 100개인 소프트웨어 제품이 있다고 가정해 보겠습니다. 이러한 구성 요소는 서비스, 라이브러리, 컨테이너, 함수, 플러그인 등 형태가 다양합니다. 여기에서 한 가지 염두에 두어야 할 점은 소프트웨어의 기능과 특징이 각 구성 요소와 이들 간 상호 작용으로 구현된다는 것입니다.

이제 각 구성 요소의 유형(서비스, 라이브러리 등)과 통신 방식을 무작위로 선택하겠습니다. 간혹 구성 요소의 유형과 통신 방식이 밀접한 관계를 맺을 때가 있습니다. 예를 들어 **라이브러리**는 **로컬 프로시저**로 호출해야 하는 반면, **서비스**는 원격 프로시저나 HTTP 같은 **통신 프로토콜**로 호출해야 합니다. 하지만 괜찮습니다. 모든 구성 요소에 합리적으로 적용할 수 있는 방법을 무작위로 선택하겠습니다.

---

[3] ANSI/IEEE 1471-2000, Recommended Practice for Architectural Description for Software-Intensive System(2000)

> **Note ≡ 라이브러리와 서비스 호출 방법**
>
> 라이브러리는 특정 기능을 수행하는 클래스 집합이며 로컬 프로시저로 호출합니다. 즉, 같은 프로세스 내에서 함수처럼 호출되며 응답이 빠르고 오버헤드가 적습니다.
>
> 반면에 서비스는 네트워크로 접근할 수 있는 독립적인 소프트웨어 애플리케이션입니다. 웹 서비스, 마이크로서비스 등 다양한 형태가 있으며 특정 기능을 외부에서 사용할 수 있도록 제공합니다. 서비스는 원격 프로시저 호출(Remote Procedure Call, RPC)이나 HTTP 같은 통신 프로토콜을 사용하므로 로컬 프로시저 호출(Local Procedure Call, LPC)에 비해 응답이 느립니다.

아마도 무작위로 선택한 구성 요소를 함께 동작시키기는 어려울 것입니다. 각 구성 요소는 각기 다른 구현 기술, 도구, 배포 방식이 필요하기 때문입니다. 구성 요소를 연결하려고 할 때 많이 상충할 것이며 로컬 호출, 원격 호출, 메시지 전달, 함수 호출 간 변환 작업도 필요할 것입니다. 하지만 다행히 이렇게 기본 구조 없이 무작위로 선택한 시스템은 현실에는 존재하지 않습니다.

즉, 아무도 이렇게 무작위로 시스템을 구축하지 않습니다. 실제 모든 시스템에는 기본 구조가 있으며, 어떤 것은 외부 요인의 영향을 받아 체계를 만들기도 합니다. 예를 들어 모바일 애플리케이션의 주요 구성 요소는 라이브러리로 되어 있어 대부분 로컬 프로시저로 호출하도록 구성됩니다. 반대로 클라우드 기반 제품은 서비스를 중심으로 구성할 수 있습니다.

시스템 아키텍처를 논할 때는 외부 요인에 따른 제약뿐만 아니라 그 이상을 고려해야 합니다. 예를 들어 클라우드 서비스는 네트워크로 통신하는데, 요청-응답(request-response) 방식일 수도 있고, 메시지 전달(message-passing) 방식일 수도 있습니다. 둘 중 어느 하나를 선택하든 해당 시스템은 그 방식에 맞게 구성되어야 합니다.

그림 1-1은 시스템 기본 구조를 만들 때 각 접근 방식이 어떤 영향을 미치는지 보여 줍니다. 왼쪽 다이어그램은 무작위 시스템으로, 다양한 유형의 구성 요소(각기 다른 모양으로 표시)가 상이한 통신 방법(다른 선 유형으로 표시)으로 소통하고 있습니다. 가운데 다이어그램은 모든 구성 요소와 통신 방법이 동일한

형태(모양과 선 유형)지만, 이는 외부 제약이 구성 요소와 통신 방식을 강제했기 때문입니다. 하지만 외부 제약이 시스템 요소 간 체계적인 관계까지 강제하는 경우는 드뭅니다. 오른쪽 다이어그램은 기본 구조가 명확한 시스템입니다. 여기에서는 일관된 구성 요소의 유형과 통신 방법을 사용하며 관계가 체계적으로 확립되어 있습니다.

▼ 그림 1-1 기본 구조의 레벨로 무작위 시스템(왼쪽)은 다양한 구성 요소와 관계 유형이 혼재되어 있습니다. 시스템(가운데) 대부분은 최소한 몇 가지 외부 제약의 영향을 받습니다. 구조화된 시스템(오른쪽)은 추가적인 제약으로 더욱 일관성을 보입니다

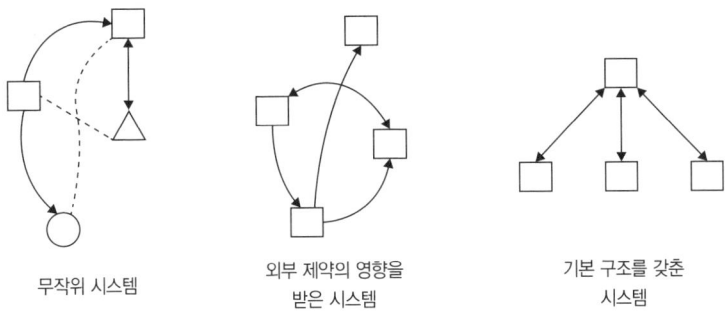

1.2 시스템

EFFECTIVE SOFTWARE ARCHITECTURE

이 책에서는 시스템이라는 용어를 자주 사용할 것입니다. 시스템은 아키텍처 정의에도 나오고 이 장에서도 벌써 여러 번 언급했습니다. 그렇다면 시스템이란 무엇일까요?

시스템은 하나 또는 여러 기능을 제공하는 소프트웨어 구성 요소의 집합을 의미합니다. 큰 시스템은 구성 요소가 수백수천 개 있고 컴퓨터 수백수천 개에서 실행되기도 합니다. 반면에 작은 시스템도 있습니다. 배터리가 탑재된 무선 센서에서 실행되는 임베디드 소프트웨어 역시 하나의 시스템이라고 할 수 있습니다.

시스템은 반드시 고립되어 동작하지 않아도 됩니다. 예를 들어 무선 센서 소프트웨어를 개발한다면 해당 소프트웨어를 기준으로 목적에 따라 시스템 경계를 설정할 수 있습니다. 무선 센서 소프트웨어는 데이터 처리 시스템으로 데이터를 전송하지만, 무선 센서 소프트웨어와 데이터 처리 시스템은 **같은 시스템에 속하지 않을 수** 있습니다. 즉, 다른 팀에서 개발한 데이터 처리 시스템일 수도 있으며, 이 경우에는 해당 데이터 처리 시스템을 외부 환경으로 간주합니다.

시스템은 서로 다른 여러 시스템으로 구성될 수도 있습니다. 둘 이상의 작은 시스템을 조합할 수도 있으며, 이 조합을 유지하려고 다른 구성 요소를 추가하기도 합니다. 예를 들어 무선 센서 시스템과 데이터 처리 시스템을 결합하고 모니터링 기능을 제공하는 구성 요소를 추가하여 단일 시스템으로 만들 수도 있습니다.

따라서 아키텍처 관점에서 **시스템**이라는 용어를 사용할 때는 관심사 범위에 맞도록 유연하게 경계를 설정할 수 있습니다. 아울러 이 책에서 다루는 소프트웨어 아키텍처 내용은 시스템 규모와 상관없이 모두 적용할 수 있습니다. 다만 일부 문제는 시스템 범위를 좁혀야 더 쉽게 해결할 수 있으므로 해당 시스템의 필요에 따라 아키텍처 적용 범위를 적절하게 조정해야 합니다.

1.3 구성 요소

시스템 기본 구조는 한번 정하면 변경하기 어렵습니다. **기술, 통신, 구조 등에 관한 암묵적인 결정**이 시스템 체계에 맞게 각 구성 요소에 반영되었기 때문입니다. 그리고 이렇게 만든 구성 요소가 모여 전체 시스템의 형태를 이루기 때문입니다.

> **Note ≡ 기술, 통신, 구조 등에 관한 암묵적인 결정**
>
> 아키텍처에서 관계형 데이터베이스(RDBMS)를 사용하기로 결정했다면 데이터와 관련된 모든 구성 요소는 SQL 쿼리를 사용해야 하고, 데이터베이스 연결과 트랜잭션 관리도 특정 방식을 따라야 합니다. 이렇게 관계형 데이터베이스를 선택하면 자동으로 결정되는 것이 바로 기술, 통신, 구조 등에 관한 암묵적인 결정입니다. 이는 시스템의 각 구성 요소에 물리적 형태나 코드로 반영됩니다.

기술, 통신, 구조 등에 관한 암묵적인 결정이 시스템 구조에 미치는 영향을 간과하기 쉽습니다. 한 예로 PC 시대에서 모바일 및 클라우드 시대로 바뀌면서 기존에 데스크톱 코드를 가지고 있던 기업들이 새로운 환경에 맞게 코드 베이스를 전환해야 했던 적이 있었습니다.

처음에는 이것을 단순한 **포팅**(porting)[4] 문제로 여겼을 것입니다. 즉, 새로운 CPU 아키텍처에서 기존 코드를 동작하게 하거나 다른 운영 체제에 맞게 조정해야 하는 문제로 보였을 것입니다. 물론 이러한 코드 변경이 쉬운 일은 아니지만, 그렇다고 결코 불가능한 일도 아닙니다. 기업 중 상당수는 이미 과거에 윈도우에서 맥으로 코드를 전환하는 것과 유사한 포팅 작업을 여러 번 하기도 했을 것입니다.

하지만 데스크톱 애플리케이션 대부분의 기본 구조는 단순히 CPU 명령어 집합이나 운영 체제만 고려해서 만들지 않습니다. 예를 들어 데스크톱 애플리케이션은 빠르고 안정적인 로컬 디스크에 언제든 접근할 수 있다는 가정하에 만듭니다. 이는 매우 기본적인 사항이기 때문에 대부분 아키텍트가 언급조차 하지 않았을 것입니다. 또 고려할 수 있는 다른 옵션 자체가 없었기에 굳이 말할 필요가 없었을 것입니다.

결국 빠르고 안정적으로 디스크에 접근할 수 있다는 가정은 데스크톱 애플리케

---

4 역주 소프트웨어를 원래 설계된 환경에서 다른 환경으로 이식하는 과정을 의미합니다. 이는 주로 프로그램의 소스 코드를 수정하여 새로운 운영 체제, 하드웨어 아키텍처 또는 다른 기술 환경에서 실행될 수 있도록 만드는 작업을 포함합니다.

이션의 모든 구성 요소에 영향을 미쳤을 뿐만 아니라, 그 구성 요소 안 모든 코드 라인에도 적용되었습니다. 환경 설정 데이터를 읽거나, 사용자 설정을 참고하거나, 진행 상황을 저장할 때 간단히 파일 시스템 API를 호출하면 전혀 문제가 되지 않았습니다.

그러나 데이터를 클라우드 환경으로 옮기면 앞선 가정에 의존했던 모든 코드 라인이 깨집니다. 클라우드에 데이터가 있더라도 네트워크로 전송되기 때문에 느리고 신뢰할 수도 없습니다. 게다가 네트워크가 다운되면 나중에 다시 복구된다고 하더라도 지금 당장은 데이터에 접근할 수 없습니다.

다음 그림은 이러한 가정이 시스템 구성 요소에 어떻게 영향을 미치는지 보여 줍니다. 왼쪽 그림을 보면 데스크톱 애플리케이션의 구성 요소는 파일 시스템에 독립적으로 직접 연결되어 있습니다. 즉, 데이터에 빠르고 즉각적으로 접근할 수 있다 가정하고 이에 의존합니다.

❤ 그림 1-2 시스템 기본 구조는 구성 요소에 영향을 미칩니다. 왼쪽 그림은 모든 구성 요소가 직접 파일 시스템에 접근하는 구조입니다. 오른쪽 그림은 데이터 접근을 중재하는 캐시를 배치하는 방식으로 전환된 구조입니다

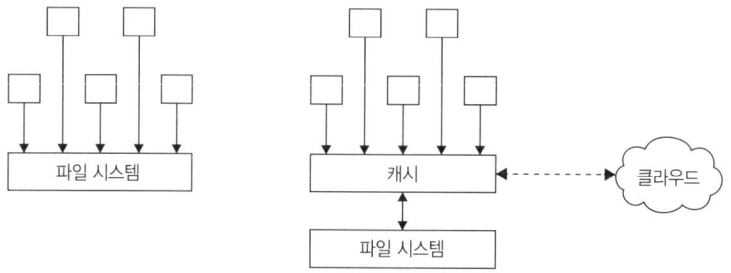

시스템 구성 요소로 네트워크의 불안정함을 처리할 수도 있지만, 근본적으로는 다른 구조를 만들어야 합니다. 우선 데이터에 접근하는 데 시간이 오래 걸리거나 때로는 접근이 불가능할 수도 있다는 점을 감안해야 합니다. 이에 따라 로컬 캐시를 중심으로 시스템을 구성하고, 캐시와 클라우드 저장소 사이에서 데이터 전송을 관리하는 데 많은 시간과 노력을 들여야 합니다.

그림 1-2의 오른쪽은 시스템의 모든 구성 요소를 캐시에 연결하고, 로컬 파일 시스템 저장소와 클라우드 저장소 사이를 캐시가 중재하도록 하는 대안적인 구조입니다. 이 아키텍처에서는 캐시에 데이터가 없을 수도 있다는 점을 염두에 두고 구성 요소를 구현해야 합니다. 캐시에 데이터가 없으면 네트워크를 통해야 하므로 속도가 느려질 수 있으며, 네트워크가 다운된다면 데이터 접근이 불가능할 수도 있습니다.

파일 시스템 추상화도 이 문제를 해결하는 데 큰 도움이 되지 않습니다. 파일 시스템 추상화는 데스크톱 운영 체제 간 차이 또는 모바일과 데스크톱 운영 체제 간 차이를 연결하며, 작업도 그리 어렵지 않습니다. 다만 여전히 데이터에 빠르게 로컬 접근을 한다고 가정하기 때문에 클라우드 데이터에는 적합하지 않습니다. 이처럼 암묵적인 가정은 기본 코드뿐만 아니라 인터페이스와 추상화에도 영향을 미칠 수 있습니다.

> **Note ≡ 파일 시스템 추상화**
>
> 파일 시스템 추상화는 운영 체제 간 파일 시스템 차이를 숨기고 동일한 인터페이스로 코드 작업을 할 수 있게 합니다. 예로 윈도우와 맥에서 동일한 파일 읽기/쓰기 코드를 사용할 수 있도록 하는 라이브러리를 들 수 있습니다.

정확히 말하자면, 아키텍처의 기본 구조가 구성 요소에 영향을 미치는 방식은 단순히 데이터 저장소와 파일 시스템에 국한된 이야기는 아닙니다. 앞서 살펴본 예시는 아키텍처가 어떻게 암묵적인 가정을 만들고, 시스템 구성 요소의 각 코드에 영향을 주는지 보여 줄 뿐입니다. 이 절에서 다룬 내용은 아키텍처를 어렵지만 가치 있게 만드는 핵심적인 부분이므로 앞으로도 여러 번 언급할 것입니다.

1.4 구성 요소 간 관계

우리는 프로그래머로서 시스템의 구성 요소 간 연결보다는 구성 요소 그 자체에 중점을 두는 경향이 있습니다. 시스템의 구성 요소는 코드로 되어 있으므로 여느 소프트웨어처럼 마치 실체가 있는 것처럼 느낍니다. 그 자체로 컴파일이나 패키징, 배포, 전달까지 할 수 있어 더욱 실체가 있는 것 같습니다.

하지만 시스템의 구성 요소는 그 자체만으로는 중요하지 않습니다. 소프트웨어는 모든 구성 요소가 의미 있는 방식으로 서로 연결될 때 비로소 생명력을 지니기 때문입니다. 무엇이 어떻게 연결될지는 우연이 아니라 의도적으로 결정해야 합니다.

일부 유명한 아키텍처는 구성 요소 간 관계에 중점을 둡니다. 예를 들어 유닉스 셸(Unix shell) 아키텍처는 프로그램과 스트림이라는 두 가지 기본 요소로 구성됩니다. 스트림은 방향성을 가지며, 입력과 출력이 있습니다. 프로그램은 입력을 여러 개 읽고 출력을 여러 개 쓸 수 있습니다. 여기에서 **셸**은 한 프로그램에서 다음 프로그램으로 입력과 출력을 연결하여 데이터가 흐르는 파이프라인을 형성합니다.

> **Note ≡ 셸**
>
> 셸(shell)은 사용자가 운영 체제와 상호 작용할 수 있도록 하는 인터페이스이며, 파이프라인으로 여러 프로그램의 입력과 출력을 연결할 수 있습니다. 예를 들어 다음 명령처럼 유닉스 셸에서 파이프(|)를 사용하여 다양한 프로그램을 연결할 수 있습니다.
>
> $ cat file.txt | grep "error" | sort
>
> 이 명령은 cat 프로그램으로 file.txt 파일 내용을 출력하고 이를 다음 프로그램 입력으로 전달합니다. grep은 입력된 데이터 중에서 error라는 단어를 포함한 줄만 필터링하고는 다음 프로그램의 입력으로 전달합니다. 마지막으로 sort는 입력된 데이터를 정렬하여 출력합니다. 이 방식으로 셸은 앞선 프로그램 출력이 다음 프로그램 입력으로 연결되도록 파이프라인을 만듭니다.

유닉스 아키텍처는 프로그램이 어떻게 동작해야 하는지 구체적으로 정의하지 않습니다. 프로그램은 다양한 언어로 작성할 수 있으며, 이진 데이터나 텍스트 데이터 등도 처리할 수 있습니다. 유닉스 프로그램 대부분은 상대적으로 작으며 단일 작업에 집중합니다. 이처럼 작고 좁은 범위의 프로그램에 중점을 두는 것이 유닉스 아키텍처의 원칙 중 하나입니다.

유닉스 아키텍처는 프로그램 간 관계와 연결에 중점을 둡니다. 기본적으로 모든 프로그램은 입력 스트림(stdin) 하나와 출력 스트림 두 개를 가지며, 출력 스트림은 **표준** 출력(stdout)과 에러 처리를 하는 특수 스트림(stderr)으로 나뉩니다. 다소 복잡할 수도 있지만, 입력과 출력에서 더 많은 스트림을 처리하는 것도 가능합니다.

이러한 유닉스 아키텍처의 접근 방식은 단순하면서도 강력하다는 장점이 있습니다. 수많은 개발자가 서로 다른 시기에 작성한 프로그램을 사용자가 손쉽게 결합하여 새롭고 다양한 결과를 얻을 수 있기 때문입니다. 이는 프로그램 구조를 통제해서가 아니라 프로그램 간 관계와 연결에 중점을 두었기 때문에 가능한 것입니다.

여러 구성 요소가 결합되어 새로운 가치를 창출하는 것은 **네트워크 효과**(network effects)[5]의 한 예입니다. 네트워크 효과는 선형적인 입력에 대해 기하급수적인 가치를 생성하기 때문에 주목할 만합니다. 이 책은 플랫폼과 네트워크 효과를 중점적으로 다루지는 않지만, 플랫폼과 네트워크 효과는 아키텍처와 연관성이 깊습니다.

다만 이러한 마법 같은 조합 효과는 아키텍처에서는 오히려 역효과를 낼 수도 있습니다. 다행히 유닉스 모델에서는 프로그램이 서로 의존하지 않은 채로 조합될 수 있습니다. 하지만 시스템의 구성 요소가 서로 의존한 채로 조합되면 각 구성 요소 간 관계는 아키텍처에 도움이 되는 것이 아니라 오히려 방해되기도 합니다.

---

5 역주 사용자가 증가할수록 제품이나 서비스 가치가 증가하는 현상을 의미합니다. 예로 소셜 미디어 플랫폼은 사용자가 많아질수록 사용자 간 관계가 증가하여 플랫폼 가치는 더 커집니다. 이는 구성 요소 간 관계를 중시하는 유닉스 환경에서도 유사하게 찾을 수 있습니다.

특히 구성 요소 간 관계가 잘 관리되지 않을 때 **의존성**(dependency)[6]은 점점 증가합니다. 보통 의존성은 한 번에 하나씩 증가하는데, 그 결과로 전체 시스템의 복잡성은 훨씬 더 빠르게 증가합니다. 심지어 시스템이 이해할 수 없을 정도로 복잡해서 관리가 어려울 수도 있습니다.

다른 구성 요소가 손상될지도 모른다는 걱정 때문에 시스템의 특정 부분을 수정하지 못한 경험이 있다면 이는 구성 요소 간 관계가 과도하게 얽혀 있는 시스템에서 작업한 것입니다. 이처럼 구성 요소 간 관계를 관리하는 것은 구성 요소 자체를 관리하는 것만큼 중요합니다.

1.5 환경과의 관계

시스템은 외부 환경과 단절된 상태로 동작하지 않습니다. 어떤 소프트웨어는 특정 하드웨어에서 단독으로 실행되기도 하는데, 이 경우에는 해당 하드웨어가 주요 환경이 됩니다. 그러나 대부분의 경우 시스템은 다른 시스템 위에서 실행되거나 그 시스템의 구성 요소로 동작합니다.

프로그램(시스템)과 운영 체제(시스템)의 관계로 예를 들어 보겠습니다. 운영 체제는 호스팅하는 프로그램에 특정한 구조를 **강제합니다**. 운영 체제로 프로그램을 실행하고 모니터링하고 제어하므로 이 구조를 피할 수 없습니다. 두 시스템 간에 이러한 합의가 없다면 프로그램은 결코 운영 체제 위에서 동작할 수 없을 것입니다.

6　역주 소프트웨어의 구성 요소가 다른 구성 요소에 의존하여 동작하는 것을 의미합니다. 자바 애플리케이션에서 데이터베이스와 연결하려고 JDBC 드라이버 라이브러리를 사용한 경우 이 드라이버에 문제가 발생하면 애플리케이션 내 데이터베이스와 관련된 모든 요소가 영향을 받습니다. 즉, 데이터베이스와 관련된 요소는 JDBC 드라이버에 의존성을 가지고 있는 것입니다.

프로그램 기본 구조를 강제하는 방식과 정도는 운영 체제마다 다릅니다. 예를 들어 유닉스에서는 강제하는 정도가 심하지 않습니다. 유닉스에서 실행되는 프로그램은 그저 일련의 인자를 가진 main 함수가 있으면 됩니다. 비록 전형적인 유닉스 프로그램 구조는 다수의 규칙과 API를 포함하지만, 정말 필요한 것은 거의 없습니다. 그 결과 유닉스는 다양한 유형, 언어, 구조로 작성된 프로그램을 쉽고 성공적으로 지원합니다.

이에 비해 iOS 플랫폼은 훨씬 더 제약이 많습니다. iOS 애플리케이션은 유닉스 프로그램처럼 단일 진입점이 없는 대신 iOS 요청에 응답해야 하는 함수가 여러 개 있습니다. 이 중 대부분은 애플리케이션 생명 주기와 관련이 있습니다. 아울러 유닉스에서는 프로그램이 주어진 작업을 완료할 때까지 실행한 뒤 종료됩니다. 반면에 iOS에서는 애플리케이션이 시작되고 포그라운드에 나타났다 백그라운드로 이동하기도 하고, 리소스를 보존하려고 중지되기도 하고, 사용자 상호 작용이나 알림 때문에 다시 시작되는 등 훨씬 더 복잡하게 동작합니다.

필요하다면 유닉스에서도 iOS 프로그램의 기본 구조를 사용할 수 있습니다. 재차 언급하지만 유닉스는 특정 구조를 강제하지 않으며, 프로그램 설계자가 상당한 재량권을 가질 수 있습니다. 그러나 iOS에서는 지정된 모델로 애플리케이션 구조를 만들어야 합니다. 프로그램과 iOS 환경 간의 관계는 해당 프로그램에 주요한 아키텍처를 결정하는 요인이 됩니다.

> **여러 환경과의 관계**
>
> 제약이 많은 환경에서는 코드 재사용 부담이 큽니다. 하지만 복잡한 애플리케이션을 새로 구축하는 것은 비용이 많이 들어 소프트웨어 개발자 대부분은 시스템을 한 번 만들면 여러 환경에서 재사용할 수 있길 원합니다. 아키텍트 관점에서 볼 때 이 경우는 한 환경을 관리하는 문제에서 여러 환경을 관리해야 하는 문제로 바뀝니다.
>
> 환경이 서로 다르거나 최악의 경우 상충하는 구조를 요구하면 여러 환경에서 코드를 재사용하기 어렵습니다. 하지만 이러한 문제를 해결할 수 있는 세 가지 표준적인 방법이 있습니다.

- 첫 번째로 프로그램이 실행되는 환경을 무시하고 소프트웨어를 다른 방식으로 구현하는 방법입니다. 보통 이렇게 개발하면 환경에서 **무료로** 얻을 수 있는 동작을 재현하는 데 많은 시간과 노력이 듭니다. 더욱이 이러한 재현은 절대 완벽하지 않으므로 사용자는 기존 환경에서 제공하는 동작과 해당 소프트웨어에서 재현한 동작 사이의 차이를 결함으로 인식할 수도 있습니다.
- 두 번째로 여러 환경을 단일 모델에 적용할 수 있는 **추상화 계층**을 만드는 방법입니다. 이 방법은 주어진 환경에서 제공하는 기능과 밀접히 통합할 필요가 없는 시스템에 적합하며, 특히 게임 개발에서 효과적으로 사용합니다. 추상화 계층은 시스템 일부이거나 외부 요소일 수도 있고, 때로는 그 자체로 제품이 되기도 합니다.
- 마지막으로 시스템을 **환경에 특화된** 핵심 계층과 **환경에 독립적인** 주변부 계층으로 나누는 방법입니다. 환경에 특화된 핵심 계층은 개별 환경에 맞게 만들고, 환경에 독립적인 주변부 계층은 모든 환경에서 공유될 수 있도록 만듭니다. 이 방법은 추상화 계층 접근법과 표면적으로 유사해 보이지만, 환경에 특화된 기능은 추상화되지 않기에 별개의 전략으로 볼 수 있습니다. 참고로 환경에 특화된 계층은 환경에 독립적인 로직과 연결하는 데 필요한 만큼만 구체적으로 작성합니다.

이렇게 환경이 다른 경우 해결할 수 있는 몇 가지 표준적인 방법이 있지만, 대부분 엔지니어링 문제와 마찬가지로 모든 상황에 적용할 수 있는 완벽한 해답은 없습니다.

> Note ≡ **추상화 계층**
>
> 추상화 계층(abstraction layer)은 다양한 환경에서 공통의 인터페이스를 제공하여 개발자가 환경별로 다른 코드를 작성할 필요 없이 통일된 방법으로 소프트웨어를 개발할 수 있게 하는 계층입니다. 예를 들어 유니티(Unity) 게임 엔진은 다양한 플랫폼의 그래픽 렌더링을 지원하려고 자체적으로 그래픽 API 추상화 계층을 사용합니다. 이것으로 개발자는 유니티의 공통 API를 사용하여 게임을 개발할 수 있으며, 유니티 엔진은 이를 다양한 플랫폼에 맞는 그래픽으로 변환합니다.

> **Note ≡ 환경에 특화된 계층 vs 독립적인 계층**
>
> 여러 데이터베이스(예 MySQL, PostgreSQL, SQLite 등)와 호환되는 애플리케이션을 개발할 때 각 데이터베이스 쿼리에 특화된 코드와 모든 데이터베이스에서 공통으로 사용하는 코드로 분리하는 것을 예로 들 수 있습니다.
>
> 환경에 특화된 핵심 계층은 데이터베이스에 따라 다르게 작동하는 부분을 처리합니다. 예를 들어 MySQL과 PostgreSQL은 각각의 SQL 문법이나 데이터 타입이 다르므로 이 계층의 코드는 각 데이터베이스에 맞게 쿼리와 DB 연결 작업 등을 처리해야 합니다.
>
> 환경에 독립적인 주변부 계층은 애플리케이션의 비즈니스 로직이나 데이터 처리 로직처럼 데이터베이스 시스템에 의존하지 않는 부분을 처리합니다. 이 계층의 코드는 모든 데이터베이스 시스템에서 공통으로 사용할 수 있는 로직을 처리하며, 개별 데이터베이스와 상호 작용하는 부분은 추상화하여 처리합니다.

1.6 설계를 통제하는 원칙

지금까지는 IEEE 아키텍처 정의와 관련하여 시스템의 현재 상태, 즉 시스템의 기본 구조와 구성 요소, 구성 요소 간의 관계를 설명하는 데 중점을 두었습니다. 이제는 왜 시스템이 그렇게 조직되고 그런 구성 요소를 포함하며, **왜** 그런 관계를 맺는지에 주목하겠습니다.

설계는 시스템 형태와 기능을 결정하는 의사 결정 활동입니다. 그리고 원칙은 이러한 결정을 통제하는 규칙이나 신념을 가리킵니다. 따라서 아키텍처 원칙이란 시스템을 설계할 때 의사 결정을 통제하고 기본 구조를 확립하는 데 도움이 되는 규칙과 신념이라고 할 수 있습니다.

좋은 아키텍처 원칙은 안정성, 보안, 확장성 등 시스템에 중요한 것이 무엇인지 명시하고 설계가 이를 따르도록 해야 합니다. 예를 들어 알림 전송 시스템은 안정성보다는 속도를 우선해야 한다는 원칙을 세울 수 있습니다. 이러한 원칙을 시스템 설계에 적용하면 안정적이지는 않지만 메시지를 빠르게 전달하는 기술을 선택할 수 있습니다.

아키텍처 원칙은 접근 방식에 대한 우선순위를 지정하여 여러 설계 옵션 중에서 빠르게 의사 결정을 하도록 할 수 있습니다. 예로 **수직 확장**(vertical scaling)보다 **수평 확장**(horizontal scaling)을 우선해야 한다는 원칙을 정하는 것을 들 수 있습니다. 보통 소프트웨어 공학은 단순히 사실과 분석만으로 구성되었다고 생각하기 쉽습니다. 즉, 어떤 의사 결정이 시스템 요구 사항을 충족하는지 여부에만 초점을 둡니다. 하지만 실제로는 요구 사항을 충족할 수 있는 다양한 접근 방식이 있으므로 설계는 이 대안 중에서 한 가지를 선택하는 판단 과정을 포함합니다.

> **Note ≡ 수직 확장 vs 수평 확장**
>
> 수직 확장은 서버 성능을 향상시키려고 더 강력한 하드웨어를 추가하는 방식을 의미합니다. 예를 들어 데이터베이스 서버에 메모리와 CPU를 더 많이 추가하여 처리 능력을 증가시키는 것을 들 수 있습니다. 반면에 수평 확장은 서버 수를 늘려 부하를 분산시키는 접근 방식입니다. 예로 웹 서버를 여러 개 추가하고 로드 밸런서로 트래픽을 분산시키는 것을 들 수 있습니다. 두 가지 접근 방식 모두 시스템 성능을 높여야 한다는 요구 사항을 충족할 수 있지만, 실제로 구체적으로 설계하거나 구현하는 데는 차이가 큽니다.

아키텍처 원칙은 우리가 할 수 있는 것뿐만 아니라 할 수 없는 것도 규정합니다. 예를 들어 서비스로 구성된 시스템에서 각 서비스를 독립적으로 배포할 수 있어야 한다는 원칙을 들 수 있습니다. 이 원칙은 서비스 아키텍트에 서비스 배포 방법과 시기를 결정할 자유를 줍니다. 하지만 동시에 다른 서비스를 업데이트하거나 업데이트 중에 비활성화되도록 하는 배포 전략은 사용할 수 없습니다. 이처럼 아키텍처 원칙은 일부 선택지를 열어 주면서 다른 선택지를 배제하기도 합니다.

앞선 예처럼 아키텍처 원칙에 따른 제약이 없으면 잠재적인 수많은 설계 옵션 때문에 의사 결정이 늦어질 수 있습니다. 이는 **수익 체감**(diminishing returns)[7]의 전형적인 예입니다. 새로운 옵션을 탐색하는 데 많은 시간을 들이지만, 이미 선택된 옵션보다 뚜렷한 이점은 제공하지 않습니다. 하지만 선택지에 제약을 두면 시간과 노력을 절약하면서 동일한 결과를 낼 수 있습니다. 다만 이러한 제약이 효과가 있으려면 한정된 설계 범위 안에 적절한 옵션이 있어야 하므로 신중을 기해야 합니다.

선택의 자유가 너무 많으면 일관성이 결여되어 시스템의 기본 구조가 약화되기도 합니다. 예를 들어 여러 서브시스템이 접근 방식 A와 B 중 하나를 선택할 수 있다고 가정해 봅시다. 이 두 방식이 상당히 유사하고 어떤 것을 선택해야 한다는 지침마저 없다면 전체 시스템은 A와 B 방식이 혼합된 형태가 될 가능성이 큽니다. 이는 시스템을 더 복잡하게 만들면서 그에 상응하는 이점은 없으므로 지양해야 합니다. 여러 설계 옵션에서 동일한 결정을 유도하는 아키텍처 원칙은 의사 결정을 빠르게 하고 시스템 구조를 단순하고 일관되게 합니다.

아키텍처 원칙은 의도적으로 만들지 않으면 임의로 정해집니다. 의도적으로 만든 아키텍처 원칙이 없으면 '현재 구조 내에서 작업하기', '작업 범위 최소화하기', '최단 시간 내 제품 출시하기' 같은 암묵적인 원칙이 우선됩니다. 이러한 원칙은 제품을 개발할 때 별로 도움이 되지 않을뿐더러 더 나은 소프트웨어 제품을 생산하지도 못합니다. 따라서 아키텍처 원칙을 의도적으로 수립하고, 팀이 이를 준수하도록 하는 것이 아키텍트가 수행해야 할 중요한 역할입니다.

---

7 역주 추가적으로 계속 투입할 때 얻는 수익이나 이익의 증가율이 점차 감소하는 경제 원리입니다. 소프트웨어 아키텍처 관점에서는 더 많은 설계 옵션을 탐색하는 데 시간을 투자할수록 실제 얻을 수 있는 이점은 점점 줄어드는 현상을 의미합니다.

아키텍처 vs 설계

IEEE 정의 중에서 설계를 통제하는 **원칙**이라는 부분은 아키텍처와 설계의 차이를 가장 잘 보여 줍니다.

복잡한 시스템에는 설계가 수백 또는 수천 개 있으며 대부분 계층적으로 구성됩니다. 고수준 시스템 설계부터 상세한 서브시스템 설계까지 다양하며 서비스, 라이브러리, 인터페이스, 클래스, 스키마 등 각각에 설계가 필요합니다.

모든 시스템 요소는 함께 동작해야 하므로 각 요소의 설계도 서로 관련되어 있습니다. 우리는 보통 시스템 계층을 고려하여 하향식으로 설계에 접근합니다. 먼저 전체 시스템을 서브시스템으로 나누고 경계와 기본 동작을 정의한 뒤 각각의 서브시스템을 세부적으로 설계합니다.

시스템의 구성 요소(서비스 등)는 개별적으로 설계하지만 독립적이지 않습니다. 모든 구성 요소는 상위 설계에 부합해야 하며 다른 요소와 조화를 이루어야 합니다. 즉, 이러한 부분을 먼저 감안하여 설계를 진행하며, 그다음 최종적으로 해당 요소의 내부 설계를 진행합니다.

설계는 동시에 전부 완성될 수 없습니다. 대부분 팀으로 작업하기 때문에 병렬로 진행됩니다. 또 시간이 지나면서 새로운 설계를 만들고 기존 설계를 확장, 업데이트, 수정하게 됩니다. 시스템을 폐기하지 않는 한 설계는 계속되는 과정인 것입니다.

아키텍처는 지속적으로 이러한 설계를 관리합니다. 따라서 아키텍트는 설계뿐만 아니라 더 많은 것을 고려해야 하며, 수많은 설계가 특정 시점에서 전체로 일관되게 통합될 수 있도록 통제하는 원칙을 수립해야 합니다.

이는 아키텍트가 세부적인 설계 작업을 하지 말아야 한다는 의미가 아닙니다. 아키텍처 원칙을 세우더라도 그 원칙을 설계에서 구현할 수 없다면 의미가 없습니다. 아키텍트는 아키텍처 원칙을 구체적인 설계에 적용하고 실현 가능성을 확인해야 하지만, 모든 시간을 설계 작업에 할애한다면 아키텍처 작업을 제대로 수행할 수 없을 것입니다.

1.7 시스템 진화

시스템은 고정되어 있지 않습니다. 성공적인 시스템은 다양한 릴리스 주기로 점차 진화하며 적절한 상태를 유지합니다. 즉, 시스템 진화는 작은 변경의 축적과 가끔 있는 주요 변경 또는 이 두 가지로 조합되며, 성공적인 시스템이 되는 데 꼭 필요합니다.

지금까지 다루어 온 시스템의 구조, 구성 요소와 환경과의 관계, 아키텍처 원칙과 설계 역시 지속적으로 진화해야 합니다. 그렇다면 시스템은 어떻게 진화할까요?

이상적인 시스템 진화는 목적에 맞게 정의된 아키텍처 원칙에 따라 의도적으로 해야 합니다. 아키텍처 원칙은 설계 그 자체와 더불어 설계 진화도 통제합니다. 따라서 아키텍처 원칙을 수립할 때는 설계와 설계의 진화 이 두 가지를 모두 고려해야 합니다.

예를 들어 클라우드 소프트웨어 설계자가 흔히 채택하는 아키텍처 원칙으로 '서비스는 명확하게 정의된 인터페이스로 **느슨하게 결합**되어야 한다는 원칙'이 있습니다. 이러한 원칙은 서비스를 설계할 때 매우 합리적으로 적용할 수 있습니다.

> **Note ≡ 느슨한 결합**
>
> 느슨한 결합(loose coupling)은 시스템의 구성 요소가 서로 독립성을 유지하고 최소한의 의존성만 갖도록 설계하는 원칙입니다. 이러한 접근 방식은 시스템의 각 구성 요소가 다른 요소에서 최소한의 정보만 갖도록 하며, 잘 정의된 인터페이스로 상호 작용하도록 합니다.

다만 이러한 아키텍처 원칙은 구체적인 서비스 진화 지침은 제공하지 않습니다. 느슨한 결합 원칙은 새로운 기능이나 서비스를 추가할 때 서비스 진화에 대한 기본 제약으로 작용할 수는 있습니다. 하지만 어떻게 인터페이스를 수정할지, 언제 서비스에 기능을 추가하거나 새로운 서비스를 만들어야 할지 같은 중요한 질문에는 답을 주지 않습니다.

시스템 진화에서 시스템에 새로운 기능을 추가하는 것은 가장 단순한 형태지만, 여전히 잘못될 가능성이 있습니다. 예를 들어 두 팀이 새로운 기능을 추가하여 각자 서비스를 확장한다고 가정해 보겠습니다. 한 팀은 여러 서비스로 구성된 조합을 선호하여 작은 신규 서비스를 추가하는 반면, 다른 팀은 기존 서비스에 새로운 기능을 더하는 방식을 선택할 수 있습니다.

이러한 일이 발생하면 시스템 진화는 시스템의 기본 구조를 약화시키는 방향으로 나아갑니다. 여기에서 문제는 어떤 방식이 옳은지 그른지를 따지는 것이 아닙니다. 개념적으로 보면 두 방식 모두 시스템 기능 확장이라는 요구에 적절히 대응한 것입니다. 문제는 각기 다른 접근 방식을 적용해서 시스템이 불필요하게 복잡하다는 것입니다. 시스템 진화를 통제하는 아키텍처 원칙은 이러한 경우 어떤 접근 방식을 쓸지 명확히 하여 문제를 미연에 방지할 수 있습니다.

시스템에 새로운 기능을 추가하는 것은 시스템 진화와 관련해서 가장 쉬운 문제입니다. 훨씬 어려운 문제는 아키텍처 원칙 자체가 바뀌는 경우에 발생합니다. 예를 들어 프로젝트 초기에는 개발 속도를 높이려고 **모놀리식** 방식(monolithic)[8] 설계에 중점을 두었다가, 이후 독립적인 업데이트와 배포를 위해 느슨하게 결합된 소규모 서비스 설계에 중점을 두는 원칙으로 바뀔 때가 있습니다.

보통 이 문제는 별다른 원칙 없이 그저 변경 최소화와 **빠른 배포**에 중점을 두었다가 이후 신뢰성, 유지 보수성, 품질 등 명시적인 원칙을 강조할 때 흔히 생깁니다. 새로운 원칙은 신규 설계와 수정된 설계에만 적용하는 것으로는 충분하지 않습니다. 보안이나 확장성, 비용 같은 속성은 이 문제를 다루지 않은 가장 취약한 부분에서 문제가 될 소지가 많기 때문입니다. 극단적인 경우에는

---

8 역주 영어로 **하나의 덩어리**를 뜻합니다. 소프트웨어 아키텍처에서는 애플리케이션의 모든 기능을 하나의 큰 코드 베이스 안에 개발하는 방식입니다. 모놀리식 아키텍처는 구현이 간단하고 초기 개발 속도가 빠르다는 장점이 있지만, 애플리케이션이 커지면서 유지 보수와 확장성이 어렵다는 단점이 있습니다.

새로운 아키텍처 원칙을 적용하려고 기존 설계를 모두 재작업해야 할 수도 있습니다.

이처럼 아키텍처 원칙이 바뀌는 문제는 소프트웨어 개발에서 해결하기 어려운 문제입니다. 동시에 소프트웨어 개발에서 빈번히 마주하는 문제이기도 합니다. 소프트웨어 첫 버전을 출시할 때와 성공적으로 검증한 뒤 중요하게 여기는 원칙이 다르기 때문입니다. 보통 초기에는 신속한 출시를 중요하게 여기다가 이후에 우수한 품질과 지속 가능성으로 자연스럽게 우선순위가 바뀝니다.

아키텍처 원칙이 바뀌는 문제를 대응하는 방식으로 모든 시스템 요소를 새로운 원칙과 우선순위에 맞게 다시 만드는 대규모 **아키텍처 재구축** 프로젝트가 있습니다. 하지만 이러한 접근 방식은 점진적이지 않고 극단적입니다. 현재 개발 팀이 기존 시스템과 새로운 시스템에 자원을 동시에 투입해야 하므로 성공할 확률도 낮습니다. 두 가지 투자를 동시에 진행하는 데 따른 오버헤드 때문에 개발 비용은 세 배로 늘어날 수 있습니다. 아마도 이러한 일을 감당할 수 있는 팀은 거의 없을 것입니다.

그나마 다행인 점은 효과적인 소프트웨어 아키텍처에서는 이러한 어려운 문제도 해결할 수 있다는 것입니다. 좋은 아키텍처 팀은 시스템 변경을 위한 로드맵을 제시합니다. 이때 중요한 점은 시스템 진화를 외부에서 가해지는 압력 때문이 아닌 자연스럽게 일어나는 현상으로 이해하는 것입니다. 효과적인 아키텍처 프로세스는 변화를 본질적으로 예측할 수 있으며 제어할 수 있게 합니다. 결국 시스템 진화를 관리할 수 있는 것이 아키텍처의 핵심적인 역할이라고 할 수 있습니다.

1.8 요약

소프트웨어 시스템은 구성 요소와 이들 간의 관계로 구성됩니다. 시스템 아키텍처는 이러한 구성 요소와 각각의 관계와 더불어 시스템 설계와 진화를 통제하는 원칙으로 만듭니다. 또 시스템의 현재와 미래 상태를 모두 다룹니다.

시스템 구조가 통제되지 않으면 설계가 외부 요인에 따라 좌지우지되기 쉽습니다. 보고 체계 준수, 변경 범위 최소화, 신속한 배포 등이 이에 해당합니다. 물론 이러한 요소도 중요하지만, 명확한 시스템 구조를 갖추는 데 방해가 될 수 있습니다.

시스템 설계와 진화에 아키텍처 원칙을 적용하면 시스템의 기본 구조를 더 잘 관리할 수 있습니다. 이러한 아키텍처 원칙이 소프트웨어의 빠른 출시 같은 중요한 원칙을 대체할 필요는 없습니다. 하지만 시스템 설계와 진화를 논의하는 과정에서 반드시 다루어야 합니다. 이 경우 다른 엔지니어링 분야와 마찬가지로 서로 상충되는 목표 간에 균형을 맞추는 과정이 필요합니다.

시스템 진화는 소프트웨어 아키텍처의 본질적인 부분입니다. 새로운 아키텍처 원칙을 적절히 수용하고 변화에 대응하다 보면 시스템에 새로운 기능을 더하면서 보안성, 신뢰성, 유지 보수성 등 다양한 측면을 개선할 수 있습니다.

궁극적으로 소프트웨어 개발에서 아키텍처 역할은 전체적인 시각에서 시스템을 의도적으로 바라보는 것입니다. 먼저 시스템의 기본 구조를 파악하고 구성 요소와 각각의 관계를 기술하는 것부터 시작합니다. 그런 다음 시스템의 기본 구조를 구현하려고 설계를 통제하는 원칙을 설정합니다. 아울러 시간 흐름에 따라 설계와 구성 요소, 각각의 관계가 어떻게 변화해야 하는지 원칙을 수립해야 합니다.

2장

맥락

2.1 콘셉트

2.2 신뢰도

2.3 아키텍처적으로 중요한 요구 사항

2.4 제품 계열

2.5 플랫폼 구축

2.6 표준

2.7 요약

아키텍처는 본질적으로 고립된 분야가 아닙니다. 아키텍처 팀은 정적인 요구 사항을 받아 몇 주, 몇 달 동안 숨어서 작업한 뒤 최종적으로 완벽한 아키텍처를 뚝딱 제시하지 않습니다.

더욱이 요구 사항만으로는 해결해야 하는 과제에 대한 전반적인 맥락을 알 수 없습니다. 요구 사항이 아무리 포괄적이어도 제품의 모든 측면을 다룰 수 없기 때문입니다. 따라서 아키텍처 팀은 제품의 현재 설계와 역사, 진화 과정, 고객과 시장, 판매 경로와 방식을 잘 알고 있어야 합니다. 이러한 요소가 모두 소프트웨어 아키텍처에 영향을 미치기 때문입니다.

이와 유사하게 아무리 성공적인 소프트웨어 제품이라도 결코 완벽할 수는 없습니다. 그래서 항상 다음 릴리스를 위한 개발 프로세스를 반복해서 진행합니다. 미래에 있을 소프트웨어 릴리스는 이미 계획되어 있거나 추정되어 있기도 하고, 너무 먼 미래의 일이라 고려하지 못하기도 합니다. 그럼에도 아키텍처 팀은 시간 흐름에 따른 일련의 설계를 관리해야 하며, 각 개발 프로세스의 경계와 범위를 어떻게 나눌지 결정해야 합니다.

이 장에서는 이러한 아키텍처에서 고려할 사항을 종합적으로 논의해 봅니다. 각 절에서는 아키텍처 작업 맥락을 이해하는 데 도움이 되는 통찰을 제공할 것입니다.

2.1 콘셉트

본질적으로 모든 소프트웨어 시스템은 일련의 콘셉트를 구현합니다.[1] **콘셉트**란 소프트웨어가 구현해야 하는 논리적 모델이지만, 구현하는 데 필요한 세부 사

---

1 〈The Essence of Software〉(Princeton University Press, 2021)

항은 포함하지 않습니다. 예를 들어 이메일이라는 콘셉트에는 메시지, 발신자, 수신자, 메일함이 포함되어 있습니다. 하지만 이 콘셉트에서는 메일 애플리케이션이 서비스와 통신할 때 사용하는 프로토콜(예 POP3, IMAP)이 무엇인지, 웹 브라우저에서 실행되는 애플리케이션인지 아니면 설치형 애플리케이션인지 등은 포함하지 않습니다. 사실 이메일이라는 콘셉트는 소프트웨어와 직접적인 연관도 없습니다. 이메일이라는 것이 등장하기 전부터 발신자가 수신자의 편지함에 메시지를 보내는 행위는 아주 옛날부터 반복적으로 해 온 일이었습니다.

수많은 시스템은 그 중요성에도 구현해야 하는 콘셉트를 명확하게 파악하지 못합니다. 이 때문에 UX 디자이너, 제품 관리자, 엔지니어, 아키텍트 등 해당 시스템과 관련된 모든 사람이 각자의 관점에서 시스템 콘셉트를 이해하게 되어 오히려 혼동과 복잡성, 오류를 초래합니다.

콘셉트가 없는 시스템은 없습니다. 콘셉트는 시스템을 바라보는 관점으로, 시스템이 어떻게 구현될지 머릿속으로 그리면서 파악할 수 있습니다. 우리 목표는 시스템을 사용하거나 작업하는 사람들이 시스템 콘셉트와 관련된 숫자, 동작, 의미를 보편적으로 이해하도록 하는 것입니다. 이러한 일관성이 없으면 모든 사람은 시스템을 각기 다르게 이해할 것입니다.

시스템 콘셉트는 처음부터 정해져 있거나 고정되어 있지 않습니다. 소프트웨어를 개발할 때 충분히 유용한 콘셉트를 식별하고 정의하는 일은 결국 아키텍처 설계 과정의 일부입니다. 다른 소프트웨어 개발 프로세스와 마찬가지로 콘셉트 역시 반복적인 과정을 밟아서 발전시키는 것이 가장 바람직합니다. 콘셉트는 시스템에 이해가 깊어지고 새로운 요구 사항을 충족하기 위해 시스템이 진화하면서 같이 변화합니다.

콘셉트는 아키텍처에서 하는 역할이 독특합니다. 예를 들어 인터페이스를 설계하거나 시스템 구성 요소에 책임을 할당할 때 다양한 아키텍처 결정이 생기는데, 아키텍트와 엔지니어는 이러한 결정을 서로 공유합니다. 하지만 소프트웨어 제품과 관련된 다른 분야에는 이를 공유하거나 조율하지 않습니다.

반면에 콘셉트는 소프트웨어 제품을 개발하는 모든 분야에서 공유하고 일관성을 유지해야 효과적입니다. 콘셉트는 코드뿐만 아니라 사용자 경험, 제품 설명서, 심지어 마케팅 자료에도 적용되기 때문입니다. 따라서 아키텍트는 콘셉트 정의 과정에 적극적으로 참여해야 하며, 이를 아키텍처 작업에 반영해야 합니다.

콘셉트는 다른 제품과 차별화되는 요소입니다. 좋은 콘셉트가 있다고 해서 항상 경쟁에서 이기는 것은 아니지만, 때때로 경쟁 제품이 범접할 수 없는 이점을 제공하기도 합니다. 예를 들어 사용자가 애플리케이션과 상호 작용할 수 있는 **사용자 인터페이스**(User Interface, UI) **창**이라는 콘셉트를 생각해 보겠습니다.

예전에는 컴퓨터를 사용할 때 UI 창이 반드시 필요하지 않았습니다. 하지만 지금은 그 매력적인 콘셉트 덕분에 지배적인 사용자 인터페이스가 되었습니다. UI 창보다 10년 이상 앞서 나온 터미널이란 콘셉트는 현재는 UI 창 콘셉트에 흡수되었습니다. 오늘날 사용자 대부분은 터미널을 UI 창 안에 나타나는 것으로 이해합니다.

물론 맥과 윈도우(운영 체제)에서 UI 창은 정확히 같은 콘셉트로 사용하고 있지는 않습니다. 운영 체제를 바꾸어 보았다면 언뜻 비슷해 보이지만 동일하지 않은 UI 콘셉트 때문에 좌절을 느낀 적이 있을 것입니다. 이렇게 유사하지만 완전히 일치하지 않는 콘셉트 때문에 두 운영 체제에서 모두 원활하게 실행되는 소프트웨어는 개발하기도 어렵고, 보이는 것보다 훨씬 더 많은 작업이 필요합니다.

이처럼 콘셉트는 아키텍처 팀이 작업하는 일종의 환경 조건을 만들기도 합니다. 그 환경 조건에는 앞서 살펴본 운영 체제와 관련된 것도 있으므로 아키텍처를 설계할 때 반드시 반영해야 합니다. 더불어 제품 관리자나 UI 디자이너의 머릿속에만 있는 콘셉트도 있기 때문에 이를 파악하는 것 역시 아키텍트가 해야 할 일입니다. 최종적으로 아키텍처 작업을 진행하면서 새로운 콘셉트가 생길 수도 있습니다.

2.2 신뢰도

신뢰도는 사용자가 예상한 대로 제품이 동작하는지 파악하는 일련의 특성을 통칭하는 용어입니다. 이러한 특성에는 신뢰성, 복원력, 성능, 확장성이 포함됩니다.[2]

당연히 모든 제품은 신뢰할 수 있어야 하지만, 제품마다 기대하는 신뢰도 수준은 다릅니다. 예를 들어 모바일 앱의 신뢰도 수준은 ID 및 액세스 관리(IAM) 시스템보다 대체로 낮습니다. 단순한 모바일 앱 오류는 보통 사용자 한 명에게 일시적인 영향을 주지만, IAM 시스템 오류는 사용자 수천 명 또는 수백만 명에게 장시간 영향을 미칠 수 있기 때문입니다. 이렇게 중요한 시스템은 더욱 높은 수준의 주의와 관심이 요구됩니다.

엄밀히 따져 신뢰도는 아키텍처보다 소프트웨어 구현과 관련된 특성입니다. 하지만 신뢰도 높은 소프트웨어를 구현하려면 먼저 신뢰도 높은 아키텍처가 전제되어야 합니다. 물론 이것만으로는 충분하지 않습니다. 보안 같은 품질 속성과 마찬가지로 신뢰도 문제는 **가장 약한 고리** 문제이기 때문입니다. 아키텍처, 설계, 구현 중 어느 하나라도 취약하면 전체 시스템 신뢰도는 떨어집니다. 즉, 아키텍처 자체로는 전체 시스템의 신뢰도를 보장할 수 없지만, 특정 수준의 신뢰도를 달성할 수 있는 필요조건이 됩니다.

이처럼 아키텍처는 시스템 신뢰도를 위한 전제 조건으로, 시스템 신뢰도에 상당한 영향을 미칩니다. 예를 들어 코드 중복 제거와 장애 조치(fail-over)를 명시적으로 고려한 아키텍처는 그렇지 않은 아키텍처보다 더 높은 신뢰도를 보장할 수 있습니다. 하지만 소프트웨어 구현 단계에서는 아키텍처가 보장하는 그 이상으로 신뢰도를 높이기가 매우 어렵습니다. 대체로 소프트웨어를 구현하면서 아키텍처가 보장하는 수준보다 신뢰도가 더 떨어질 가능성이 많기 때문입니다.

---

2 〈Software Architecture: Foundations, Theory, and Practice〉(Wiley, 2009)

한 가지 예로, 서버에 장애가 생겼을 때 클라이언트 안정성을 보장하는 문제를 생각해 보겠습니다. 일단 클라이언트는 장애를 감지할 수 있어야 합니다. 그리고 장애가 발생했을 때 서버 요청을 다시 시도할 시점을 판단해야 하며, 일정 기간 서버 요청을 중지하여 서버 장애를 악화시키지 말아야 합니다.

단순한 클라이언트 아키텍처에서는 서비스 요청 코드가 코드 베이스 곳곳에 분산되어 있을 것입니다. 클라이언트 플랫폼에서 HTTP 통신 라이브러리가 기본 기능으로 제공되므로 이러한 방식은 충분히 합리적입니다. 또 각 메서드가 독립적으로 요청을 보내기 때문에 간단하면서도 직관적이며, 관련 팀 간 조정도 최소화할 수 있습니다.

반면에 이러한 접근 방식은 클라이언트가 특정 서비스 상태에 대한 집약적인 정보를 처리하기 어렵게 합니다. 별도의 조율이 없으면 클라이언트 내 여러 부분이 동시에 서비스 요청을 쏟아부어 서로 충돌할 수도 있습니다. 이를 개선하려면 클라이언트가 동일 서비스에 대한 모든 요청을 추적하고 해당 요청의 실패율을 모니터링하면서 적절히 조정된 방식으로 일시 정지하거나 재시도 요청을 할 수 있도록 하는 구조로 만들어야 합니다. 이처럼 클라이언트 문제를 조정할 수 있는 아키텍처가 미리 마련되어 있지 않으면 클라이언트 구현만으로는 높은 신뢰도를 보장하기 어렵습니다.

앞선 예시에서 볼 수 있듯이, 신뢰도는 먼저 아키텍처 수준에서 고려해야 합니다. 그렇지 않으면 어떤 구현도 신뢰도 목표를 달성하기 어려울 것입니다. 다만 아키텍처에서 코드 중복이나 장애 조치 같은 문제를 다루었더라도 항상 높은 신뢰도를 보장하지는 못합니다. 실제로 설계에서 이를 제대로 반영하지 못할 수도 있기 때문입니다. 그렇더라도 아키텍처 팀은 코드 중복이나 장애 조치 같은 문제를 해결할 수 있는 기본 구조를 제공해야 합니다.

2.3 아키텍처적으로 중요한 요구 사항

일반적으로 신뢰도는 아키텍처적으로 중요한 요구 사항 중 하나입니다.[3] **아키텍처적으로 중요한 요구 사항**(Architecturally Significant Requirement, ASR)이란 아키텍처 자체에서 다루어야 하며, 설계나 구현의 세부 사항에 위임할 수 없는 요구 사항을 의미합니다. 이는 다소 **자기 참조적인 정의**(self-referential definition)[4]라서 실제 상황에서 정확히 어떤 요구 사항을 의미하는지 파악하기 어려울 때가 많습니다.

아키텍처적으로 중요한 요구 사항은 대부분 **비기능 요구 사항**에 해당합니다. 비기능 요구 사항이란 시스템 성능이나 처리 범위에 대한 요구 사항을 의미하며, **최소 처리량**(minimum throughput)[5]과 **최대 지연 시간**(maximum latencies)[6] 등이 대표적인 예입니다. 여기에서 **비기능**이라는 표현이 다소 부적절하다고 여길 수 있는데, 이는 비기능 요구 사항을 충족하지 못한 소프트웨어 제품은 기능적이라고 할 수 없기 때문입니다. 따라서 이 책에서는 좀 더 범용적인 용어인 **아키텍처적으로 중요한**이라는 용어를 사용할 것입니다.

---

[3] 《Software Architecture in Practice》(Addison-Wesley Professional, 2012)

[4] 역주 정의 자체가 다시 그 정의를 설명하는 데 사용되는 경우입니다. 예를 들어 아키텍처적으로 중요한 요구 사항 (ASR) 정의에서는 아키텍처라는 단어를 다시 사용합니다.

[5] 역주 시스템이 단위 시간 동안 처리할 수 있는 최소한의 작업량을 의미합니다. 예를 들어 웹 서버가 초당 HTTP 요청을 최소 100개 처리할 수 있어야 한다는 요구 사항을 들 수 있습니다.

[6] 역주 시스템이 요청을 처리하는 데 걸리는 최대 허용 시간을 의미합니다. 예를 들어 데이터베이스 쿼리가 최대 200밀리초 내 완료되어야 한다는 요구 사항을 들 수 있습니다.

> **Note ≡ 기능 요구 사항 vs 비기능 요구 사항**
>
> 기능 요구 사항은 시스템이 수행해야 하는 구체적인 기능이나 동작을 명시하는 것입니다. 예를 들어 "사용자는 이메일로 비밀번호 재설정 링크를 받을 수 있어야 한다."라는 요구 사항이 이에 해당합니다.
>
> 비기능 요구 사항은 시스템의 품질이나 성능과 관련된 제약 조건을 나타냅니다. "시스템은 동시에 사용자를 1,000명 처리할 수 있어야 한다" 또는 "웹 페이지 로딩 시간은 3초를 넘지 않아야 한다."라는 요구 사항이 이에 해당합니다.
>
> 즉, 기능 요구 사항이 무엇을 할 것인지 정의한다면, 비기능 요구 사항은 그것을 얼마나 잘할 것인지 정의합니다.

비기능 요구 사항 외에 다른 요구 사항도 아키텍처 측면에서 중요할 수 있습니다. 이를 판별하는 유용한 기준은 해당 요구 사항이 변경될 때 어느 정도 재작업이 필요한지 판단하는 것입니다. **상당한 수준의 재작업**이 필요하다면, 이는 아키텍처적으로 중요한 요구 사항에 해당합니다.

사용자 경험과 관련된 요구 사항은 대부분 아키텍처 측면에서는 중요하지 않습니다. 예를 들어 특정 상황에서 알림이 생성되는 경우를 가정해 보겠습니다. 이미 시스템 아키텍처에 알림을 감지하고 발송하는 기능이 있다면, 조건이나 표시 형식을 변경하는 것은 간단한 변경일 뿐 아키텍처 측면에서는 중요하지 않습니다.

반면에 데이터 모델 변경은 광범위하게 영향을 미칠 수 있습니다. 특히 "하나만 존재해야 한다." 또는 "절대 변경할 수 없다."라는 규칙이 있는 경우 문제가 될 수 있습니다. 예를 들어 시스템에 사용자마다 주소를 하나만 저장해야 한다는 요구 사항이 있다고 가정해 보겠습니다. 아마도 아키텍처 팀은 하나의 주소를 기반으로 아키텍처를 설계하고 싶은 유혹에 빠질 것입니다. 이렇게 하면 설계를 단순하게 유지할 수 있기 때문입니다. 비록 단순함도 중요한 아키텍처 원칙 중 하나지만, 자칫 잘못된 가정이 시스템에 깊숙이 반영될 수 있습니다.

시스템에 사용자당 하나 이상의 주소를 저장해야 하는 상황이 발생하면 심각한 정도로 시스템을 수정해야 합니다. 예를 들어 배송지와 청구지를 구분해야 하는 경우를 들 수 있습니다. 이 경우 **정확히 하나**의 주소를 사용하는 모든 부분을 검토하여 해당 코드에서 배송 주소를 요구하는지, 아니면 청구 주소를 요구하는지 판단해야 합니다. 이처럼 요구 사항을 대대적으로 변경해야 한다면 이를 아키텍처적으로 중요한 요구 사항으로 볼 수 있습니다.

아키텍트는 앞선 상황을 고려하여 사용자와 주소 사이를 일대다 관계로 관리하는 방식을 선택할 수 있습니다. 각 주소에 배송과 청구 또는 미래에 추가될 수 있는 다른 관계 유형을 명시할 수 있습니다. 이는 다소 복잡한 모델이지만, 상당한 유연성을 제공합니다. 또 구현 단계에서 최소한의 작업으로 요구 사항도 변경할 수 있습니다.

주소와 관련된 요구 사항은 주소를 저장해야 한다는 것을 명시적으로 알려 줍니다. 하나의 주소만 저장할지 판단하게 하고, 요구 사항이 변경될 때는 어떤 결과가 발생할지도 고민할 기회를 줍니다.

반면에 명시되지 않은 요구 사항은 파악하기가 훨씬 더 어렵습니다. 이 경우 아키텍처 팀은 해당 분야의 경험을 바탕으로 요구 사항에 명시되지 않은 내용을 추론해야 할 수도 있습니다. 예를 들어 지연 시간 요구 사항이 명시되지 않았다면, 이는 해당 요구 사항이 적용되지 않아서인지 아니면 유사한 제품이나 경쟁 업체와 관련된 통상적인 기준이 누락된 것인지 판단해야 합니다.

아키텍처 팀은 아키텍처적으로 중요하지만 명시되지 않은 요구 사항을 발견하도록 체크 리스트 형태로 지침을 만들고, 새로운 요구 사항이 생길 때마다 이를 확인해야 합니다. 시스템 의존성 요구 사항은 고려했는지, 법 또는 규정 준수와 관련된 제약 조건은 어떻게 되는지, 요구 사항은 어떻게 변경될 수 있는지 등을 확인합니다. 이 체크 리스트 항목을 점검하여 아키텍처 측면에서 중요하지만 명시되지 않은 요구 사항을 미리 논의하고 발견할 수 있습니다.

2.4 제품 계열

완전히 독립적인 소프트웨어 제품은 거의 없습니다. 이러한 소프트웨어 제품 관계는 다양한 형태로 활용됩니다. 특히 신제품을 개발할 때 처음부터 완전히 새롭게 시작하는 경우는 드뭅니다. 정도의 차이는 있지만, 보통은 아무리 새로운 소프트웨어라고 해도 기존 제품에서 코드와 아키텍처를 어느 정도 상속받습니다. 이러한 연결 고리는 상황에 따라 이점이 될 수도 있고, 반대로 문제가 될 수도 있습니다.

아키텍처 팀이 이러한 점을 최대한 활용하려면 각 제품 간 관계를 이해하고 적극적으로 관리해야 합니다. 소프트웨어 제품 간 관계는 결국 제품이 개발되는 환경이 되며, **환경과의 관계**는 아키텍처의 핵심 정의 중 한 부분이기도 합니다.

이 절에서는 소프트웨어 제품 간 관계를 파악하고 이를 효과적으로 이해하는 데 도움이 되는 몇 가지 분류 체계를 살펴보겠습니다.

2.4.1 하나의 제품, 여러 플랫폼

오늘날 애플리케이션은 대부분 여러 플랫폼에서 실행됩니다. 여기에는 모바일 운영 체제인 iOS와 안드로이드, 데스크톱 운영 체제인 맥과 윈도우 등이 포함됩니다. 웹 브라우저를 목표로 개발하는 방법도 있지만, 웹 브라우저마다 동작이 다르고 모바일과 데스크톱 간에도 차이가 있기 때문에 그리 유용하지는 않습니다.

이와 유사한 내용이 서비스에도 적용됩니다. 한 클라우드 제공 업체에서 운영할 때도 있지만, 대다수 서비스는 여러 클라우드 제공 업체에서 운영합니다. 여기에는 사설 클라우드와 공용 클라우드 조합을 이용하는 방법도 있으며, 이것으로 서비스 범위를 확장하고 비용을 줄이기도 합니다.

단일 시스템을 다양한 플랫폼에서 운영할 때 아키텍처 팀은 플랫폼 간에 공유되는 요소와 플랫폼별로 특화되는 요소 사이의 경계를 신중하게 결정해야 합니다. 이러한 결정은 아키텍처에 중요한 영향을 미치는 사항이며, 완벽한 정답이 있는 것이 아니므로 대부분 논쟁 거리가 됩니다.

이러한 상황에서 아키텍처 팀은 제품의 핵심 콘셉트를 구현하는 주요 로직을 식별하고 가능한 한 많은 플랫폼에서 이를 사용할 수 있도록 하면 좋습니다. 아울러 핵심 로직은 대부분 복잡하기에 철저히 검증된 코드를 사용하는 것이 바람직합니다. 이렇게 함으로써 사용자는 어느 플랫폼에서나 애플리케이션의 주요 기능을 동일한 방식으로 사용할 수 있습니다.

다시 한 번 강조하지만, 단 하나의 완벽한 정답은 없습니다. 아키텍처 팀 대부분은 기존 코드 베이스를 갈아엎는 것이 아니라 활용해야 하는 제약 조건을 가지고 있습니다. 또는 완전히 처음부터 시작하는 경우에도 실제 개발 팀에서 사용할 수 있는 스킬 셋(skill sets)을 고려해야 합니다. 따라서 멀티 플랫폼 애플리케이션을 설계하면서 직면하는 다양한 아키텍처 결정은 개발 팀과 협력하면서 해야 합니다.

애플리케이션 핵심 로직을 제외한 다른 기능적인 부분은 의심할 여지없이 각 플랫폼에 맞추어 특화시키면 됩니다. 사용자 경험 관점에서 보면 플랫폼 고유의 UI 컨트롤을 활용하는 것이 **크로스 플랫폼 솔루션**(cross-platform solutions)[7]을 만드는 것보다 비용 측면에서 효율적입니다. 아키텍처 팀은 플랫폼 간 UI 라이브러리를 구축하고 싶은 유혹이 들더라도 이러한 라이브러리가 네이티브 UI와 다르게 작동하여 사용자에게 불편함과 좌절감을 줄 수 있다는 점을 항상 염두에 두어야 합니다.

앞선 내용을 토대로 애플리케이션의 핵심 영역과 플랫폼별로 다르게 적용할 특화 영역을 신중하게 구분해야 합니다. 핵심 영역과 특화 영역의 경계를 정의하고 애플리케이션 요소를 체계화하는 것이 아키텍처 팀의 핵심 임무 중 하나입니다.

---

[7] 역주 하나의 코드 베이스로 여러 플랫폼에서 애플리케이션을 실행할 수 있도록 하는 솔루션입니다.

모델–뷰–컨트롤러(MVC) 아키텍처를 알고 있다면 지금까지 설명한 내용이 모델(핵심)과 뷰, 컨트롤러(특화) 간 분리를 설명하고 있음을 알 수 있을 것입니다. 필자 경험상 MVC 구현이 항상 모델을 완벽하게 분리하지는 못하지만, 이를 제대로 적용할 수 있다면 MVC 아키텍처가 앞선 문제에 익숙한 접근 방식을 제공할 것입니다.

2.4.2 제품 라인

이전 절에서는 여러 플랫폼에서 단일 소프트웨어의 핵심 기능을 구분하여 적용하는 방법을 논의했습니다. 하지만 소프트웨어 제품은 종종 한 주제에 대해 여러 가지 버전을 제공하는 제품 라인으로 구성되기도 합니다. 보통 이러한 경우 소프트웨어 제품은 다양한 가격대로 판매되며 간단한 버전은 저렴하거나 무료로 제공되고, 고급 기능이 추가된 버전은 높은 가격으로 판매됩니다.

아키텍처 측면에서 제품 라인을 지원하는 데는 두 가지 기본적인 접근 방식이 있습니다. 첫 번째 방식은 각 버전별로 개별적인 소프트웨어 제품을 개발하는 것입니다. 보통 동일한 코드를 기반으로 개발하며, 상위 버전에는 몇 가지 구성 요소를 추가하여 고급 기능을 사용할 수 있게 합니다.

이러한 개별 소프트웨어 제품 방식은 각 버전이 소비자가 기대하는 사용자 경험에 부합할 때 효과적입니다. 예를 들어 앱 스토어에서 **일반** 버전과 **프로** 버전을 판매하는 경우를 가정해 보겠습니다. 비록 각 애플리케이션은 연관되어 있을지라도 앱 스토어와 사용자의 관점에서 볼 때는 개별적인 애플리케이션으로 인식됩니다. 즉, 두 가지 다른 버전을 별도로 빌드하여 제공하는 것이며, 일반 버전에는 애초에 프로 기능이 포함되어 있지 않습니다. 따라서 결함이나 해킹으로 돈을 지불하지 않은 사용자에게도 프로 기능이 노출될 염려가 없다는 장점이 있습니다.

두 번째 방식은 고급 기능을 포함하지만, 라이선스 메커니즘으로 제어되는 단일 소프트웨어 제품을 만드는 것입니다. 이 방식을 적용하면 사용자가 단일 애플리케이션을 내려받은 뒤 추가로 다른 애플리케이션을 내려받거나 설치하지 않고도 **업그레이드**할 수 있습니다. 이 방식은 특히 모바일 플랫폼에서 많이 사용되며, 사용자는 인앱 결제로 편리하게 고급 버전을 이용할 수 있습니다. 다만 두 가지 버전의 애플리케이션을 동일한 기기에서 동시에 설치할 수 없다는 단점이 있습니다. 즉, 사용자는 자신의 기기에서 한 가지 버전만 사용할 수 있습니다.

앞선 두 가지 접근 방식은 상호 배타적이지 않습니다. 궁극적으로 시장 반응에 따라 두 가지를 혼합한 접근 방식을 사용할 수도 있습니다. 아마도 기업 입장에서는 시간을 두고 다양한 앱 스토어를 대상으로 어떤 방식이 유리한지 비교하고 싶을 것입니다. 이는 최적의 접근 방식이 배포 플랫폼에 따라 다르기 때문입니다. 따라서 이 경우 아키텍처 팀은 특정 접근 방식을 고수하기보다는 유연성을 고려하여 아키텍처를 설계해야 합니다.

이 문제에 대한 기본적인 아키텍처는 사용자가 이용할 수 있는 기능 정보를 단일 시스템 요소에 집중시키는 것입니다. 그리고 이 정보를 애플리케이션이 실행되는 동안 런타임 환경에서 인터페이스를 이용하여 동적으로 변경할 수 있어야 합니다. 이를 위해 인터페이스는 라이선스 상태를 조회하는 API를 포함해야 하며, 다른 시스템 요소가 라이선스 상태 변경을 알 수 있도록 알림 메커니즘을 구현해야 합니다.

이 접근 방식은 인앱 결제 방식에 적용할 수 있을 뿐만 아니라 앞서 살펴본 여러 버전의 개별 애플리케이션 패키징 방식에도 적용할 수 있습니다. 다만 개별 애플리케이션 패키징 방식에서는 특정 기능이 컴파일할 때 제외되면 그 기능은 동적으로도 전혀 사용할 수 없어 인터페이스를 두는 것이 다소 불필요해 보일 수도 있습니다. 그럼에도 인터페이스가 실제 동적 수준을 추상화하기 때문에 시스템의 다른 요소는 라이선스 세부 사항을 알 필요가 없다는 장점이 있습니다. 무엇보다 이러한 인터페이스를 사용하면 앞서 살펴본 두 가지 접근 방식을 모두 사용할 수 있습니다.

2.4.3 제품군

관계가 가까운 제품 라인에서 먼 제품 라인으로 확대하면 제품군을 만들 수 있습니다. 앞서 살펴보았듯이, 제품 라인은 각기 다른 가격대에서 근본적으로 동일한 문제를 해결합니다. 반면에 제품군은 서로 다르지만 어느 정도 연관된 문제는 유사한 방식으로 해결합니다. 기업은 제품군의 유사한 소프트웨어 사용법을 강조하며, 고객이 개별 제품 대신 제품군을 구매하도록 유도합니다. 고객 입장에서 제품군은 완전히 다른 두 가지 도구를 배우지 않고도 사용법이 유사한 소프트웨어를 사용하여 두 가지 다른 문제를 해결할 수 있다는 장점이 있습니다.

앞서 설명했듯이, 소프트웨어 제품을 여러 플랫폼에 배포하는 아키텍처는 대부분 핵심과 특화 영역으로 구분해서 설계합니다. 핵심 부분은 모든 플랫폼에서 실행되며, 이를 구현하는 데 일부 크로스 플랫폼 기술이 필요합니다. 특화 부분은 제품이 실행되는 각 플랫폼에 따라 어느 정도 커스터마이징되어야 합니다.

제품군 아키텍처에서는 제품군과 관련된 특성과 기능에 대해 새로운 기준을 도입해야 합니다. 특히 제품군 전체에서 일관성을 유지해야 하는 동작은 다음과 같습니다.

- **인증 및 접근 제어**: 사용자는 제품군 내 하나의 애플리케이션에 로그인하면 같은 기기 내 동일 제품군 애플리케이션에서도 로그인된 상태가 유지되길 기대합니다.
- **데이터 접근**: 데이터 연결과 데이터에 접근하는 사용자 경험 역시 제품군 내 모든 제품이 동일해야 합니다.
- **사용자 경험 동작**: 사용자는 한 애플리케이션에서 다른 애플리케이션으로 이동할 때 새로운 동작을 배우고 싶어 하지 않습니다. 사용법의 유사함은 제품군의 핵심 가치라는 점을 명심해야 합니다.
- **이력과 추천**: 많은 애플리케이션이 사용자 행동을 기록한 뒤 이를 사용자 이력으로 제공함과 동시에 암묵적으로 사용자 추천에 활용하기도 합니

다. 이러한 동작이 허용된다면 제품군 전체에서 통합적으로 사용해야 합니다.

- **애플리케이션 간 워크플로**: 연관된 문제에 대해 제품군 내 다른 솔루션을 제안하는 기능은 제품군의 장점 중 하나입니다. 이를 위해 제품군 애플리케이션은 다른 애플리케이션으로 손쉽게 이동할 수 있는 방법을 제공해야 합니다.

이외에도 목록에 포함될 수 있는 항목이 많습니다.

앞서 다중 플랫폼에서 운영되는 단일 소프트웨어 제품을 이야기할 때 플랫폼 간 공유되는 **핵심** 기능과 플랫폼별 **특화** 기능을 구분해야 한다고 언급했습니다. 이와 동일한 구분이 제품군에도 적용되며, 이는 표의 한 축을 맡습니다. 즉, 다중 플랫폼에서 운영되는 제품군 아키텍처는 두 부분(핵심과 특화)에서 네 부분으로 확장되며, 이는 다음 표와 같이 나타낼 수 있습니다.

▼ 표 2-1 다중 플랫폼 제품군 아키텍처는 두 부분(핵심과 특화)에서 네 부분으로 확장

	핵심 vs 특화	
제품군 vs 제품	제품군의 핵심 부분	제품군의 특화 부분
	제품의 핵심 부분	제품의 특화 부분

표 2-1은 다중 플랫폼 제품군 아키텍처의 분류를 간단히 나타낸 것입니다. 핵심 부분은 같기 때문에 제품별 통합 작업과 해당 특화 부분의 플랫폼별 통합 작업은 한 번씩만 필요합니다. 하지만 특화 부분은 플랫폼별로 다르므로 각 제품과 제품군의 핵심과 특화 부분, 특화 부분과 다른 특화 부분 간 통합을 모두 관리해야 합니다. 이처럼 다중 플랫폼 제품군에서는 관리해야 하는 통합 작업에서 경우의 수가 많으므로 특화 부분의 인터페이스를 간결하게 유지하는 것이 중요합니다.

> **Note ≡ 다중 플랫폼 제품군 아키텍처 예**
>
> 다중 플랫폼 제품군의 대표적인 예로 오피스 소프트웨어 제품군이 있습니다. 이 제품군에는 워드 프로세서, 스프레드시트, 프레젠테이션 도구 등이 포함됩니다. 이러한 오피스 제품군 소프트웨어는 윈도우, 맥, iOS, 안드로이드(Android) 같은 여러 플랫폼에서 실행됩니다.
>
> - **제품의 핵심 부분(product core)**: 모든 플랫폼에서 동일하게 작동하는 소프트웨어 핵심 기능입니다. 예를 들어 워드 프로세서의 텍스트 편집 기능은 윈도우와 맥에서 동일하게 작동합니다.
> - **제품의 특화 부분(product edges)**: 각 플랫폼에 특화된 기능입니다. 예를 들어 맥에서 제공하는 특정 메뉴 바 기능은 윈도우에는 없습니다. 마찬가지로 iOS에서는 터치 제스처를 사용할 수 있지만, 데스크톱 플랫폼에서는 대부분 사용할 수 없습니다.
> - **제품군의 핵심 부분(suite core)**: 오피스 소프트웨어 제품군 전체에 공통으로 적용되는 기능입니다. 예를 들어 모든 오피스 제품이 클라우드 저장소와 동기화되는 기능이 여기에 해당합니다.
> - **제품군의 특화 부분(suite edges)**: 제품군 내 개별 소프트웨어에 특화된 부분입니다. 예를 들어 스프레드시트 프로그램에서만 제공되는 특정한 데이터 분석 도구를 들 수 있습니다. 이는 제품군 내 다른 소프트웨어에서는 사용되지 않습니다.
>
> 이러한 구조에서 제품의 핵심 부분과 제품군의 핵심 부분은 모든 플랫폼에서 공통으로 사용되므로 한 번만 개발하면 됩니다. 하지만 제품의 특화 부분과 제품군의 특화 부분은 플랫폼별로 따로 개발해야 합니다. 이에 따라서 플랫폼 간 통합 작업의 복잡성은 증가합니다.
>
> 예를 들어 모바일 앱에 다크 모드(dark mode)가 추가되면 이를 웹 애플리케이션에도 일관되게 적용할 수 있어야 합니다. 이처럼 새로운 기능을 추가할 때 모든 플랫폼에서 제대로 동작하는지 확인하고, 필요하다면 플랫폼별로 특화된 기능을 조정하거나 최적화하는 통합 작업을 해야 합니다. 따라서 이러한 복잡성을 관리하는 데 특화 부분(edges)의 인터페이스를 가능한 한 간단하게 유지하는 것이 중요합니다.

이 논의에서 알 수 있듯이, 제품군의 특정 소프트웨어를 담당하는 아키텍처 팀은 제품군 그 자체와 제품군 내 다른 소프트웨어를 담당하는 팀과 협업해야 합니다. 특히 아키텍처 팀은 시스템 구성 요소와 그 환경 간 관계를 항상 염두에 두어야 합니다. 이 경우 제품군은 개별 소프트웨어 제품이 공유하는 환경에 해당합니다.

2.4.4 크로스 플랫폼

지금까지 제품 계열 논의는 제품을 여러 플랫폼을 대상으로 개발한다는 가정하에 진행했습니다. 또 사용자 인터페이스 차이를 고려해야 하는 iOS나 윈도우 등 클라이언트 측 플랫폼에만 중점을 두었습니다. 하지만 앞서 설명한 내용 중 상당 부분은 클라우드 플랫폼을 대상으로 하는 서비스에도 동일하게 적용할 수 있습니다.

아키텍처 팀이 여러 플랫폼을 대상으로 소프트웨어 아키텍처를 설계할 때 적용할 수 있는 또 다른 옵션으로 다양한 환경에서 일관성을 제공하는 중개 플랫폼이 있습니다. 비록 그 성공 여부는 다소 차이가 있지만, 수년에 걸쳐 자바(Java), AIR, 유니티(Unity), 일렉트론(Electron) 같은 여러 기술이 이 영역을 차지해 왔습니다.

중개 플랫폼을 사용하는 것이 특정 제품에 적합한 전략인지는 명확하게 답을 내릴 수 없습니다. 플랫폼 안정성과 신뢰성은 중요한 문제지만, 각 플랫폼에서 제공하는 지원과 보장 수준은 매우 다르기 때문입니다. 아키텍처 팀이 중개 플랫폼을 채택하는 것은 한 가지 리스크를 다른 리스크로 대체하는 것입니다. 따라서 이러한 선택은 성공할 수도 있고 그렇지 않을 수도 있습니다.

앞선 논의는 시스템과 환경 간의 관계가 양방향으로 작용한다는 것을 상기시킵니다. 시스템이 운영되는 환경에 따라 다양한 영향과 제약을 받는다는 것은 쉽게 이해할 수 있습니다. 아키텍처 팀 대부분은 시스템을 운영할 플랫폼이 무엇을 할 수 있고 무엇을 할 수 없는지 알고 있습니다.

이러한 관계는 시스템이 환경과의 관계를 결정하는 경우 반대로 작동합니다. 소수 플랫폼만 대상으로 소프트웨어 아키텍처를 설계하는 특별한 상황이 아니라면 아키텍처 팀은 여러 환경에 부합할 수 있도록 아키텍처를 설계해야 합니다. 아니면 크로스 플랫폼에서 제공하는 특정 단일 환경에 맞게 설계할 수도 있습니다. 다만 크로스 플랫폼에서 제공하는 단일 환경의 제약이 심할 때는 반대로 여러 플랫폼을 직접적인 대상 환경으로 선택하기도 합니다. 각 방안의 비용과 위험은 다르기 때문에 시스템에 따라 어떤 방식이 적절한지 따져 보아야 합니다.

마지막으로 시스템 환경을 선택할 때 반드시 양자택일할 필요는 없습니다. 비록 클라이언트 기기 측면에서는 이분법적인 선택이 일반적이지만, 일부 아키텍처 팀은 특정 시스템에서만 크로스 플랫폼을 이용하기도 합니다.

서비스에는 더 다양한 조합과 선택지가 있습니다. 실제로 일부 클라우드 제공 업체는 기본 기능에서 공통된 API를 제공하지만, 그 외에도 다양한 구현 방법을 지원하므로 사실상 크로스 플랫폼 표준(de facto cross-platform standards)을 만들기도 합니다. 또 특정 기능(**예** 데이터베이스 또는 기계 학습 라이브러리)에서만 크로스 플랫폼 제공 업체를 선택할 수도 있기 때문에 크로스 플랫폼 솔루션에 전적으로 의존하지 않아도 됩니다.

전반적으로 이러한 플랫폼 통합과 관련된 문제는 시스템과 그 환경 간의 관계 문제이므로 아키텍처에서 가장 복잡한 부분입니다. 따라서 여느 때와 마찬가지로 아키텍처 팀은 이 문제에 대해 일관된 비전으로 철저한 토론과 조정 과정을 거쳐야 합니다.

2.5 플랫폼 구축

때로는 우리가 만드는 소프트웨어 제품이 플랫폼이 되기도 합니다. 플랫폼은 여러 고객 집단의 관심을 끌어야 한다는 점에서 다른 소프트웨어 제품과 차이가 있습니다. 예를 들어 운영 체제는 이를 직접 사용하는 최종 사용자에게 판매하지만, 애플리케이션을 만드는 개발자 관심도 끌어야 합니다.

이러한 고객 집단은 단순히 역할로만 구분하지 않습니다. 운영 체제의 최종 사용자 중에는 일상 업무를 보는 **일반** 사용자뿐만 아니라 설치된 애플리케이션과 보안 설정 등을 관리하는 관리자도 있습니다. 이들은 역할이 서로 다르지만, 운영 체제는 결국 사용자와 관리자 모두에게 마케팅하고 판매해야 합니다. 즉, 이들이 바로 소프트웨어 구매 결정을 하는 고객 집단인 것입니다.

개발자는 소프트웨어 플랫폼에서 핵심적이지만 차별화된 역할을 담당합니다. 참고로 비즈니스 관점에서 플랫폼 개발이란 사용자와 개발자 사이의 긍정적으로 피드백이 순환되는 생태계를 구축하고, 전체적인 플랫폼 사용을 촉진하여 수익을 얻는 일종의 도박이라고 할 수 있습니다. 개발자 집단은 이러한 과정을 시작하는 데 중요한 역할을 하기 때문에 때때로 플랫폼 소유자는 개발자에게 자신의 플랫폼을 이용하도록 대가를 지불하기도 합니다.

소프트웨어 아키텍처는 이러한 개발자와 맺은 관계 때문에 일반 소프트웨어 제품보다 플랫폼 제품에 더 큰 영향을 미칩니다. 최종 사용자는 궁극적으로 책 쓰기, 예산 관리하기, 프로젝트 일정 관리하기 등 소프트웨어 제품 기능에만 관심을 갖습니다. 좋은 아키텍처를 만들어서 소프트웨어 기능이 더 잘 수행되도록 할 수도 있지만, 이는 본질적으로 사용자 경험과 한 단계 떨어져 있는 문제라고 할 수 있습니다.

반면에 개발자는 소프트웨어 제품의 아키텍처에 직접적인 영향을 받습니다. 어떤 의미에서 보면 플랫폼은 미완성 제품입니다. 즉, 다양한 형태로 조립되길 기다리는 일종의 빌딩 블록과 같습니다. 이러한 블록이 올바른 형태인지, 조립이 쉽거나 어려운지는 결국 시스템 구성 요소와 그 관계를 설계하는 아키텍처 팀이 하는 작업에 달려 있습니다. 어떻게 보면 플랫폼 자체가 곧 아키텍처라고 할 수도 있습니다.

가끔 플랫폼을 구축하고자 하는 목표가 처음부터 명확한 경우가 있습니다. 운영 체제는 그 자체로서 처음부터 플랫폼을 목표로 합니다. 하지만 몇몇 소프트웨어 제품은 시간이 지나면서 점차 플랫폼으로 발전하기도 했습니다. 예를 들어 단순한 워드 프로세서로 시작했다 이후 매크로 같은 소규모 프로그램을 지원하는 기능이 추가되는 경우를 들 수 있습니다. 더 나아가 자체적인 UI, 저장소, 통신, 연산 요구 사항 등이 있는 복잡한 플러그인을 지원하기도 합니다. 이러한 과정은 종종 성공적인 애플리케이션이 되는 불가피한 과정이 되기도 합니다.

따라서 아키텍처 팀은 모든 제품을 플랫폼으로 보거나 앞으로 플랫폼이 될 수도 있다는 관점을 가져야 좀 더 성공적인 아키텍처 전략을 세울 수 있습니다. 이러한 관점에서 보면, 앞서 빌딩 블록 집합으로 표현했던 시스템 아키텍처는 단순히 소프트웨어를 구현하는 기술에 그치지 않고 그 자체로 소프트웨어의 중요한 특징이 됩니다. 따라서 실제로 소프트웨어 제품이 플랫폼으로 진화한다면 이에 대한 아키텍처 투자는 분명한 성과를 거둘 것입니다.

소프트웨어 제품이 플러그인 같은 기능을 지원하는 방향으로 진화하지 않더라도 앞선 접근 방식은 제품 자체의 진화를 촉진하는 데 도움이 됩니다. 좋은 빌딩 블록이란 현재 맺은 관계에 크게 의존하지 않고, 오히려 새로운 관계를 맺어 다른 구성 요소에 원활하게 연결될 준비가 된 요소를 의미합니다. 이러한 속성을 시스템 설계에 잘 반영하면 빌딩 블록을 재결합하고 확장하면서 새로운 기능을 손쉽게 제공할 수 있을 것입니다.

2.6 표준

표준(standard)은 여러 가지 구현을 허용할 만큼 추상적이지만, 상호 운용성을 확보하기 위해 기술의 형태와 기능을 명확하게 규정합니다.

표준은 소프트웨어 곳곳에 존재합니다. 표준은 우리가 작성하는 프로그래밍 언어를 정의하고, 서비스 간 통신 프로토콜을 규정하며, 이러한 통신을 보호하는 공개 키 암호화 방식을 정하는 등 여러 곳에 영향을 미칩니다.

광범위하게 사용되는 공식 표준은 보통 여러 기술 제공 업체가 협력하여 조정 기관의 주관하에 만듭니다. 예를 들어 국제표준화기구(ISO) 같은 기관은 바로 이 목적에서 만들었으며, 표준 개발 및 제작에 필요한 절차, 프레임워크, 인프라를 제공합니다.

비록 공식적인 표준은 국제표준화기구 같은 기관에서 만들지만, 비공식적인 방식으로 표준을 만들기도 합니다. 예를 들어 수많은 코드 베이스, 제품, 조직에는 **내부** 표준이 있습니다. 이는 프로젝트 초기에 작업 방식을 정리한 것에 불과했다가 새로운 구성원이 다른 방식으로 업무를 수행하려고 할 때 비로소 표준으로 인식되기도 합니다.

몇몇 소프트웨어 회사에는 특정 프로그래밍 언어를 사용하는 방법을 기술한 표준이 있습니다. 이러한 **코딩 표준**은 특히 C++ 같은 언어에서 흔히 볼 수 있습니다. C++ 언어가 너무 복잡하고 다양한 방식으로 사용할 수 있어 어느 정도는 제한된 방식으로 사용하는 것이 좋기 때문입니다. 이러한 제한은 때때로 **가이드라인**이나 **스타일 가이드**라고도 하지만, 근본적으로 표준과 동일한 방식으로 작동합니다.

공식 표준과 사내 표준 사이에는 사실상 표준(de facto standards)이 있습니다. 사실상 표준이란 널리 채택되어 다양한 구현 사례가 있지만, 표준 설정 기관의 공식 지원은 없는 표준을 의미합니다. 이처럼 공식적인 지원이 없다고 해서 표준으로 채택할 수 없는 것은 아닙니다. 또 사실상 표준이라는 지위 자체가 공식적인 표준이 되는 발판이 되기도 합니다.

어떤 경우에는 특정 표준을 사용하는 것이 필수가 되기도 합니다. 특정 기능에 대해 HTTP API를 제공하는 소프트웨어 제품을 구축한다면 HTTP를 표준 통신 프로토콜로 사용하는 것이 당연합니다.

주어진 상황과 맥락에 따라서 특정 표준을 선택할 때도 있습니다. 예를 들어 네트워크로 접근할 수 있는 서비스를 제공한다고 가정했을 때 HTTP API가 절대적으로 필요한 것은 아닙니다. 그렇더라도 클라이언트 구현, 서비스 구현, 개발자 친숙도 등 여러 측면에서 범용성을 고려하여 HTTP를 표준 통신 프로토콜로 선택하기도 합니다.

표준과 소프트웨어 아키텍처가 잘 부합하면 이것으로 아키텍처를 강화하고 작업을 가속할 수 있습니다. 예를 들어 HTTP 표준은 클라이언트-서버 동작과 요청-응답 통신 방식을 정의한 아키텍처 스타일을 전제로 합니다. 소프트웨어 제품의 아키텍처가 이러한 스타일과 일치한다면 HTTP를 통신 프로토콜로 채택하여 클라이언트-서버 구성 요소의 역할과 기대치를 강화하고 이들 간에 원활하게 통신할 수 있습니다. 이와 더불어 대다수 아키텍트가 HTTP에 익숙하므로 해당 지식과 경험을 시스템에 적용하기 좋을 것입니다.

당연하게도 표준은 해결해야 하는 문제에 적합해야 합니다. HTTP는 대부분 네트워크 서비스에서 잘 동작하지만 모든 서비스에 적합한 것은 아닙니다. 이는 대안이 존재하는 이유이기도 합니다. 특정 설계 문제에서 표준을 기반으로 한 **즉각 사용할 수 있는** 솔루션이 있다면 별로 고민하지 않아도 됩니다. 하지만 그렇더라도 아키텍트로서 해당 표준의 적합성을 반드시 검증해야 합니다. 여기에는 현재 시스템 상황에 적용할 수 없는 사실상의 표준을 거부하는 것도 포함됩니다.

> **표준의 계층화**
>
> HTTP는 추상적이기 때문에 여러 소프트웨어에서 필요에 따라 특정한 방식으로 사용됩니다. 즉, 소프트웨어 필요에 따라 HTTP를 아무렇게 사용하지 못하도록 특정한 방식으로 제한합니다. 예를 들어 HTTP에는 서버에 리소스를 생성하는 두 가지 방법이 있습니다. 하나는 **특정 리소스 URL에 직접 POST 요청하는 것**[8]이고, 다른 하나는 **컨테이너 URL에 POST 요청하는 것**[9]입니다. 이는 HTTP 사용을 구체화한 예시로 옳고 그름의 문제가 아닌 그저 동일한 작업을 수행하는 다른 방식일 뿐입니다.
>
> 불필요하게 다양한 옵션을 제공하는 표준을 채택하면 보통 아키텍처 팀은 이러한 옵션을 제한하려고 합니다. 예를 들어 HTTP로 리소스를 생성할 때 앞선 두 가지 방식 중 하나만 사용하도록 결정할 수 있습니다. 이렇게 함으로써 시스템 절반은 한 접근 방식을 사용하고, 나머지 절반은 다른 접근 방식을 사용하는 복잡한 상황을 방지할 수 있습니다.
>
> 또 다른 해결책으로 공식 표준 위에 내부 표준을 계층화하는 방법도 있습니다. 이 경우 아키텍처 팀은 자체 시스템만을 위한 내부 HTTP API 표준을 정의합니다. 리소스는 항상 상위 컨테이너에 POST로 생성해야 한다고 명시하는 등 구체적인 규칙을 설정하여 불필요한 옵션을 제거함과 동시에 HTTP 표준을 전반적으로 준수할 수 있습니다.

---

8   역주 예를 들어 /blog-posts/12345 같은 특정 URL에 게시글을 생성하는 POST 요청을 하는 것을 의미합니다.

9   역주 /blog-posts처럼 여러 게시글을 저장하는 컨테이너 URL에 게시글을 생성하는 POST 요청을 하는 것입니다.

2.7 요약

아키텍처 작업은 소프트웨어 제품이 개발되는 맥락과 역사, 명시되지 않은 가정으로 생성된 여러 고려 사항을 반영하여 진행합니다. 아키텍트는 이러한 배경을 수용하고 반응하며 활용할 수 있는 방법을 선택해야 하며, 이는 시스템 자체를 설계하는 것만큼이나 중요한 일입니다.

아키텍처 팀은 시스템이 구현할 콘셉트와 시스템에 기대되는 신뢰도, 그 외 아키텍처적으로 중요한 요구 사항을 조율해야 합니다. 보통 이러한 요구 사항은 명시적으로 나타나지 않을 때가 많지만, 제대로 조치하지 않으면 시스템은 결코 성공할 수 없을 것입니다.

어떤 제품도 고립되어 있지 않습니다. 그리고 서로 연관된 소프트웨어 제품은 더 많은 환경을 만들어 냅니다. 같은 제품 계열이나 제품 라인 또는 같은 제품군에 속한 다른 소프트웨어와 연동해야 하는 경우 일반적으로 설계에 여러 제약이 따릅니다. 또 소프트웨어 제품이 실행되는 플랫폼과 소프트웨어 그 자체가 플랫폼인지에 대한 판단은 아키텍처에서 중요하게 고려해야 할 또 다른 요소이기도 합니다.

시스템 요구 사항과 산업, 아키텍처 스타일에 따라 아키텍처가 반드시 수용해야 하거나 권장되는 기술 표준이 있습니다. 효과적인 소프트웨어 아키텍처에서는 이러한 다양한 측면의 맥락을 이해하고, 이를 아키텍처 작업에 반영해야 합니다.

memo

3장

변화

3.1 변화의 단계

3.2 변화의 유형

3.3 제품 중심 변화

3.4 기술 중심 변화

3.5 단순화

3.6 투자 마인드

3.7 점진적 배포

3.8 아키텍처 진화

3.9 요약

소프트웨어 시스템은 끊임없이 변화해야 한다는 압박을 받습니다. 이러한 압박에는 결함 수정, 고객 피드백 대응, 새로운 기능 추가, 새로운 버전 개발 등 직접적이고 명확한 것들이 있습니다. 이는 소프트웨어 제품의 변화를 이끄는 기본 원동력이 됩니다.

명확하지 않지만, 시스템에 영향을 미치는 요인도 있습니다. 시스템은 다양한 플랫폼, 하드웨어, 소프트웨어 위에서 실행되며, 이들 또한 지속적으로 변화하고 있습니다. 이러한 변화는 시스템이 의존하고 있는 기능을 제한하거나 제거하기도 하며, 시스템이 변경된 상황에 적응하도록 강요하기도 합니다. 반면에 새로운 기능이나 확장된 기능을 제공하여 시스템이 이를 활용할 수 있는 기회를 제공하기도 합니다. 경쟁 제품이 이러한 새로운 기능을 채택했다면 우리 시스템에도 그 기능을 적용해야 한다는 압박이 생길 것입니다.

이외에도 소프트웨어 기술 생태계 때문에 시스템이 변화하기도 합니다. 새롭게 등장한 플랫폼과 기술 및 표준은 인기를 끌기도 하고, 진부해지기도 하고, 시간이 지나면서 구식이 되기도 합니다. 이러한 변화는 고객과 사용자의 기대, 우리가 어떤 시스템을 구축하고 어떤 기술을 사용하고 싶은지에 대한 생각에도 영향을 미칩니다. 소프트웨어 산업은 우리가 생각한 것보다 훨씬 더 유행에 민감합니다.

이러한 변화가 없다면 단순히 소프트웨어 제품을 설계하고 출시한 뒤 다음 과제로 넘어가면 됩니다. 하지만 실제로 이렇게 돌아가는 소프트웨어 시스템은 거의 없습니다. 오늘날 소프트웨어 개발은 개별 제품을 생산하기보다 클라이언트 수백만 명과 서버 수천 개에 걸쳐 실행되는 시스템을 지속적으로 변경하고 관리하는 것이 훨씬 더 중요합니다. 시스템 변경은 시스템의 구성 요소를 수정하는 것이며, 이는 현재와 이전 버전의 다른 구성 요소와도 동시에 호환되어야 합니다. 아울러 병렬적으로 또 다른 시스템을 변경하기도 합니다. 즉, 지속적인 시스템 변화는 당연한 현상입니다.

이러한 시스템 변화 때문에 소프트웨어 개발에서는 소프트웨어 아키텍처가 필요한 것입니다. 소프트웨어 아키텍처는 단순히 하나의 설계를 만드는 것을 넘어 **시간 흐름에 따라** 설계가 어떻게 발전해야 하는지도 고려하기 때문입니다. 1장에서 설명했듯이, 시스템 아키텍처는 반복적으로 설계를 생성하는 템플릿 역할을 합니다. 각 설계는 이전 설계와 구별되지만 동시에 서로 연관되며, 제약을 받습니다. 다시 말해 각 아키텍처는 그에 부합하는 여러 잠재적인 설계 집합을 나타냅니다.

이 논의가 시사하듯이, 시스템 변화는 소프트웨어 개발의 핵심이며, 이를 이해하고 관리할 수 있도록 하는 것이 효과적인 소프트웨어 아키텍처의 주요한 역할이라고 할 수 있습니다. 이 장에서는 시스템 변화를 분류하여 살펴보고, 이를 유도하고 제약하는 요인을 자세히 살펴보겠습니다. 이는 이 책 나머지 부분에서 다룰 변경 관리 프로세스, 실천, 기타 요소들을 위한 기초가 될 것입니다.

3.1 변화의 단계

소프트웨어 개발과 유지 보수에 적용할 수 있는 변화 모델은 다음과 같이 세 단계로 구성됩니다.

- **동기 부여 단계**(motivational): 왜 변경하고자 하는가? 특정 문제를 해결하거나, 필요를 충족시키거나, 새로운 기술을 도입하려는 것일 수 있습니다. 이러한 동기는 우리가 행동하도록 이끕니다.
- **개념적 단계**(conceptual): 무엇을 변경할 것인가? 변경의 개념적 단계에서는 접근 방식을 선택합니다. 어떤 기술을 다른 기술로 교체하거나, 어떤 코드나 설정을 최적화하거나, 새로운 알고리즘을 도입하는 것을 예로 들 수 있습니다.

- **세부 단계**(detailed): 이 변경을 어떻게 수행할 것인가? 이 단계에서는 여러 세부 사항을 포함하여 기존 상태에서 새로운 상태로 전환하는 구체적인 방법을 다룹니다. 이는 새로운 코드를 배포하는 간단한 작업일 수도 있고, 데이터를 새로운 데이터베이스로 마이그레이션하는 복잡한 작업일 수도 있습니다.

다음 그림과 같이 시스템 변경은 보통 어떤 동기에서 시작하며, 개념적 접근 방식으로 진행되다 이후 세부 사항이 구체화됩니다. 이처럼 시스템 변경이 각 단계를 거쳐 진행되면서 시스템 진화가 되는 것입니다.

❤ 그림 3-1 변화의 단계. 시스템 변경은 각 단계를 거치지만 항상 처음부터 시작하는 것은 아닙니다. 때로는 되돌아가는 경우도 발생합니다

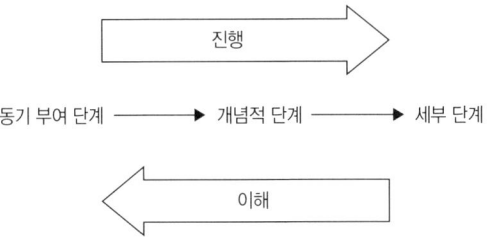

물론 현실은 때때로 더 복잡합니다. 시스템 변경 논의를 개념적 단계부터 시작하는 경우도 흔합니다. 즉, 무엇을 변경해야 하는지부터 시작하는 것입니다. 그러나 이러한 논의의 배경이 되는 동기를 파악하지 않고 개념적 변경을 평가하기는 어렵기에 개념적 단계를 논의하다가 이전 단계로 이동할 수도 있습니다.

이와 비슷한 상황은 세부 단계에서도 발생할 수 있으며, 논의 과정에서 깊이 이해하면서 개념적 접근 방식을 재평가하자는 의견이 나올 수도 있습니다. 따라서 시스템 변경은 궁극적으로 이 세 단계를 모두 거치지만, 반드시 선형적으로 진행될 필요는 없습니다. 실제로는 매몰 비용이 아까워 잘못 진행된 시스템 변경을 피하기 위해서라도 깊이 이해하면서 잘못된 점을 인정하고 이전 단계로 되돌아가는 유연성이 필요하기도 합니다.

3.2 변화의 유형

우리는 처음부터 시스템 아키텍처와 설계를 구분해 왔습니다. 시스템 아키텍처는 **기본적인 구조**를 의미하며, 시스템 설계는 특정 시점의 구조를 나타냅니다. 시스템 아키텍처는 시간이 흐름에 따라 시스템이 진화하는 모습을 그리는 데 반해, 시스템 설계는 특정 시점을 포착합니다. 다시 말해 아키텍처는 시간 흐름을 감안한 설계라고 할 수 있습니다.

이처럼 아키텍처 설계는 잠재적으로 나타날 수 있는 모든 시스템의 구현을 담고 있습니다. 따라서 시스템을 상대적으로 조금만 변경한다면 별도의 아키텍처 작업 없이도 적용할 수 있습니다. 아울러 일부만 변경할 때는 별도로 설계를 변경하지 않고 현재 시스템 설계 내에서 구현하기도 합니다.

이와 반대로 상대적으로 많이 변경해야 한다면 기존 아키텍처에 부합하지 않는 새로운 설계를 요구하기도 합니다. 이 경우에는 시스템 아키텍처 자체가 진화해야 하며, 잠재적으로 사용할 수 있는 설계 집합도 변해야 합니다. 이러한 이유로 아키텍처와 설계, 구현 간 구분이 중요함에도 종종 모호해지는 문제가 발생합니다.

이처럼 요구 사항을 수용하기 위해 때로는 아키텍처를 변경해야 할 때도 있습니다. 2장에서 설명했듯이, 아키텍처적으로 중요한 요구 사항은 반드시 아키텍처에서 처리해야 합니다. 이러한 요구가 제때 수용되지 않으면 나중에 아키텍처를 강제로 변경해야 할 수도 있습니다. 하지만 아키텍처적으로 중요한 요구 사항이란 비록 시스템 개발 및 유지 보수에 유용하게 사용할 수 있는 용어지만, 실제로는 해당 요구 사항이 얼마나 시스템에 영향을 미치는지 제대로 파악한 뒤에야 그것이 정말 아키텍처적으로 중요한지 알 수 있습니다.

즉, 시스템 변경이 아키텍처에 얼마나 영향을 미칠지는 어느 정도 작업을 진행한 뒤에야 알 수 있다는 것이 문제입니다. 이 딜레마를 해결하려면 아키텍처와 설계의 구분보다 변경 자체를 관리하는 데 집중해야 합니다. 이는 나중에 이 책에서 설명할 효과적인 소프트웨어 아키텍처가 **변경의 유형**[1]이 아니라 변경의 범위에 더 중점을 두는 이유입니다. 이는 아키텍처 변경뿐만 아니라 설계 변경에도 적용될 수 있습니다. 다시 말하자면 시스템의 변경 범위가 넓을수록 더 엄격하게 관리해야 하며, 아키텍처 팀은 이를 더욱 철저히 따라야 합니다. 반면에 아키텍처든 설계든 변경 범위가 좁을 때는 필요한 작업 정도를 팀의 상황에 맞게 적절하게 조정해야 합니다.

3.3 제품 중심 변화

시간이 지나면 소프트웨어 제품에 대한 요구 사항이 생기며, 이는 소프트웨어 시스템의 변화를 이끄는 주요 원인 중 하나입니다. 소프트웨어 제품은 다양한 이유에서 다양한 방식으로 진화합니다. 아직 시장에서 자리 잡지 못한 신규 제품이라면 해당 제품의 콘셉트를 변경해야 할 수도 있습니다. 하지만 이미 시장에서 자리 잡은 소프트웨어 제품일 때는 좀 더 작은 규모의 점진적인 개선에 집중해야 할 것입니다. 아키텍트는 이러한 요구에 적절히 대응하기 위해 단순히 다음에 주어질 새로운 요구 사항만 알아서는 안 됩니다. 시간 흐름에 따라 기능이 어떻게 발전할지 예측하고 준비해야 합니다.

그림 3-2 기능의 경로(trajectory of a capability)는 여러 요구 사항에 시스템 아키텍처와 설계가 어떻게 대응할지를 예측한 것이며, 이는 두 가지 축을 기준으로 합니다. 한 축은 예상 **변경 속도**(rate of change)[2]로 0인 경우에는 해당 기능의 변

---

1 역주 아키텍처 수정이 필요한 변경인지, 설계 수정만 필요한 변경인지를 의미합니다.
2 역주 시스템의 특정 부분이 얼마나 자주 빠르게 변경되는지 나타내는 지표입니다. 예를 들어 특정 기능을 자주 업데이트한다면 해당 기능의 변경 속도는 높은 것입니다.

경이 '완료'되었음을 의미합니다. 임의의 큰 값인 경우에는 변경하는 데 상당한 투자를 한다는 의미입니다. 또 다른 축은 불확실성 또는 예상 **변경 범위**(scope of change)[3]로 0인 경우에는 해당 기능이 시스템에 어떻게 영향을 줄지 완전히 파악하고 있다는 것을 의미합니다. 임의의 큰 값인 경우에는 변경 작업이 시스템에 미치는 영향과 범위에 대한 불확실성이 높아진다는 의미입니다.

▼ 그림 3-2 기능이 시스템에 미치는 영향은 예상되는 변경 범위(수직 축)와 변경 속도(수평 축)에 따라 분류될 수 있습니다. 각 사분면은 소프트웨어 제품에 대한 변경 압력에 아키텍처 팀이 어떻게 대응해야 하는지 나타냅니다

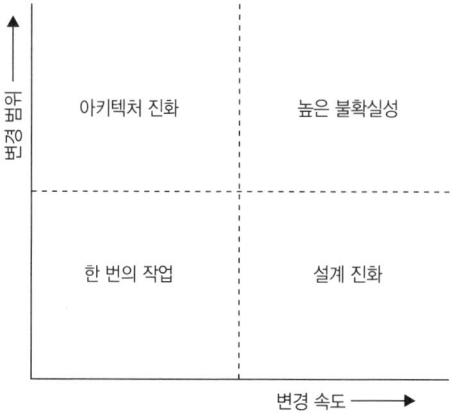

변경 속도도 크고 불확실성도 높을 때는 완전히 새로우면서도 아직 그 내용이 명확하지 않은 요구 사항을 나타냅니다. 이러한 요구 사항 정보는 아키텍처 작업과 직접적인 연관이 있기 때문에 제품 관리 팀과 논의하여 이끌어 낼 수 있어야 합니다.

설계는 특정 시점을 나타내고, 아키텍처는 시간 흐름에 따른 시스템의 기본적인 구조를 나타낸다는 점을 다시 떠올려 보겠습니다. 이는 현재 주어진 요구 사항을 충족하는 설계와 장기적인 시스템 진화를 고려하는 아키텍처 차이와 일치합니다. 현시점의 시스템 설계는 현재 요구 사항을 모두 충족해야 합니다. 반면

---

3 역주 특정 기능을 구현하는 데 시스템을 얼마나 많이 변경해야 하는지 예상하는 지표입니다. 변경 범위가 넓을수록 시스템 구성 요소나 관계에 미치는 영향이 커지며, 그 정도를 예측하기도 어렵습니다.

에 시스템 아키텍처는 미래에 있을 기능의 진화 경로를 예측하고 반영하는 데 집중해야 합니다. 따라서 아키텍트는 미래에 어떤 요구 사항이 주어질지 예측할 수 있는 감각이 있어야 하며, 이것으로 향후 변화에 대응할 수 있는 아키텍처를 만들 수 있습니다.

예를 들어 애플리케이션에서 **PDF로 저장하는 기능**을 설계한다고 가정해 보겠습니다. 그리고 제품 관리 팀에서 제공한 현재 요구 사항에는 암호화나 양식 필드 같은 기능이 포함되어 있지 않으며, 향후 릴리스에서도 이러한 기능이 포함되지 않는다고 확인했다고 하겠습니다. 이 경우 해당 기능에 대한 작업은 사분면 중 **한 번의 작업**(one-time effort) 영역에 해당하며(그림 3-2의 왼쪽 아래), 작업을 완료한 뒤 더 이상 다른 형태의 개발은 진행하지 않을 것입니다.

이처럼 향후 기능이 어떻게 될 것인지 정확한 정보가 있으면 간단하고도 직관적으로 설계할 수 있습니다. 이 경우 해당 기능에 대한 작업을 빠르게 완료하고 다음 단계로 넘어가는 것이 팀 목표가 될 것입니다. 이후 새롭게 추가할 기능을 위해 기초를 다지는 일은 과도한 투자가 될 것이며, 이는 결국 프로젝트 자원을 낭비하는 것입니다.

반대로 이 기능에 대한 작업이 사분면 중 두 축 모두에서 높은 곳에 있다는 것을 알게 되었다고 가정해 보겠습니다(그림 3-2의 오른쪽 위). 이제는 이전 상황과 반대 상황에 직면했으며, 현재 설계가 이 영역에서 여러 번 반복되리라는 것을 알았습니다. 하지만 문제는 **높은 불확실성**(high uncertainty) 때문에 새로운 요구 사항이 있으리라는 것은 알지만, 아직 그 내용이 무엇인지는 알 수 없다는 것입니다.

여기에서 우리는 다시 아키텍처 핵심에 도달합니다. 앞선 경우 설계를 일회성으로 변경할 뿐만 아니라 지속적이고 반복적으로 변경할 수 있는 아키텍처가 필요합니다. 즉, 단순히 현재 기능 구현만 고려하는 것이 아니라 그 기능이 앞으로 어떻게 발전할지 염두에 두고 효과적으로 관리하는 원칙도 세워야 하는 것입니다. 한마디로 이것이 바로 소프트웨어 아키텍처의 주요 도전 과제라고 할 수 있습니다.

3.4 기술 중심 변화

모든 소프트웨어 시스템은 특정 기술 환경 내에서 구현되며, 이러한 환경 변화는 시스템 변화의 또 다른 주요 원인이 됩니다. 예를 들어 실시간 제어 시스템은 기존 센서에 비해 더 발전된 센서가 도입되면 이에 적응해야 합니다. 클라우드 기반 시스템에는 성능이 더 좋거나 비용을 절감할 수 있는 새로운 서비스가 도입될 수도 있습니다. 이러한 기술 환경 변화의 바탕에는 프로그래밍 언어와 설계, 아키텍처 스타일의 계속적인 변화가 있으며, 이는 시스템 구축 방향과 방법에서 엔지니어와 아키텍트의 사고 방식이 바뀌기 때문에 일어납니다.

제품 변화와 기술 변화에 대한 요구가 일치하는 경우도 가끔 있습니다. 예를 들어 머신러닝은 기술적인 측면에서 다양한 가능성을 확장시켰고, 이것으로 사용자가 제품에 기대하는 바를 변화시켰습니다. 덕분에 많은 시스템에서 머신러닝 기술 도입은 제품에 대한 새로운 요구 사항과 기술 옵션이 함께 작용한 결과를 낳았습니다.

반대로 제품 변화와 기술 변화에 대한 요구가 서로 상충하는 경우도 있습니다. 예를 들어 NoSQL 데이터베이스 등장은 중요한 기술적 변화였습니다. 하지만 소프트웨어 제품 자체가 데이터베이스가 아니라면 새로운 데이터베이스 기술을 도입하는 것이 제품과 사용자에게 직접적으로 유용할 가능성은 낮습니다. 시스템에서 이미 SQL 데이터베이스를 사용하고 있다면 오히려 이를 전환하는 데 드는 비용은 순전히 손실이 됩니다. 아울러 새로운 기능이 더 나은 성능을 제공하지 못한 채 개발 자원만 소모하는 상황이 될 수도 있습니다.

제품이 점진적으로 발전하는 것과 마찬가지로 아키텍트가 기술 변화의 진행 방향을 이해하는 것도 매우 중요합니다. 기술로 발생하는 변화가 제품의 기능 변화 방향과 일치하지 않을 때는 신중하게 검토해야 합니다. 새로운 기술을 다루는 흥미로움 때문에 소프트웨어 분야에 뛰어드는 사람이 많습니다. 그래서 신

기술을 과도하게 기대하는 것을 무시하기가 쉽지 않습니다. 이러한 기술 중심의 시스템 변화는 부정적인 결과를 가져올 수 있으며, 그 이유는 다음과 같습니다.

- 새로운 기술은 실패할 수 있습니다. 새롭게 도입한 기술이 부풀린 기대에 미치지 못해 이전 기술보다 시스템 성능이나 기능이 개선되지 않고 오히려 더 나빠질 수도 있습니다.
- 새로운 기술이 소폭의 개선만 가져올 수 있습니다. 이는 신규 프로젝트에는 적합할 수 있지만, 기존 시스템에서는 전환 비용을 고려한 분석이 필요합니다. 큰 이점이 없는 한 대부분은 냉철한 비용–편익 분석을 통과하지 못할 것입니다.

이와 달리 기술 중심의 변화가 제품 중심의 변화와 일치하지 않더라도 다음과 같이 투자할 가치가 있는 경우도 있습니다.

- 새로운 기술은 효율성, 성능, 개발 속도, 기타 주요 지표에서 상당한 개선을 가져올 수 있습니다.
- 새로운 기술 도입은 시스템 작업에 관심 있는 인재를 모집하거나 유지하는 데 필요할 수 있습니다. 특히 오래된 기술이 인기를 잃어 해당 기술을 경험한 사람이 줄어드는 경우에는 더욱 그렇습니다.

시스템 대부분은 여러 가지 기반 기술에 의존합니다. 따라서 모든 기술 변화의 진행 방향을 파악하고, 그 모든 변화를 작업에 반영하는 것은 현실적이지 않을 뿐더러 꼭 필요하지도 않습니다. 그 대신에 다음 영역에 집중하는 것이 좋습니다.

- **해당 산업에서 빠르게 발전하고 있는 기술**: 이러한 기술은 새로운 기능을 사용하거나 경쟁력을 유지하는 데 적용해야 할 수도 있습니다.
- **현재 요구 사항을 충분히 충족하지 못하는 기술**: 새로운 옵션이 등장할 경우를 대비하여 이러한 기술을 모니터링하고 미리 준비해 두면 좋습니다. 예를

들어 시스템에 SQL 데이터베이스를 사용하고 있지만 데이터 모델과 잘 맞지 않는다면 이를 주목해야 할 영역으로 식별해 놓고, 이후 NoSQL 기술이 등장했을 때 이를 적용할 수 있습니다.

다시 말하지만 모든 기술 변화를 예측할 수는 없으며, 새로운 기술이 기대에 미치지 못할 수도 있습니다. 따라서 확신이 서지 않을 때는 시스템을 최대한 단순하게 유지하는 방향으로 돌아가는 것이 좋습니다.

3.5 단순화

시스템은 단순할수록 변화에 더 유연하게 대응할 수 있습니다. 따라서 아키텍처 팀은 항상 단순함을 추구해야 합니다. 경험에 따르면 아키텍처, 설계, 구현의 단순함은 시스템 수명과 가장 밀접하게 연관되어 있습니다.

단순하다는 것은 부정적인 의미가 아닙니다. 오히려 단순한 아키텍처는 강력하며 최소한의 메커니즘으로 많은 것을 성취할 수 있습니다. 이처럼 단순한 아키텍처가 강력한 이유는 소수의 강력하고 범용적인 설계 패턴이 포함되어 있기 때문입니다. 이러한 시스템에는 많은 구성 요소가 있더라도 그 구성 요소와 이를 연결하는 방식은 간단히 몇몇 패턴으로 정리할 수 있습니다.

단순함의 반대는 복잡함입니다. 복잡성은 여러 방식으로 측정할 수 있지만, 주로 시스템이 특별한 구성 요소와 예외적인 관계를 많이 가지고 있을 때 증가합니다. 복잡한 시스템은 기본적인 구조가 없어 체계적으로 설명하기가 어렵습니다. 그저 여러 구성 요소와 관계가 뒤섞인 상태일 가능성이 높습니다.

특정 구성 요소와 그 관계를 하나씩 고민하고 있다면 이는 복잡한 시스템에서 작업하고 있다는 확실한 신호일 것입니다. 단순한 시스템에는 "A 유형의 구성 요소는 B 유형의 관계로 연결된다."처럼 일정한 패턴이 있습니다. 하지만 복잡한 시스템에서는 이 패턴이 수많은 예외 때문에 흐려지거나 아예 존재하지 않기도 합니다.

복잡한 상태를 그대로 두면 결국 전체 시스템을 망가뜨립니다. 단순한 아키텍처로 시작한 시스템도 그 상태를 유지하지 않으면 점점 복잡할 수밖에 없습니다. 예외 상황은 언제나 생기기 마련이고, 이는 임시방편이나 무지로 점점 시스템에 녹아들게 됩니다. 하지만 왜 그렇게 되었는지 그 이유는 중요하지 않습니다. 시스템을 제대로 유지 관리하지 않으면 결국 복잡성은 점점 커지고 **엔트로피**[4]는 증가합니다. 단순함을 추구하지 않는 시스템은 이미 그 자체의 무게에 눌려 서서히 망가집니다.

복잡성은 시스템 품질을 저하시킵니다. 단지 여러 부품을 이리저리 모아서 만든 시스템은 우리가 예상했던 것과 다르게 동작할 가능성이 큽니다. 또 시스템 구조가 제대로 잡혀 있지 않으면 체계적인 평가가 어렵기 때문에 테스트도 힘듭니다. 이렇게 구조가 없는 시스템을 테스트하는 유일한 방법은 모든 변경 작업에서 매번 시스템 전체를 테스트하는 것입니다. 하지만 어느 정도 규모가 있는 시스템을 다루는 팀이라면 이 방식을 계속 유지하기란 거의 불가능할 것입니다.

복잡성은 개발 속도도 저하시킵니다. 변경 작업이 시스템에 미치는 영향을 빠르고 정확하게 판단할 수 있어야 개발 속도를 유지할 수 있습니다. 따라서 빠른 개발 속도는 몇몇 소수의 패턴으로 관리되는 단순한 시스템에서 더욱 쉽게 달성될 수 있습니다. 반면에 복잡한 시스템에서 변경 작업을 할 때는 모든 기존 구성 요소와 관계에 대한 영향을 평가해야 합니다. 이는 품질 테스트의 부담과 마찬가지로, 대부분의 팀이 감당할 수 없는 비용입니다. 이러한 이유로 복잡한 시스템에서는 변경 작업이 느리게 진행되거나 전혀 진행되지 않으며, 변경 작업 후 시스템이 손상되기도 합니다.

---

4 역주 무질서의 정도를 의미합니다.

현재 **불완전한 가정**을 기반으로 설계를 변경하고 있다면 이는 시스템 복잡성이 증가하고 있다는 또 다른 신호입니다. 예를 들어 서비스에 캐시를 추가하는 경우를 살펴보겠습니다. 엔티티 A의 인스턴스가 서비스에서 관리되고 현재 모든 데이터 변경을 특정 클라이언트만 하고 있다면 조회 속도를 높이고자 Write-Through 캐시[5]를 구현할 수 있습니다. 하지만 이 경우 시스템에서 구조적으로 엔티티 A의 데이터를 다른 클라이언트가 변경할 수 있다면, 앞선 캐시 구현은 특정 클라이언트만 엔티티 A에 접근할 수 있다는 불완전한 가정을 기반으로 설계된 것입니다. 다만 이렇게 구현하더라도 **당장은 문제가 발생하지 않을 수도 있습니다**. 그러나 다른 클라이언트가 직접 엔티티 A의 데이터를 읽거나 쓰는 상황이 발생하면 결국 시스템은 망가질 것입니다.

> **Note** ≡ 불완전한 가정을 기반으로 한 설계 예시
>
> **상황** 쇼핑몰 시스템의 사용자 서비스(user service)는 고객의 프로필 정보 인스턴스를 관리하며, 사용자는 애플리케이션으로 해당 서비스에 접근하여 주소나 전화번호 같은 정보를 수정할 수 있습니다. 개발 팀은 캐시를 추가하여 사용자 서비스 성능을 높이고, 이 추가한 캐시로 발생할 수 있는 데이터 불일치를 방지하려고 Write-Through 캐시 전략을 사용합니다.
>
> **문제** 시스템 구조상 다른 클라이언트(예 제3자 애플리케이션이나 API)를 통해서도 데이터베이스의 사용자 정보를 수정할 수 있다면 캐시와 원본 데이터 사이의 불일치 문제가 발생할 수 있습니다. 캐시와 원본 데이터가 달라지면 시스템이 엉뚱한 사용자 정보를 반환하는 문제가 발생합니다.
>
> 즉, 캐시와 원본 데이터의 불일치를 방지하기 위해 Write-Through 캐시를 적용했음에도 다른 경로로 원본 데이터가 수정되지 않을 것이라는 불완전한 가정을 기반으로 설계했기 때문에 향후 문제가 생길 가능성이 있는 것입니다.

최악의 경우 복잡성은 더 큰 복잡성을 낳습니다. 앞선 불안정한 가정의 예에서 알 수 있듯이, 시스템의 기본적인 구조가 제 역할을 하지 못하면 새로운 기능을 만들거나 수정하는 작업은 본질적으로 무작위한 변경을 만들어 내는 것입니다.

---

5 역주 캐시의 데이터가 업데이트되면 동시에 그 데이터가 원본 데이터 저장소(예 데이터베이스)에도 자동으로 업데이트되는 캐시 전략입니다.

새로운 기능과 수정은 개별적으로 이전 변경 사항과 비교하여 평가해야 합니다. 가장 쉬운 경우는 새로운 기능이나 수정 작업이 단일하고 독립된 구성 요소를 추가하는 것입니다. 하지만 최악의 경우에는 이러한 변경이 시스템 전체에 영향을 미치는 새로운 의존성을 만들어 낼 수도 있습니다. 이를 방치하면 시스템 복잡성은 항상 증가할 것이며, 증가 속도는 결국 느리냐 빠르냐의 문제가 될 뿐입니다.

가끔은 '미래를 대비한다'는 명목으로 시스템 복잡성을 높이기도 합니다. 보통 미래에 있을 변경을 예측하고 준비하여 향후 작업 비용을 줄이겠다는 의도로 시작합니다. 하지만 문제는 미래를 정확하게 예측하기가 매우 어렵다는 점입니다. 예측이 틀려서 예측했던 변경이 실제로 일어나지 않으면 시스템은 아무런 이득 없이 복잡성만 늘어날 뿐입니다. 더 심한 경우에는 현재 작업이 미래에 필요한 시스템 변경을 방해할 수도 있습니다. 필자 경험에 따르면 시스템은 단순함을 유지할 때 불확실한 미래에도 잘 대비할 수 있었으며, 이것으로 이후 모든 작업을 훨씬 더 쉽게 할 수 있었습니다.

시스템을 단순하게 유지하려면 지속적으로 주의해야 합니다. 이를 위해서는 원칙을 기반으로 하여 강력한 제약을 설정할 수 있는 기본 구조가 필요하며, 모든 시스템 변경을 기본 구조에 맞추어 평가해야 합니다. 이러한 기본 구조의 제약 하에 진행하는 시스템 변경은 시스템의 단순함을 유지할 수 있습니다. 그러나 지금은 괜찮더라도 불완전한 가정에 의존하고 시스템 기본 구조에 부합하지 않는 변경은 막아야 합니다.

물론 시스템의 단순함 때문에 기본 구조 자체가 변화할 수 없다는 의미는 아닙니다. 오히려 시스템의 기본 구조는 진화해야 합니다. 어떤 면에서는 단순함을 유지하려면 작은 임시적인 변경이 아닌 근본적인 변화가 필요합니다. 이러한 근본적인 변화로 시스템 전체를 더욱 견고하고 안정적으로 유지할 수 있습니다.

단순화는 쉬운 일이 아닙니다. 엔지니어는 새로운 도전이나 요구 사항에 직면했을 때 새로운 무언가를 구축하려고 합니다. 하지만 어떤 문제나 요구 사항을 해결할 때 단순함을 유지하기 위해서는 기존 시스템과 일관성을 견지하면서 전체적인 맥락에서 적합한 해결책을 찾아야 합니다.

때로는 단순한 해결책이 더 효율적입니다. 기존 구성 요소와 관계를 재사용하거나 약간의 일반화로 새로운 기능을 추가하는 방법이 있습니다. 예를 들어 엔티티 A의 캐시가 읽기 전용이었다면 다른 클라이언트 때문에 문제가 발생하지는 않았을 것입니다. 이러한 방법을 찾아내고 적절한지 평가하는 일은 완전히 새로운 구성 요소를 만드는 것보다 시간이 더 걸릴 수도 있습니다. 하지만 시스템 전체를 복잡하게 만들지 않고도 새로운 기능을 추가할 수 있다는 장점이 있습니다.

어떤 경우에는 단순함을 유지하는 데 더 많은 작업이 필요하기도 합니다. 예를 들어 엔티티 A 캐시의 최신 상태를 매번 확인하는 것은 너무 느릴 수 있습니다. 대신에 엔티티를 업데이트할 때 이벤트로 캐시를 업데이트하여 항상 최신 상태로 유지할 수 있습니다. 물론 이벤트 알림 시스템을 구축하는 데 시간이 오래 걸릴지도 모릅니다. 그럼에도 이러한 시스템이 완성되면 모든 엔티티와 클라이언트에 적용할 수 있는 일반적인 캐시 메커니즘을 제공할 수 있으며, 이것으로 시스템 단순성을 유지할 수 있습니다. 다만 이 작업이 가치가 있는지 여부는 구체적인 상황과 예상되는 변경의 진행 방향 등에 따라 다릅니다.

여러 노력에도 시스템 대부분은 시간이 지나면서 복잡성이 증가합니다. 따라서 아키텍처 팀은 시스템의 단순함과 관련하여 최종적인 책임이 있으며, 그 책임은 바로 지속적으로 시스템 단순화 작업을 추진하는 것입니다. 이는 주로 시스템 내에 잠재된 패턴을 식별함으로써 달성할 수 있습니다. 일단 시스템 내에서 어떤 패턴이 식별되면 이것으로 좀 더 일반적인 기능을 구축하고, 일회성 구현을 해당 기능으로 마이그레이션한 뒤 제거해야 합니다. 이 작업이 완료되면 시스템은 새로운 기본 기능을 갖추게 되어 여러 특수 사례를 제거할 수 있습니다. 시스템 내에 있는 불필요한 요소를 찾아 제거할 수 있다면 더욱 좋습니다.

단순함을 유지하려면 많은 노력이 필요합니다. 아키텍처 팀은 점진적으로 늘어나는 복잡성을 끊임없이 경계하고 단순화할 방법을 찾아야 합니다. 또 단기적, 장기적으로 단순성을 유지하는 팀의 지속적인 투자도 필요합니다. 궁극적으로 이러한 시간과 노력은 모두 가치 있는 투자가 될 것입니다.

3.6 투자 마인드

대다수가 이분법적인 선택을 선호합니다. 특히 소프트웨어 프로젝트에서는 임시방편인 단기적인 접근과 모든 상황에 대비하려는 장기적인 접근 이렇게 두 가지 선택지만 있는 것처럼 보일 때가 자주 있습니다. 하지만 엔지니어링에서는 이러한 극단적인 선택을 피해야 하며, 아키텍처 팀은 모든 변경 사항에서 투자자 관점으로 실용적인 중간 지점을 찾아야 합니다.

소프트웨어 프로젝트에서 임시방편을 선택하는 이유는 대부분 마감 기한 때문입니다. 실제로 마감 기한 때문에 조잡하지만 빠르게 변경하는 것을 정당화할 때가 많습니다. 작업을 더 빨리 끝낼 수 있다는 이유로 형편없는 설계를 채택한다면 이는 임시방편의 한계에 들어서고 있다는 신호로 볼 수 있습니다.

이렇게 단기적으로 접근하는 방식의 문제는 **단기적인** 노력이 소프트웨어 생명주기의 초반 단계에만 기여한다는 점입니다. 테스트, 수정 작업, 유지 보수 및 운영 등 나머지 부분에는 프로젝트의 다른 모든 결정처럼 장기적이고 부정적인 영향을 미칠 수 있습니다. 따라서 어떤 의미에서 이 단기적이라는 용어 자체가 잘못된 것입니다. 단기적인 접근 방식은 사실 단기적인 것이 아니라 오히려 프로젝트에 장기적으로 손해를 끼치는 방식이기 때문입니다.

또 단기적인 접근 방식은 수많은 장기적인 문제를 야기합니다. 이러한 문제는 아키텍처에만 한정되지 않으며, 아키텍처가 주된 문제가 아닐 수도 있습니다. 따라서 제품의 무결성을 해치는 임시방편적인 변경은 막아야 합니다. 모든 관계자는 장기적인 관점을 갖지 못하더라도 최소한 다음 마감일 이후에도 제품이 성공적으로 잘 유지되도록 신경 써야 합니다.

여러 소프트웨어 개발 업무가 단기적인 관점으로 치우친 경우가 많지만, 아키텍처는 그렇지 않습니다. 아키텍처는 시스템 구성 요소와 그 관계뿐만 아니라 지속적으로 이들이 어떻게 진화하는지도 다루어야 합니다. 아키텍처 팀이 이러한 진화에 주의를 기울이지 않는다면 제대로 된 아키텍처 업무를 하고 있지 않은 것입니다.

모든 변경은 아키텍처에 지속적으로 영향을 줍니다. 이상적인 경우 시스템 변경은 시스템의 아키텍처를 개선합니다. 예를 들어 두 구성 요소 간에 불필요한 의존성을 제거하여 시스템을 단순하게 변경하는 것은 분명히 긍정적인 변화입니다. 이러한 변경이 바로 다음 릴리스의 긴급한 문제를 해결하는지 여부와 상관없이 아키텍처 팀은 긍정적인 변화를 지지해야 합니다.

잘 구조화된 시스템에서는 변경 대부분을 현재 아키텍처 안에서 진행합니다. 즉, 수많은 구성 요소나 관계를 추가하여 복잡성을 늘리지도 않으며, 단순화하지도 않습니다. 그 대신 기존 구성 요소와 관계 안에 기능을 추가하거나 발전시키며, 현재 시스템 원칙과 일치되도록 합니다.

이와 같은 변경 역시 아키텍처 팀이 지지해야 합니다. 사실 현재 아키텍처 안에서 하는 모든 변경은 기본적으로 타당하다고 간주해야 하며, 이러한 변경을 반대하려면 아키텍처 팀에서 그 근거를 제시해야 합니다. 그리고 변경에 이의를 제기할 때는 특정 변경 자체를 비판하는 것이 아니라 현재 아키텍처 전반에 걸쳐 해결해야 할 결함이 있다는 관점으로 접근해야 합니다.

문제 있는 변경은 단기적이라는 명목으로 시스템 아키텍처를 저해합니다. 사실 아키텍처에서 단기적인 변경이란 환상에 불과합니다. 단기적인 조치로 만든 새로운 구성 요소나 관계는 이후 다른 시스템 변경으로 제거되지 않는 한 계속 남아 있기 때문입니다.

실제로 이러한 변경은 나중에 정리되지 않을 때가 대부분입니다. 프로젝트에서 단기적인 변경은 자주 일어나며, 이러한 일은 계속 나타나는 경향이 있습니다. 의존성이 쌓이면 이후 변경하기 더욱 어려워지고, 이는 일정 압박을 가중시켜 더 많은 단기적 수정을 하게 되는 악순환을 초래합니다. 이처럼 단기적 변경은 결국 장기적으로 프로젝트를 망친다는 점에서 아이러니한 일입니다.

따라서 아키텍처 팀이 하는 역할 중 하나는 실제로는 그렇지 않은 단기적 변경을 지적하는 것입니다. 이를 효과적으로 하는 방법은 단기적 변경을 아키텍처적 관점에서 다시 바라보는 것입니다. 예를 들어 개발 팀이 "우리는 컴포넌트 A가 컴포넌트 B를 호출할 수 있게 간단히 변경하려고 합니다."라고 말하면, 아키텍처 팀은 "하지만 이 변경 전에는 컴포넌트 A와 컴포넌트 B가 서로 독립적이며 상호 작용하지 않았습니다."라고 지적할 수 있습니다.

개발 팀이 주장한 대로 변경하면 시스템에 어떤 영향이 미칠까요? 보통 새로운 관계를 추가할 때마다 새롭게 테스트해야 해서 테스트 비용이 증가합니다. 이는 유지 보수 비용과 결합도를 증가시켜 개발 속도를 느리게 합니다. 이전에는 컴포넌트 A와 컴포넌트 B가 독립적으로 작동했으나 이제는 그렇지 않기 때문에 신뢰성도 떨어집니다. 컴포넌트 A가 가진 기존 신뢰성을 보장할 만큼 컴포넌트 B를 충분히 신뢰할 수 있을지 모르기 때문입니다. 따라서 아키텍처 팀은 최소한 이에 대해 개발 팀에 질문해야 하며, 사소한 변경 작업이더라도 시스템 영향도를 적절하게 평가해야 합니다.

아울러 적절한 질문과 평가로 해당 논의를 사람 간 문제가 아닌 대안과 절충의 관점으로 재구성해야 합니다. 즉, 해당 논의가 아키텍처와 엔지니어링, 아키텍처와 제품 관리, 아키텍처와 다른 팀 간 대립으로 흐르지 않도록 해야 합니다. 사람이나 역할에 따라 선택지가 나뉘면 의사 결정자는 팀 내에서 승자와 패자를 선택해야 하는 난처한 상황에 처합니다. 따라서 모두가 제품을 위해 최선의 결정을 하고 있다 가정하고, 각 선택지의 장점에 초점을 두고 논의하는 것이 바람직합니다.

앞선 논의로 여러 대안을 식별했다면 다음에는 **투자적 관점**에서 각 대안을 바라보아야 합니다. 결국 모든 변경 작업은 일종의 투자이기 때문입니다. 따라서 집중적으로 논의해야 할 사항은 해당 변경이 좋은 투자인지 나쁜 투자인지에 대한 것입니다. 좋은 투자는 큰 수익을 창출하는 것이고, 나쁜 투자는 시간이 지나면서 비용을 발생시키는 것입니다.

우리는 여러 측면에서 수익을 평가할 수 있습니다. 투자는 제품과 상황에 따라 시스템 성능, 운영 비용, 신뢰성, 품질 등 다양한 속성에 중점을 두고 진행할 수 있기 때문입니다. 따라서 아키텍트가 하는 역할은 변경 작업을 전체적인 맥락 안에서 이해하고, 해당 변경으로 예상되는 수익을 평가하는 데 도움을 주는 것입니다. 다시 한 번 말하지만, 모든 변경은 다른 변경 작업으로 제거할 때까지 시스템에 남아 있다는 점을 명심해야 합니다.

> **권한 vs 책임**
>
> 시스템 변경 작업에 대한 장단점을 논의할 때 그 논의가 권한 문제로 변질되는 경우가 매우 흔합니다. 필자 경력 초기에 두 번이나 아키텍트가 "왜 사람들은 내 말을 듣지 않죠? 내가 아키텍트인데!"라며 좌절하는 모습을 본 적이 있습니다. 그중 한 명은 회의실에서 정말로 뛰쳐나가기도 했습니다. 이것은 이렇게 일하면 안 된다는 것을 보여 주는 좋은 사례입니다.
>
> 앞선 사례의 이들은 권한과 책임을 혼동하고 있었습니다. 자신들이 **올바른** 접근 방식을 알고 있다 확신했고, 대안을 논의하는 데 시간을 낭비하고 싶어 하지 않았습니다. 그들 입장에서는 아키텍트라는 역할을 맡고 있으니 그런 결정을 내릴 권한이 있다고 믿었던 것이고, 그 권한을 행사하려고 했던 것입니다. 하지만 함께 일하는 사람들은 그렇게 생각하지 않던 것이죠.
>
> 아키텍트는 오히려 자신의 **책임**에 집중해야 합니다. 아키텍트는 소프트웨어 개발에서 독특한 역할을 맡고 있습니다. 아키텍트 업무는 시스템을 지속적으로 관리하는 것이므로, 제안된 변경의 단기적이고 장기적 영향을 누구보다도 잘 평가하고 이해할 수 있어야 합니다. 아마도 아키텍트는 시스템 변경 작업에서 전체적인 기술적 영향을 파악할 수 있는 팀 내 유일한 사람일 수도 있습니다.
>
> 앞선 아키텍트들이 자신의 역할에 어떤 책임이 따르는지 알았다면 해당 논의에 다른 접근 방식을 취했을 것입니다. 아키텍트로서 자신의 권한을 주장할 필요를 느끼지 않았을뿐더러 해당 논의에 자신의 통찰력을 보태야 한다고 깨달았을 것입니다. 아울러 **승리**하는 것보다 적절한 결과를 찾는 데 집중했다면 다른 사람의 질문과 통찰을 기꺼이 받아들여 모두가 더 나은 결과에 도달할 수 있었을 것입니다.
>
> 소프트웨어 개발은 팀워크가 중요한 작업이며, 팀의 모든 사람은 시스템 성공을 위해 각자의 역할과 책임을 다해야 합니다. 따라서 아키텍트가 갖는 권한 때문에 그 역할을 맡고 싶다면 결국에는 좌절할 가능성이 큽니다.

3.7 점진적 배포

모든 변경이 마치 5년씩이나 걸리는 시스템 **재구축**처럼 된다면, 앞서 살펴본 투자적인 관점을 유지하기가 어려울 것입니다. 때로는 대규모 시스템 변경이 필요할 때도 있지만, 건강한 시스템에서는 이러한 대규모 변경이 드물게 간헐적으로 발생해야 합니다. 대부분의 변경은 더 좁은 범위에서 더욱 효과적으로 빠르게 해야 하며, 점진적으로 배포하는 것이 가장 바람직합니다.

대규모 변경 작업이 좋은 투자가 되려면 거기에서 얻는 수익이 상당해야 합니다. 문제는 변경 작업 범위가 클수록 비용은 과소평가되고 이익은 과대평가되는 경향이 있기 때문에 왜곡된 평가 결과가 도출될 수 있다는 점입니다.

여러분이 대형 소프트웨어 프로젝트에서 일한 경험이 있다면 "시스템 일부가 너무 엉망인데 이번 기회에 전체를 갈아엎고 다시 작업하는 것이 나을 것 같아요."라고 누군가가 이야기하는 것을 들어 보았을 것입니다. 보통 규모가 작은 변경 작업을 시작하면서 이러한 말이 나오고는 하는데, 이후에 점차 변경 사항이 많아지고 투자 규모도 눈덩이처럼 불어나는 경향이 있습니다.

즉, 이 상황에서는 작업 범위가 대부분 계속 확장됩니다. 처음에는 컴포넌트 A를 수정하는 것으로 시작했다 컴포넌트 A와 컴포넌트 B가 인터페이스로 연결되어 있으니 컴포넌트 B도 다시 고치자고 합니다. 당연하게도 이러한 방식의 변경은 컴포넌트 B에도 영향을 미치고 추가로 컴포넌트 C와 컴포넌트 D로도 파급될 수 있습니다. 그럼에도 이왕 작업하는 김에 같이 처리하는 것이 나을까요?

필자는 이러한 종류의 사고 실험(thought experiment)을 좋아합니다. 무엇보다도 이렇게 가상의 시나리오를 생각하다 보면 최신 상태의 정확한 시스템 문서화가 중요하다는 것을 다시 한 번 깨닫습니다. 컴포넌트 B를 변경하면 컴포넌트 C와 컴포넌트 D에도 영향을 준다는 것을 문서로 알 수 있다면 한참 변경 작업을 하는 중에 뭐가 잘못되었다고 발견하는 것보다는 훨씬 나은 상황이기 때문입니다. 이는 시스템 문서 관리에 투자하는 것이 중요함을 보여 줍니다. 이 부분에 대한 자세한 내용은 나중에 더 다루도록 하겠습니다.

이러한 사고 실험은 새로운 아이디어를 창출하는 데도 유용합니다. 아이디어 중에는 시스템을 개선할 수 있는 좋은 것도 있을 것이고, 쓸모없이 버려지는 것도 있을 것입니다. 하지만 괜찮습니다. 아무런 대안 없이 가만히 있기보다는 미리 여러 대안을 만들어 두는 것이 더 낫기 때문입니다(대안 준비의 중요성은 4장에서 더 자세히 다루겠습니다).

몇몇 프로젝트 팀은 작업 범위가 계속 확장되는 시점에서 무엇이든 시도하려고 할 것입니다. 그렇게 변경 범위는 계속 확장되지만 아직 그 끝은 제대로 확인도 못 했을 것입니다. 그럼에도 새로운 작업이 더 흥미롭고, 꼭 필요해 보이며, 약간의 낙관적인 생각으로 모든 것이 잘되리라고 믿습니다. 하지만 그동안 아무것도 해결되지 않았고 시스템 변경도 완료되지 않았습니다. 이러한 방식으로 시도하는 일은 대부분 좋지 않은 결과로 이어지며, 이는 미숙한 팀의 특징이기도 합니다.

어떤 프로젝트 팀은 감당할 수 없는 변경 범위를 인식하고 나서야 작업을 중단합니다. 최악의 경우에는 현재 맞닥뜨린 문제를 우회하려고 **단기적** 수정을 남발하게 되고, 이는 결국 소프트웨어 제품에 장기적인 손실을 끼칩니다. 즉, 이러한 방식의 작업은 대규모 변경 작업을 제대로 완수하지 못할 뿐만 아니라 이후의 변경 작업도 어렵게 만들기 때문에 매우 부적절한 투자입니다.

프로젝트 팀이 현 상태와 장기적 비전을 균형 있게 조율할 수 있으면 이러한 극단적인 상황을 피할 수 있습니다. 개인의 목표 설정과 마찬가지로 프로젝트 팀도 장기적인 비전과 그 비전을 달성하는 데 필요한 다음 단계를 구분할 수 있어야 합니다. 예를 들어 장차 Fortune 500 같은 기업을 운영하고 싶더라도 이제 대학을 막 졸업한 상태에서는 바로 CEO 포지션에 지원하지 않는 것처럼 말이죠.

프로젝트의 현 상태와 장기적 비전의 균형을 찾으려면 아키텍처 팀은 변경 작업에 대한 조직적 관점을 다음 세 가지 범주로 나누어 관리해야 합니다.

- **장기적 비전**: 장기적 비전은 반드시 자세히 설명할 필요는 없으며, 오히려 자세히 설명하지 않는 것이 더 나을 수도 있습니다. 장기적 비전은 시스템의 바람직한 기본 구조를 포착하고, 그에 대한 논거를 제시하며, 이를 시스템의 현재 상태와 구분하는 역할을 해야 합니다(이 부분은 4장에서 더 자세히 다루겠습니다).

- **잠재적인 작업 목록**: 이 목록은 시스템이 현 상태에서 목표하는 상태로 가는 데 필요한 잠재적인 변경 작업을 포함합니다. 다만 이 목록에 있는 변경 작업은 잠재적인 것일 뿐이며, 실제로 이루어질 수도 있고 그렇지 않을 수도 있습니다. 이 목록은 특정 작업 계획에 얽매이지 않으며, 목표한 시스템 상태에 도달하는 여러 아이디어를 찾는 데 필요합니다(이 부분은 7장에서 더 자세히 다룰 예정입니다).

- **현재 작업**: 현재 진행 중인 변경 작업입니다. 이러한 작업들은 프로젝트가 장기적 비전을 향해 나아가도록 해야 하며, 그렇지 않다면 좋은 투자가 아닐 가능성이 큽니다. 다만 이 변경 작업들이 시스템의 장기적 비전을 달성하는 모든 작업은 포함하지 않습니다. 어차피 모든 것을 한 번에 다 할 수는 없기 때문입니다.

가끔 "하는 김에 이 부분도 다시 설계하는 것이 좋지 않을까요?"라는 주장 때문에 현재 작업 목록이 확대되기도 합니다. 하지만 이러한 논의의 방향을 잡아 줄 장기적 비전이 있다면 아키텍처 팀과 프로젝트 팀은 서로 논의하여 (다음에 다시 검토할) 잠재적인 작업과 (적지만 반드시 끝내야 하는) 현재 작업으로 나누어 정리해야 합니다.

이렇게 카테고리를 나누는 일은 다소 까다롭기도 하고, 제대로 유지하려면 약간의 관리가 필요하기도 합니다. 하지만 필자 경험상 이렇게 카테고리를 만들어 두면 오히려 장점이 더 많았습니다. 특히 모든 변경 작업을 지금 당장 끝내야 한다는 압박이 사라집니다. 어떤 변경 작업은 나중에 검토할 잠재적 작업 목록에 넣어 둘 수 있기 때문입니다. 또 현재 작업을 별도로 관리함으로써 장기적 관점을 완전히 포기해야 하는 유혹에서도 벗어날 수 있습니다.

계속해서 수많은 프로젝트를 대규모로 변경하려고 합니다. 하지만 이를 실현할 수 있는 가장 좋은 방법은 한 번에 모든 변경을 처리하는 것이 아니라 일관된 비전에 따라 점진적으로 시스템 변경을 배포하는 것입니다.

3.8 아키텍처 진화

때로는 제품이 급격히 변화해야 할 때도 있습니다. 이러한 변화는 주로 기술이나 시장 변동으로 발생하며, 제품과 기술 모두로 주도된 변화입니다. 예를 들어 아이폰을 비롯한 모바일 컴퓨팅의 도입은 완전히 새로운 방식의 소프트웨어 개발을 촉진했을 뿐만 아니라 기존 소프트웨어 제품을 새로운 기기에 호환되도록 변환하게 하는 요인이 되었습니다.

이렇게 급격하고 규모가 큰 변화는 소프트웨어 아키텍처에도 상당한 영향을 미칩니다. 예를 들어 모바일 컴퓨팅은 기존 소프트웨어 제품을 단순히 새로운 형태의 기기에 맞게 변경하는 데 그치지 않았습니다. 수많은 소프트웨어를 데스크톱과 모바일 장치 모두에서 실행되게 재구성해야 했고, 그 과정에서 플랫폼, 데이터, 연결성 등과 관련된 새로운 과제들이 등장했습니다.

앞서 논의한 것처럼 아키텍처 팀은 장기적인 비전을 향해 점진적으로 나아가는 것을 지향해야 하며, **재구축** 작업은 지양해야 합니다. 하지만 아키텍처에 대한 비전 자체가 바뀌면 어떻게 해야 될까요?

우선 이러한 일은 매우 드물어야 합니다. 시스템 아키텍처 비전이 6개월마다 변경된다면 뭔가 잘못된 것입니다. 비록 점진적으로 목표를 향해 나아간다 하더라도 목표가 자주 바뀌면 결국은 무작위로 움직이는 것과 같기 때문입니다. 즉, 다른 과정을 아무리 잘 관리하더라도 결국은 혼란스럽고 체계적이지 않은 시스템을 초래합니다.

아키텍처 팀은 지속적으로 진화하는 기술 환경에 따라 무분별하게 시스템을 변경하는 것을 경계해야 합니다. 특히 시장에 미치는 영향이 없다면 더욱 주의가 필요합니다. 모바일 컴퓨팅의 도입은 단순한 기술 변화에 그치지 않았습니다. 이는 사용자에게 직접적인 영향을 미쳤고, 새로운 시장을 창출했습니다. 따라서 모바일 컴퓨팅에 아키텍처가 대응하는 것은 꼭 필요한 일이었으며, 결과적으로 고객에게 새로운 가치를 제공했습니다.

반면에 어떤 기술적 변화는 고객과 시장에 미치는 영향에 한계가 있습니다. 마이크로서비스, NoSQL 데이터베이스, 블록체인 기술은 새롭고 흥미로운 기술이지만 상대적으로 여러 제품에서 새로운 고객 가치는 창출하지 못했습니다. 새로운 기술이 고객에게 상당한 가치를 제공하지 못한다면 그 기술을 도입하기 위해 아키텍처를 변경하는 시간과 노력은 정당화되기 어렵습니다.

특정 기술이 시스템이나 프로젝트에 적합하고 유용하지만 도입 시기가 늦은 경우에는 상황이 더욱 복잡합니다. 예를 들어 NoSQL 데이터베이스가 시스템에 잘 맞아 처음 아키텍처를 설계할 때 이를 대안으로 고려했다고 합시다. 하지만 이미 SQL 데이터베이스를 기반으로 시스템을 구축했고 이 시스템이 잘 작동하고 있는데 굳이 변경해야 할까요?

먼저 전환 비용이 막대할 수 있다는 점을 염두에 두어야 합니다. 이미 특정 기술로 시스템이 운영되고 있다면 운영 팀에서 그 기술을 학습하는 데 수많은 인적 자원을 투자했을 가능성이 큽니다. 또 운영 팀은 기술의 이론적 배경뿐만 아니라 실제 사용 환경에서 운영 방법도 잘 알고 있을 것입니다. 이미 API를 학습했을 것이고 디버깅 방법, 배포 방법, 유지 관리 방법까지 다 익혔을 것입니다.

물론 현재 고려 중인 최신 기술이 실제로 더 나을 수도 있습니다. 하지만 새로운 기술로 전환하려면 모든 문제를 다시 학습하고 해결하는 데 막대한 투자가 필요할 것입니다. 기존 기술에 한 투자는 그냥 버려지며, 새로운 기술이 기대에 미치지 못할 위험도 있습니다. 따라서 이러한 모든 문제를 고려해서 기술 전환의 기준을 매우 높게 설정해야 합니다.

그런데도 장기적으로 운영된 시스템은 결국 아키텍처를 변경해야 할 시점이 올 것입니다. 이는 어떻게 보면 성공적인 시스템이라는 증표이기도 합니다. 다시 말해 시스템이 원래의 기대치를 넘어 성장했으며, 더 많은 요구를 받는 것입니다. 즉, 모든 아키텍처에는 결국 한계가 있다는 것을 알아야 합니다. 이러한 한계에 도달한 경우 아키텍처 팀은 기존 아키텍처를 진화시켜야 하며, 기존 시스템 환경에 적응시킬 수 있어야 합니다.

따라서 우리 목표는 아키텍처의 진화를 피하는 것이 아니라 너무 자주 변경하지 않도록 막는 것입니다. 이를 위해 아키텍처를 재검토할 때는 시간을 충분히 두고 주의를 기울여야 합니다. 현재 업그레이드 작업에 시간을 충분히 투자하면 다음 업그레이드가 필요할 때까지 시간을 늘릴 수 있습니다. 즉, 충분한 투자로 긍정적인 피드백 루프를 만들어 시스템 목표를 더 오랫동안 안정적으로 유지할 수 있습니다.

다행인 점은 아키텍처 변경이 지나치게 어려울 필요는 없으며 어느 정도 예상할 수 있다는 것입니다. 사실 아키텍처 진화를 준비하는 가장 효과적인 방법은 처음부터 좋은 아키텍처를 구축하는 것입니다. 현재 시스템이 제대로 조직화되어 있으면 훨씬 더 쉽게 변경 사항을 제안하고 평가하며 실행할 수 있습니다. 반대로 현재 아키텍처가 복잡하고 이해하기 어렵고 문서화가 부족하다면 아키텍처 문제를 해결하기 위해 꽤 많이 작업해야 할 것입니다. 즉, 처음부터 좋은 아키텍처를 구축하려고 노력해야 향후에 아키텍처가 진화해야 할 때 큰 문제가 발생하지 않습니다.

어떤 팀은 정기적으로 아키텍처를 검토하기도 하는데, 이 역시 변경 사항을 관리하는 데 도움이 됩니다. 우선 정기적인 아키텍처 검토는 시스템의 아키텍처가 여전히 잘 작동하는지 점검할 기회가 됩니다. 시스템 아키텍처가 여전히 잘 동작한다면 다음 검토 때까지 아키텍처 수정 문제는 미룰 수 있습니다. 또 아키텍처 변경이 필요하다는 것을 사전에 인식하여 향후 큰 문제가 발생하는 것을 미연에 방지할 수도 있습니다.

따라서 정기적인 아키텍처 검토는 일상 업무에서 일종의 안전장치가 될 수 있습니다. 검토 주기가 정해져 있으면 현 상태를 유지하면서 불필요한 혼란을 피하기 쉽기 때문입니다. 예를 들어 새로운 아이디어는 언제든 꺼낼 수 있지만 "정말 블록체인을 사용해야 할까요?" 같은 논의는 다음 검토 주기까지 미룰 수 있습니다. 이러한 검토 주기 자체는 새로운 아이디어를 모으고 추가 정보 조사나 프로토타입 개발을 촉진하는 계기가 되기도 합니다.

대규모 조직은 주로 연간 계획이나 예산 편성을 기준으로 일정을 운영합니다. 따라서 정기적인 아키텍처 검토 프로세스는 이러한 조직의 프로세스에 맞추면 좋습니다. 시스템에 큰 변화를 주기 위해 아키텍처 자원이 필요하다면 계획 단계에서 이를 미리 파악하고 있어야 하기 때문입니다. 반면에 아키텍처가 한 해 동안 안정적으로 유지될 수 있다면 다른 더 시급한 문제에 조직의 자원을 할당할 수도 있습니다.

3.9 요약

소프트웨어 시스템은 끊임없이 변화합니다. 이러한 변화는 제품이나 기술, 그 둘 모두로 발생하기도 합니다. 변화를 잘 이해하려면 그 흐름을 분석하여 현재와 미래에 미칠 영향을 함께 고려해야 합니다. 아키텍트로서 변화를 수용하고 대응하며, 이를 활용하는 방식은 시스템을 설계하는 것만큼 중요한 일입니다.

단순화는 변화에 대비하는 가장 기본적인 방법이며, 아키텍처의 중점 사항이 되어야 합니다. 다른 조건이 동일하다면 단순한 아키텍처일수록 새로운 요구 사항을 적용하고 유지 보수하고 시스템을 진화시키는 데 더 수월할 것입니다.

하지만 단순함을 유지하는 것은 쉬운 일이 아닙니다. 단순함을 유지하려면 아키텍처 설계를 투자 관점에서 접근해야 합니다. 모든 변경은 플랫폼 투자이며, 그 투자가 좋은지 나쁜지 판단하는 것이 중요합니다. 즉, 장기적으로 시스템에 긍정적인 영향을 미치고 시간과 자원을 효율적으로 사용할 수 있는 좋은 투자를 해야 합니다. 또 단기적인 필요와 장기적인 목표 사이의 균형을 맞추는 데 노력해야 합니다.

마지막으로 아키텍처가 운영되는 환경 자체도 끊임없이 변화하고 있다는 점을 기억해야 합니다. 시장이 변하고 비전이 바뀌며 기술도 발전합니다. 따라서 아키텍처 작업을 할 때는 이렇게 변화하는 환경을 항상 인식하고 있어야 합니다. 다만 아키텍처를 최신 유행에 따라 쉽게 변경해서는 안 됩니다. 그러면 수많은 작업을 하더라도 실질적인 이익이 거의 없기 때문입니다. 반면에 절대 변하지 않는 아키텍처는 변화하는 요구에 대응하지 못하고 있을 가능성이 큽니다. 따라서 효과적인 소프트웨어 아키텍처는 아키텍처가 진화해야 한다는 것을 인정하고, 이를 아키텍처 설계와 관련된 모든 과정에 신중하게 적용해야 합니다.

memo

4장

프로세스

4.1 시스템 문서화

4.2 비전을 향한 작업

4.3 변경 제안서 작성

4.4 백로그 관리

4.5 대안 고려

4.6 아무것도 하지 않기

4.7 긴급성과 중요성

4.8 시스템 재문서화

4.9 요약

아키텍처는 소프트웨어 제품의 배포 과정을 통제하는 전체적인 **제품 개발 프로세스** 안에서 이루어집니다. 소프트웨어 산업에서는 소프트웨어뿐만 아니라 워터폴, 스파이럴, 래피드, 애자일, 익스트림 등 다양한 프로세스가 계속 만들어집니다. 이러한 프로세스는 소프트웨어 제품을 배포하는 데 필요한 요구 사항 수집, 아키텍처 설계, 시스템 설계, 사용자 인터페이스 설계, 프로그래밍, 테스트, 배포 등 단계를 규정합니다.

소프트웨어 개발 프로세스는 변경을 관리해야 한다는 공통된 이해를 바탕으로 합니다. 변경 없이는 새로운 것을 만들 수 없으며, 변경을 제대로 관리하지 않으면 완성된 제품이 나올 수 없기 때문입니다. 조율되지 않은 변경은 제대로 된 소프트웨어가 아닌 혼란만 초래합니다.

이 장에서는 효과적인 소프트웨어 아키텍처가 소프트웨어 변경 프로세스를 어떻게 관리하는지 다룹니다. 이 주제는 보편적인 내용이므로 특정 프로세스나 방법론과 관계없이 독립적으로 다룰 수 있습니다. 효과적인 아키텍처 팀은 조직에서 선택한 구조와 프로세스 내에서 시스템 변경을 주도합니다. 비록 팀에서 선호하는 특정 프로세스나 방법론이 있을 수도 있지만, 효과적인 아키텍처 팀은 단지 **올바른** 프로세스나 방법론을 적용하는 것이 아키텍처 작업의 전부라고 주장하지는 않습니다.

아키텍처에서 단순화 작업이 중요한 것처럼 변경 관리 역시 중요한 부분을 차지합니다. 따라서 변경 관리 수준도 시스템 미래를 예측할 수 있는 강력한 지표가 됩니다. 변경 작업을 제대로 관리하지 않으면 각 변경 작업이 서로 충돌하고 상쇄되어 제품 신뢰성을 떨어뜨리고 퇴보시킬 수 있습니다. 반면에 효과적인 변경 관리는 목적에 맞는 결과를 예측할 수 있는 시간 내에 도출할 수 있으며, 다양한 개발 프로세스에서도 원활하게 작동합니다.

4.1 시스템 문서화

변경은 결코 백지상태에서 시작하지 않습니다. 소프트웨어 개발에서는 새로운 제품을 만들기보다는 기존 제품을 수정하는 일이 훨씬 더 많습니다. 그 결과 아키텍트 대부분은 현재 제품의 다음 버전을 준비하는 데 시간을 더 많이 할애합니다. 이러한 이유로 모든 변경 프로세스의 필수적인 첫 단계는 현 상태의 시스템 아키텍처와 설계를 파악하는 것입니다. 현재 우리가 가진 것이 무엇인지 모르면 무엇을 변경해야 할지 합리적으로 결정할 수도 없습니다.

비록 새로운 제품을 준비하고 있더라도 모든 것을 백지상태에서 갑자기 만들지는 않음을 감안해야 합니다. 아무리 새로운 소프트웨어 제품이더라도 이전에 있던 다른 제품의 코드 베이스를 기반으로 하기도 하며, 이전 작업에서 사용했던 코드나 라이브러리, 설계 등을 재사용해서 만들기도 합니다. 또 이전 설계 작업에서 얻은 경험으로 무엇을 해야 할지, 혹은 무엇을 하지 말아야 할지 등을 배웠을 수도 있습니다. 이러한 점을 고려하면 이전 시스템의 아키텍처를 이해하는 것은 해당 소프트웨어 제품을 이해하는 것만큼이나 중요합니다.

이렇게 기존 시스템을 파악하는 일이 그리 어렵지 않게 보일 수도 있지만, 실제로는 상당한 노력이 필요합니다. 프로젝트에서는 대부분 코드의 구성 방식이나 그 이유를 설명한 문서를 만들기보다는 실제로 동작하는 코드를 만드는 일을 훨씬 더 중요하게 생각하기 때문입니다. 즉, 특별한 동기나 인센티브가 없다면 시간과 비용이 드는 문서화 작업에 공들이지 않습니다.

게다가 시스템 문서는 유지 관리도 해야 해서 추가 비용도 발생합니다. 예를 들어 대규모 기능을 추가하거나 여러 팀이 협력해야 하는 주요 변경 작업을 진행할 때는 문서 없이 곧바로 코딩하는 것이 거의 불가능합니다. 따라서 관련자들의 협력과 조율을 돕고자 문서를 작성해야 하는 동기가 생깁니다. 그 결과 시스템 변경 작업의 규모가 클수록 작업 초기에 문서화가 더 잘되는 경향이 있습니다.

하지만 앞선 대규모 변경 작업 이후 작은 변경이 누적되는 과정에서 시스템 문서, 다이어그램, 기타 산출물 등이 제대로 업데이트되지 않으면 시스템은 점차 **부패**합니다. 프로젝트 초반과 달리 문서 정확성이 떨어지고, 추가 개발을 몇 번 더 하면 문서가 너무 부정확하여 오히려 잘못된 정보를 제공하기도 합니다. 이 시점에서는 문서를 읽는 것이 도움이 되기보다는 오히려 방해가 되며, 결국 문서를 완전히 폐기하기도 합니다. 그렇다고 문서 작업을 아예 포기하면 상황은 더욱 악화됩니다.

현재 시스템 상태를 제대로 파악하지 않고 작업을 진행하면 두 가지 유형의 실패를 초래할 수 있습니다. 첫 번째 유형은 제안된 변경 사항이 제대로 작동하지 않거나, 변경 작업에 예상보다 훨씬 더 많은 비용과 노력을 투입해야 하는 등 비교적 문제가 즉시 드러나는 경우입니다. 두 번째 유형은 이러한 문제가 구현 과정에서 늦게 발견되거나 시스템 장애가 발생할 때까지 명확히 드러나지 않는 경우입니다. 예를 들어 변경 사항이 불완전한 조건을 가정했거나 유효해 보였던 입력이 실제로는 그렇지 않은 경우가 이에 해당합니다. 이렇게 늦게 발견되는 실패는 설계를 다시 검토해야 하므로 많은 혼란을 초래하고 비용도 크게 증가시킵니다.

> **불필요한 재작업**
>
> 필자는 팀에서 새로운 기능을 개발하고 나중에 그 기능이 이미 있었다는 것을 알게 되는 상황을 여러 번 보았습니다. 아마도 다른 방식으로 구현되었거나 팀원들이 잘 모르는 곳에 해당 기능이 있었을 것입니다. 또는 아키텍트가 제대로 조사하지 않아 이미 있는 기능을 활용하지 못한 채 완전히 새로운 (하지만 관련된) 기능을 만든 것일 수도 있습니다.
>
> 이러한 **불필요한 재작업**은 발견하기도 어렵지만, 구현에 실패한 변경 작업보다 프로젝트에 더 큰 피해를 주기도 합니다. 첫 번째로 낭비된 노력이라는 명백한 비용이 발생합니다. 새로운 기능에 투입할 수 있었던 자원을 중복된 기능을 개발하느라 불필요하게 투입한 것입니다. 모든 프로젝트는 제약된 자원으로 운영하므로 불필요한 자원 낭비로 기회 비용은 상당히 클 수밖에 없습니다.
>
> 두 번째로 복잡성을 증가시켜 시스템에 악영향을 끼칩니다. 이전에 살펴보았듯이, 복잡성은 소프트웨어의 가장 큰 적입니다. 기존에 하나로 충분했던 기능을 이제는 두 가지 방식으로 처리하면서 두 기능을 모두 유지 보수해야 하는 상황이 된 것입니다. 이후의 모든 변경 작

> 업도 한 가지 기능만 고려하면 될 것을 이제는 두 가지 기능을 모두 평가해야 합니다. 고객도 하나만 알면 될 것을 둘 모두 알아야 하고 어떤 기능을 사용할지 고민하는 데 시간을 낭비할 수 있습니다. 이 비용은 두 기능을 하나로 통합하는 추가 투자를 하지 않는 한 프로젝트와 고객에게 지속적으로 부담을 줄 수 있습니다.

문서가 이미 오래되었다면 팀은 현재 시스템을 다시 파악하기 위해 **아키텍처 복구** 과정을 거쳐야 합니다. 기존 문서(있다면)와 현재 시스템 상태 사이의 격차가 얼마나 큰지에 따라 복구에 필요한 노력이 달라질 것입니다. 문서를 복구하려면 코드를 분석하거나 시스템 동작 및 데이터를 살펴보는 것이 도움이 될 수 있습니다. 해당 시스템을 작업한 사람들의 인터뷰도 유용한 경우가 많습니다. 이들은 시스템과 관련된 유용한 정보를 가지고 있을 가능성이 크기 때문에 인터뷰 내용을 정리하고 문서화하는 것이 중요합니다.

아키텍처 복구 작업을 시작하면 현재 시스템 설계에서 변경하고 싶은 부분을 필연적으로 발견할 것입니다. 이러한 정보를 낭비해서는 안 됩니다! 다만 변경하고 싶은 부분은 현재 진행 중인 작업과 별도로 관리해야 합니다. 아울러 시스템의 현재 상태를 확인하고 문서화하는 일은 시스템의 이상적인 모습을 기록하는 것이 아닙니다. 이는 아키텍처 복구 작업의 목적에 어긋나는 일입니다. 또 복구 과정에서 시스템을 변경해서도 안 됩니다. 현재 상태를 정확히 파악하는 일은 향후 변경 작업을 위해 필요한 단계이기 때문입니다. 따라서 변경하고 싶은 부분이 있다면 이를 아키텍처 백로그에 기록해 두어야 합니다(이것은 이 장의 후반부에서 다룹니다).

궁극적으로 시스템을 정확하게 파악하는 것은 시스템의 모든 변경 사항을 평가하는 데 필요합니다. 시스템을 제대로 이해하지 못하면 제안된 변경 작업을 평가할 수 없기 때문입니다. 적절한 알고리즘과 스키마 등을 포함한 변경 제안은 그 자체로 괜찮을 수 있습니다. 하지만 그런 제안이 시스템의 현 상태와 맞지 않는다면 아무 소용없습니다.

시스템의 현 상태를 문서화했다면 이제는 이를 지속적으로 업데이트해야 합니다. 이를 위해 문서 변경 작업을 개발 프로세스에 포함시키는 것도 좋은 방법이며, 간단하게는 문서를 코드와 동일한 수준의 산출물로 취급하는 방법도 있습니다. 또 구현된 기능을 테스트로 검증하듯이 문서도 읽어 보면서 그 정확성을 검증할 수 있습니다. 이렇게 문서를 포함한 각각의 변경 작업이 완료되면 그다음 변경 작업을 준비하는 식으로 프로세스를 진행합니다.

4.2 비전을 향한 작업

제품 변화를 모색하고 있다면 현재 상황을 개선할 비전이 있다는 의미입니다. 하지만 아직 제품 비전을 공식적으로 문서화하지 않았다면 지금 당장 작성하는 것이 좋습니다.

아키텍처 측면에서 비전은 3년에서 5년 사이에 시스템이 목표하는 아키텍처 상태를 나타내야 합니다. 3장에서 언급했듯이, 성공적이고 장기적으로 유지되는 아키텍처는 변화하는 요구 사항과 시장 상황, 기술 변화에 맞추어 진화해야 합니다. 따라서 아키텍처 비전은 이러한 변화에 아키텍처 팀이 어떻게 대응할지 제시해야 합니다.

좋은 비전은 구체적이지만, 지나치게 세부적으로 들어가지 않아야 합니다. 예를 들어 현재 제품이 확장 기능을 지원하지 않지만 이 기능에 시장성이 있다고 판단했다면 비전 문서에 확장 기능 지원 설명을 포함해야 합니다. 즉, 확장할 수 있는 지점과 확장 기능을 어떻게 검색하고 내려받고 설치할지 등 주요 고려 사항을 다루어야 합니다. 그러나 확장 기능을 위한 API 같은 세부 사항은 비전 문서에 포함시키지 말아야 합니다. 이는 나중에 설계 단계에서 추가할 내용입니다.

비전을 3년에서 5년 사이로 설정하면 비전 방향을 적절하게 잡을 수 있습니다. 5년을 넘어서면 계획이 지나치게 추상적으로 되기 쉽습니다. 5년 이상 계획하려면 너무 많은 작업을 생각해야 하기 때문입니다. 또 대부분의 시장에서 5년은 긴 시간이기 때문에 그 이상으로 설정하면 비전이 실현될 가능성이 낮아 혼란만 초래할 수 있습니다.

반면에 3년 미만의 기간은 충분하지 않을 수 있습니다. 너무 가까운 미래만 바라보면 진행 방향을 정할 기준을 마련하기 어렵기 때문입니다. 비전의 진정한 가치는 그것이 옳고 그르거나 영감을 주거나 재미없거나 하는 데 있지 않고, 시스템에 대한 동시다발적인 변경을 하나의 방향으로 정렬하는 데 있습니다. 시스템이 잘못된 방향으로 가고 있다고 판단되면 비전을 수정하여 다시 새로운 목표를 세울 수 있어야 합니다. 하지만 비전이 전혀 없다면 여러 시스템 변경 작업이 같은 방향으로 나아가지 못하고 서로 충돌합니다.

비전 문서 길이를 적절히 관리하는 것도 중요합니다. 너무 짧으면 실질적인 내용을 담기 어렵고, 너무 길면 불필요한 세부 사항으로 읽다가 지칠 수도 있습니다. 약 6쪽 정도의 분량을 목표로 작성하면 좋습니다. 특정 주제에 할 말이 많다면 비전 문서에 모두 담기보다는 그 주제에서 별도로 문서를 추가로 작성하는 것이 좋습니다. 예를 들어 비전 문서에는 기존 웹 사이트의 상거래 기능을 애플리케이션에 통합할 계획만 언급하고, 전자상거래와 관련된 구체적인 시스템 발전 방향은 별도의 문서에 자세히 다루는 방법이 있습니다.

아키텍처 비전은 아키텍처 원칙과 더불어 팀의 가장 중요한 산출물 중 하나입니다. 따라서 첫 비전 문서를 작성하는 데는 상당한 노력이 필요합니다. 이해관계자 의견을 수렴하고 관련 기술과 시장 동향을 충분히 조사해야 합니다. 팀에서 여러 옵션을 제시하고 토론할 시간을 마련해야 하며, 엔지니어링 팀과 제품 관리 팀 등을 포함한 모든 이해관계자에게 초안을 검토받고 피드백을 반영해야 합니다. 이러한 작업이 완료되면 작성한 비전 문서는 가능한 한 널리 배포해야 합니다.

비전을 공개한 뒤에는 정기적으로 검토할 계획을 세워야 합니다. 시스템 문서를 수정하거나 아키텍처를 개발하는 것과 달리, 비전 문서는 변경 작업이 있을 때마다 수정하지 않습니다. 그 대신 비전 문서가 목표로 하는 기간이 3년에서 5년 사이인 점을 고려할 때 매년 한 번씩 업데이트하는 것이 적절합니다. 아마도 비전 문서를 업데이트할 때 1년 동안 상당한 진전을 했을 것입니다. 그러면 그렇게 완료된 부분을 정리한 뒤 다음 1년의 미래를 내다볼 기회가 생깁니다.

대부분의 경우 비전 문서의 연간 업데이트도 소폭 수정에 그칠 수 있습니다. 이는 좋은 신호입니다. 비전의 목적은 작업을 공통된 방향으로 정렬하는 것이므로 그 방향이 너무 자주 바뀌어서는 안 되기 때문입니다. 다만 시장이나 기술 변화로 주기적으로 큰 조정이 필요할 때가 있습니다. 비전 문서가 대폭 수정된다면 이러한 변화가 발생했다는 것을 모든 관계자에게 알리는 계기가 되기도 합니다.

4.3 변경 제안서 작성

시스템의 현 상태와 비전을 문서화하는 것이 중요하듯이, 현 상태에서 비전을 향해 가는 데 필요한 변경 작업을 **변경 제안서**에 작성하는 것도 중요합니다.

완벽한 변경 제안서는 변경의 세 가지 단계인 '변경을 제안하게 된 동기', '개념적 접근 방안 모색', '세부 설계'를 모두 담아야 합니다. 다만 처음부터 이러한 모든 정보를 변경 제안서에 정리할 수는 없습니다. 변경 제안서의 역할은 제안이 구체화되면서 발생하는 정보를 수집할 수 있는 그릇을 제공하는 것입니다.

변경 제안서는 변경이 필요한 이유(동기)와 무엇을 변경할지(개념)를 설명하는 한두 문장으로 시작할 수 있습니다. 변경 제안서를 작성하는 초반에는 해당 변경 작업이 주어진 요구 사항을 해결할 수 있는지, 시스템 비전과 어떻게 부합하는지 같은 큰 그림에 초점을 맞추는 것이 좋습니다.

초기 단계의 변경 제안서에서는 시스템의 어떤 구성 요소와 관계가 변경될지를 다룹니다. 하지만 그 변경을 정확히 어떻게 구현할지는 구체적으로 나타낼 필요가 없으며, 오히려 그렇게 하지 않는 것이 좋습니다. 먼저 변경을 제안한 동기와 개념적 접근 방안을 프로젝트 관련자들과 합의하는 것이 더 중요합니다.

변경 제안서는 제안된 변경 작업을 기록하고 논의하며 다듬는 과정 자체가 핵심 메커니즘이므로 처음부터 완벽할 필요는 없습니다. 다만 처음부터 특정 변경 사항을 염두에 두고 있다면 이를 변경 제안서에 명확하게 표현해도 괜찮습니다. 예를 들어 시스템에 새로운 아키텍처 원칙을 도입하려는 제안을 생각해 보죠. 이는 사실 이미 꽤 구체적인 변경 작업입니다. 하지만 여기에서 중요한 점은 아키텍처와 관련이 있든 없든, 변경 작업과 관련해서 제안된 모든 사항을 기록하는 것입니다. 보통 초기에는 변경 범위가 명확하지 않으며, 새로운 원칙에 대한 제안이 기존 원칙을 수정하는 방향으로 전개될 수도 있기 때문입니다.

몇몇 변경 제안서는 시간이 지나면서 상세 설계 단계로 넘어갑니다. 상세 설계에는 기능, 알고리즘, 서비스 등이 어떻게 작동하는지 구체적이고 세부적인 내용이 포함됩니다. 이처럼 개념적 접근 방안을 승인받은 변경 제안서는 상세 설계 단계로 넘어갑니다. 상세 설계 프로세스는 5장에서 자세히 다루겠습니다.

변경 제안서가 개념 단계에서 상세 설계 단계로 넘어가는 과정의 예로, 텍스트가 저장된 시스템에 검색 기능을 추가해 달라는 요청이 들어온 경우를 살펴보겠습니다. 이에 대한 변경 작업으로 텍스트를 저장하는 데이터베이스의 내장 검색 기능을 활성화하는 방안이 있을 수 있습니다. 이 개념적 접근 방안이 승인되면 이제 그에 대한 상세 설계 작업으로 넘어갑니다. 이처럼 개념 단계에서 변경 제안서는 단순히 수정할 구성 요소를 좁히는 역할만 합니다.

모든 변경 제안서가 상세 설계 단계로 넘어가는 것은 아닙니다. 시스템 비전을 추가하는 내용의 변경 제안서를 생각해 보죠. 비전은 시스템이 미래에 어떤 방향으로 나아갈지 선언하는 것으로, 시스템의 현 상태를 나타내는 아키텍처나 설계와는 다릅니다. 비전을 업데이트하는 것도 하나의 시스템 변경으로 간주됩니다. 따라서 시스템 비전과 관련된 문서를 수정해야 하고, 변경 관리 프로세스로 처리해야 합니다. 이 경우 구체적인 설계 작업은 필요하지 않습니다.

우리는 가끔 시스템 변경을 새로운 기능 추가로만 생각하는 경향이 있습니다. 이는 제품 개발이 주로 새로운 기능을 구축하는 데 중점을 두기 때문입니다. 하지만 변경 작업을 곧바로 기능 추가와 동일하게 생각해서는 안 됩니다. 기존 기능을 제거하거나 수정하는 것도 시스템 변경입니다. 예를 들어 특정 기능을 더 빠르고 저렴하게 만들거나, 확장성을 높이거나, 혹은 시스템의 다른 측면을 개선하는 것도 변경 작업의 일환입니다.

> **메타 변경**
>
> 팀마다 문서로 공식화된 수준은 다르지만, 어떤 팀은 변경 사항을 관리하는 절차인 변경 관리 프로세스를 엄격하게 관리합니다. 그렇다면 이러한 변경 관리 프로세스는 어떻게 수정할 수 있을까요? 당연하게도 변경 제안서로 수정할 수 있습니다.
>
> 이를 **메타 변경**이라고 하며, 어떤 사람들은 이 과정을 다소 지나치다고 생각하기도 합니다.[1] 하지만 다른 사람들은 스스로 업데이트할 수 있는 프로세스를 만들었다는 데 만족감을 느끼기도 합니다. 어쨌든 필자 경험으로는 변경 관리 프로세스를 일관되게 적용하는 것이 팀 내에서 평등한 분위기를 조성하는 데 기여한다고 봅니다. 어떤 변경이든 간에 누구든지 제안할 수 있으며, 모든 변경 작업은 공정하게 평가받아야 합니다. 물론 모든 변경 제안을 받아들이는 것은 아니지만요.

4.4 백로그 관리

3장에서 설명했듯이, 시스템의 각 변경 작업은 세 가지 논리적 단계를 거칩니다. 변경 동기를 식별하고, 개념적 접근 방안을 찾고, 상세 설계를 진행하는 것입니다. 비록 이러한 단계가 항상 순차적으로 진행되는 것은 아니지만, 각 변

---

[1] [역주] 팀의 절차나 프로세스를 변경하려고 또 다른 변경 제안서를 작성하고 관리하는 방식이 지나치게 형식적이거나 번거로워 보일 수 있다는 의미입니다.

경 작업이 모든 단계를 거치도록 프로세스 차원에서 관리해야 합니다. 이렇게 함으로써 중간 단계에서 변경 작업을 시작하더라도 변경 동기를 합의하지 않고 개념적 접근을 진행하거나, 개념적 접근 방안을 합의하지 않고 상세 설계를 진행하지 않도록 할 수 있습니다.

아키텍처 백로그는 현재, 과거, 미래에 대한 변경 제안서 목록과 각 제안서가 동기 식별, 개념적 접근, 상세 설계 단계 중 현재 어떤 단계에 있는지에 대한 부분으로 구성됩니다. 백로그 관리 개념은 **애자일**(Agile)[2]과 밀접하게 연관되어 있습니다. 하지만 반복적이고 점진적인 개발과 향후 필요한 작업에 대한 추적 관리는 애자일보다 수십 년 전에 등장한 개념입니다.[3] 여기에서는 백로그와 관련하여 의도적으로 애자일 용어를 사용할 것입니다. 조직에서 어떤 형태로든 애자일 방법론을 적용하고 있다면 백로그 관리 개념은 이미 많이 알고 있고 쉽게 이해할 수 있기 때문입니다.

다만 아키텍처 백로그와 제품 백로그를 혼동하지 않도록 합니다. 아키텍처 백로그는 아키텍처 작업을 다루는 변경 제안서로 구성되며, 제품 백로그는 소프트웨어의 기능이나 성능, 사용성을 다루는 변경 제안서로 구성됩니다. 두 백로그는 서로 관련이 있지만, 일대일로는 대응되지 않습니다. 예를 들어 제품 백로그의 어떤 항목은 **여러 아키텍처 변경 제안서와 연관**될 수 있는데, 이는 여러 아키텍처 대안을 검토하거나 다양한 변경 사항을 반영해야 할 수도 있기 때문입니다. 반대로 제품 백로그의 어떤 항목은 아키텍처 변경 제안서와 관련이 없을 수도 있습니다. 모든 새로운 기능이 반드시 아키텍처 작업을 요구하는 것은 아닙니다.

Note ≡ **여러 아키텍처 변경 제안서와 연관된 제품 백로그 항목**

제품 백로그 항목: 사용자에게 실시간 채팅 기능 제공

이 항목을 구현하는 방법에는 다음과 같이 여러 대안이 있을 수 있습니다.

◐ 계속

---

2 역주 반복적이고 점진적인 방식으로 유연하게 변경을 수용하며 빠르게 결과물을 제공하는 개발 방법론입니다.
3 "Iterative and Incremental Development: A Brief History", IEEE, 2003

1. 내부 서버를 사용하여 채팅 기능 구축
2. 외부 채팅 API(예 Firebase) 활용
3. 새로운 메시징 프로토콜 도입

각 대안마다 별도의 아키텍처 변경 제안서를 작성할 수 있습니다. 첫 번째 대안은 새로운 서버 아키텍처를 구축하는 변경 제안서가 필요하고, 두 번째 대안은 외부 API를 통합하는 변경 제안서가 필요하며, 세 번째 대안은 새로운 프로토콜을 추가하는 변경 제안서가 필요합니다. 이처럼 하나의 제품 백로그 항목에서 여러 대안을 검토하거나 다양한 아키텍처 변경 사항을 반영해야 할 수 있기 때문에 제품 백로그와 아키텍처 백로그는 반드시 일대일로 대응되지 않습니다.

앞서 언급했듯이, 변경 동기와 개념 단계에서 작성되는 문서는 간략하게 몇 문단 정도로 충분합니다. 이 단계에서는 변경 제안서의 백로그 항목이 해당 문서의 역할을 대신할 수 있습니다. 그러나 상세 설계 단계에서는 더 상세한 변경 작업 문서가 필요합니다. 이와 관련해서 5장에서는 설계 단계를 다루며, 7장에서는 추가적인 아키텍처 백로그 관리 지침을 다룹니다.

4.5 대안 고려

개념적 접근 방안을 모색하는 단계에서 접근 방안이 하나만 도출된다면 해당 변경 제안은 자연스럽게 다음 단계인 상세 설계 단계로 넘어갈 수 있습니다. 대안이 없다면 별도의 논의도 필요 없고, 다음 단계로 진행하기 위해 정식으로 승인할 필요도 없기 때문입니다. 이러한 일은 짧은 주기로 반복되는 개발 프로세스에서 합리적일 뿐만 아니라 흔히 일어나는 일입니다. 짧은 반복 주기로 진행되는 프로세스는 시스템 아키텍처에서 작고 점진적인 업데이트를 요구합니다. 이에 따라 기존 아키텍처를 따르는 작은 변경은 대체로 단 하나의 해결책만 제시될 가능성이 큽니다.

그럼에도 개념적 접근 방안을 모색하는 단계는 여러 대안을 찾고 비교할 수 있는 최적의 시점입니다. 앞선 예를 계속 살펴보면 내장된 데이터베이스 검색 기능 대신 별도의 검색 엔진을 추가하는 대안을 제시할 수 있습니다. 이 대안은 기존 제안과 동기는 같지만, 개념적으로 접근하는 방식이 다릅니다. 아울러 두 방식 모두 요구 사항을 충족시킬 수 있지만 비용과 성능이 다릅니다. 이처럼 여러 가지 제안을 제시할 수 있는 기회가 있으면 다양한 생각을 유도하고 다양한 대안을 도출할 수 있습니다.

다음 그림은 변경 제안이 어떤 단계를 거치는지 보여 줍니다. 하나의 동기에서 시작하여 여러 개념적 접근 방안이 제시될 수 있으며, 개념적 접근 방안 하나에 여러 상세 설계를 만들 수도 있습니다. 이 중 대부분은 실제 구현 단계까지 가지 못하지만, 이는 잘못된 것이 아니라 바람직한 시스템 변경 과정의 한 부분이라고 볼 수 있습니다.

▼ 그림 4-1 비교적 중요한 변경의 경우 한 가지 동기에 대해 다양한 개념적 접근 방안을 살펴볼 수 있습니다. 마찬가지로 동일한 개념적 접근 방안에 대해 다양한 상세 설계를 만들 수도 있습니다. 일반적으로 이 중에서 한 가지 제안만 전 과정을 거쳐 실제로 구현됩니다

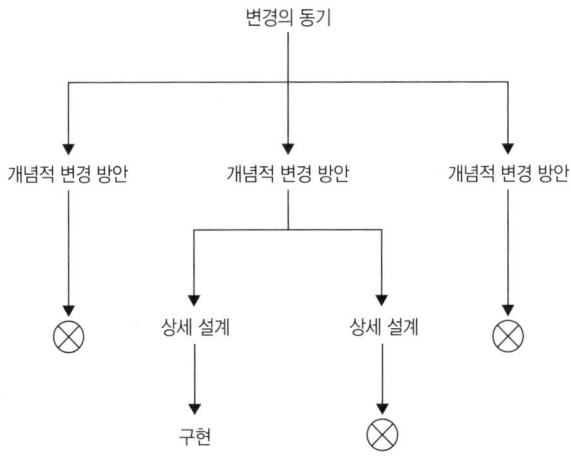

프로젝트 초기에 다양한 대안을 모색하면 프로젝트 계획과 실행 과정에서 예측 가능성을 높이고 더 좋은 결과를 얻을 수 있습니다. 왜 그런지 알아보기 위해

아키텍트가 한 가지 아이디어만으로 프로젝트를 진행하는 상황을 가정해 보겠습니다. 처음에는 변경 제안이 점점 구체적으로 되면서 큰 진전을 이루고 있는 듯이 보일 것입니다. 하지만 문제 대부분은 프로젝트 후반부에 발생하기 마련입니다. 시스템 변경 작업에는 항상 문제가 될 수 있는 부분이 있기 때문에 이러한 일은 언제든지 일어날 수 있으며, 단지 그 문제가 초기에 발견되느냐 나중에 발견되느냐의 차이일 뿐입니다. 문제가 늦게 발견되면 설계를 변경하는 데 비용이 많이 들며, 경우에 따라서는 완전히 다른 개념적 접근 방안이 필요할 수도 있습니다.

문제가 늦게 발견되면 대안을 검토할지 따져 보는 것조차 큰 스트레스를 유발할 수 있습니다. 일부 팀원은 이미 투자한 노력 때문에 **인지적 편향**[4]을 가지며, 자연스럽게 현재의 접근 방식에 더 애착을 보입니다. 또 정보를 기반으로 현재의 접근 방식과 잠재적인 대안을 비교하기도 어렵습니다. 잠재적인 대안은 아직 충분히 구체화되지 않았으므로 처음 프로젝트를 시작할 때 훌륭해 보였던 현재의 접근 방식처럼 잠재적인 방안도 그럴 듯해 보일 수 있기 때문입니다. 이러한 상황에서는 현재 변경 작업에 집중하지도 못하고 앞으로 어떻게 진행할지 결정하는 데 시간과 에너지를 더 많이 낭비하게 됩니다. 그러는 동안에도 시간은 계속 흘러갑니다.

여러 대안을 모색할 때는 모든 대안을 하나의 제안서에 넣지 말아야 합니다. 앞선 예를 계속해서 보면 텍스트 기반의 검색 기능을 구현하는 제안서에 기존 데이터베이스의 내장 기능을 사용하는 방안과 별도의 검색 엔진을 추가하는 방안을 함께 작성하는 것은 바람직하지 않습니다. 이는 단순히 동일한 목적을 다른 방식으로 해결하려는 것에 불과합니다.

따라서 각 대안을 개별적인 변경 제안서로 작성하고, 각각의 문서를 검토하고 평가 대상으로 삼아야 논의를 체계적으로 진행할 수 있습니다. 그리고 각 제안서를 아키텍처 백로그에 별도의 항목으로 관리하면 검토 후 기각된 대안의 기

---

4 역주 어떤 정보를 처리하고 해석할 때 자신의 기존 신념이나 경험에 따라 객관적 판단이 왜곡되는 심리적 경향입니다.

록을 명확하게 남길 수 있습니다. 이렇게 하면 복잡하고 긴 단일 제안서 대신 각 제안서가 어떻게 처리되었는지 추적할 수 있는 간결한 목록을 얻을 수 있습니다.

이는 변경 제안이 단순한 형식적인 절차가 아니라는 점을 강조합니다. 모든 제안서가 기각되면 프로젝트를 진행할 수 없으므로 분명히 어떤 제안서는 개념적 접근 단계를 통과할 것입니다. 물론 이 과정에서 수많은 제안서가 기각될 수도 있습니다. 하지만 제안서가 기각되었다고 해서 그 제안에 결함이 있다는 의미는 아닙니다. 단지 특정 기준에서 더 나은 대안에 밀렸을 가능성이 큽니다.

효과적인 아키텍처 관행은 수많은 개념적 제안서를 만들고 그중 상당 부분을 기각합니다. 이러한 과정은 두 가지 중요한 활동을 하고 있음을 보여 줍니다.

첫째, 팀에 창의적이고 다양한 접근 방식을 제시할 능력이 있음을 보여 줍니다. 첫 아이디어가 항상 최선의 방안은 아니며, 설령 좋은 방안이라 하더라도 다른 대안과 비교되지 않고 단독으로 좋은 아이디어라고 판단하기는 어렵습니다. 아울러 여러 대안을 마련하는 과정에서 해결해야 할 문제를 더 깊이 이해할 수 있고, 궁극적으로 더 나은 결과를 도출할 수 있습니다.

둘째, 여러 구성원의 적극적인 참여를 유도합니다. 아키텍트는 스스로 다양한 접근 방안을 떠올릴 수 있지만, 누구나 선호하는 방식과 편향이 있습니다. 여러 대안을 제시하고 기각하는 과정을 자연스럽게 받아들이면 팀 내에서 다양한 관점과 아이디어가 등장하고 공유되는 환경을 조성할 수 있습니다. 이렇게 제시된 제안들은 채택될 수도 있고 채택되지 않을 수도 있으며, 그 과정을 경쟁으로 만들지 않는 것이 중요합니다. 기각된 제안도 최종적으로 승인될 제안을 발전시키는 데 도움이 될 수 있기 때문입니다.

중요한 변경 사항임에도 다양한 접근 방식이 자연스럽게 제시되지 않는다면 대안을 제시할 수 있는 환경을 만들어야 합니다. 팀원에게 대안을 제시해 달라고 요청해도 효과가 없다면 먼저 몇 가지 제안을 직접 만들어서 제시해 보는 것을 추천합니다. 이 제안은 반드시 완벽할 필요는 없으며, 오히려 부족한 것이 더 나을 수도 있습니다. 개인적으로 다른 사람들의 아이디어를 이끌어 내려고 절대 채택되지 않을 대안을 제시한 적도 있는데, 대체로 좋은 결과를 보여 주었습니다. 이 단계에서는 여러 접근 방식이 서로 변형되거나 다른 접근 방식과 결합되기도 합니다.

백로그 제안과 그 제안이 해결하려는 요구 사항을 체계적으로 정리해 보는 것도 도움이 됩니다. 백로그에서 관련된 제안들을 서로 연결하고, 해당 제안이 해결하려는 요구 사항과도 연관을 지어 보는 것입니다. 이것으로 개념적 접근 방안의 승인 여부를 결정할 때 의사 결정자들이 정보를 쉽게 활용할 수 있습니다.

물론 너무 많은 선택지를 만드는 것이 부담될 수도 있습니다. 경험상 주요 변경 작업의 경우에도 네 개 이상의 개념적 접근 방안은 필요 이상으로 많다고 생각합니다. 동시에 각 제안에 필요한 작업을 적게 유지하면 향후 제안을 평가하고 선택하는 프로세스가 불필요하게 부담스러워지는 것을 방지할 수 있습니다.

경쟁하는 제안이 두 개 이상 있다면 조만간 하나를 선택해야 합니다. 변경 제안서만으로 결정을 내리기 어렵다면 여러 접근 방안을 상세 설계 단계까지 진행한 뒤 나중에 하나만 구현할 수도 있습니다. 하지만 각 상세 설계를 만드는 데도 노력과 비용이 들기 때문에 다음 단계로 넘어가는 제안 수는 최소화해야 하며, 그 노력과 비용이 최대한 가치 있게 쓰이도록 해야 합니다. 또 불완전한 의사 결정으로 여러 제안이 무분별하게 상세 설계까지 진행되지 않도록 주의해야 합니다(자세한 의사 결정 내용은 5장에서 다룹니다).

대안을 평가할 때 한 대안이 여러 요구 사항을 동시에 해결할 수 있는지 살펴보는 것도 중요합니다. 여러 요구 사항에 공통된 솔루션이 필요하다면 이를 쉽게 발견할 수 있을 것입니다. 아키텍트가 서로 다른 요구 사항을 하나의 기본 메커니즘으로 해결할 수 있다면 훨씬 더 큰 효율성과 이점을 얻을 수 있을 것입니다. 따라서 대안을 평가할 때는 개별 요구 사항뿐만 아니라 더 넓은 아키텍처적 관점에서 비전과 다른 관련 요구 사항까지 함께 분석하는 것이 좋습니다. 이렇게 하면 전체적인 분석을 강화할 수 있습니다.

마지막으로 개념 단계에서 너무 오래 머무르지 않는 것이 중요합니다. 제안된 변경 사항이 단순하고 별다른 대안이 없다면 빠르게 다음 단계로 진행해야 합니다. 대안 평가가 복잡할 때는 시간이 더 필요할 수도 있지만, 어떤 결정도 지나치게 프로세스를 지연시켜서는 안 됩니다.

4.6 아무것도 하지 않기

소프트웨어 업계에서 성공적인 변경 작업이란 최종적으로 구현되고 고객에게 배포되어 사용하는 것이라고 생각하는 경향이 있습니다. 하지만 항상 그런 것은 아닙니다.

효과적인 변경 프로세스는 소프트웨어 변경 과정에서 고려해야 할 다음 사항을 명확히 해야 합니다.

- **해결해야 할 문제**: 프로젝트 초기에는 모호하거나 불완전한 요구 사항, 또는 잘못된 요구 사항을 기반으로 변경 작업이 진행될 수 있습니다.
- **구현 비용**: 각 변경 작업은 일종의 투자이며, 모든 투자가 좋은 수익을 보장하지는 않습니다. 제안을 구체화하는 과정에서 비용이 수익을 초과할 것이 분명해질 수도 있습니다.
- **운영 비용**: 클라우드 기반 서비스는 컴퓨팅 및 저장 리소스에서 지속적으로 운영 비용이 발생합니다. 임베디드 시스템 변경은 더 빠른 CPU가 필요하고 하드웨어 비용에 영향을 미칠 수도 있습니다.

제안서를 평가한 결과, 이 같은 사항이나 그 외 다른 이유로 변경 작업과 관련된 모든 제안이 기각될 수도 있습니다.

하지만 모든 제안이 기각되었다고 해서 잘못된 것은 아닙니다. 오히려 상세 설계나 구현 단계 또는 출시 후에 문제를 발견하는 것보다 개념 단계에서 문제를 파악하는 것이 훨씬 좋습니다. 즉, 올바른 결정을 빨리 내릴수록 비용을 줄일 수 있는 것입니다. 따라서 아키텍처 팀의 중요한 역할 중 하나는 변경 작업이 비용이 많이 드는 잘못된 방향으로 가지 않도록 하는 것입니다. 즉, 효과적인 변경 프로세스는 단지 무엇을 어떻게 할지 뿐만 아니라 무엇을 하지 않을지도 다루어야 합니다.

4.7 긴급성과 중요성

아키텍처 설계 프로세스를 맹목적으로 적용하면 그다지 효과적이지 않습니다. 항상 주어진 상황을 고려해야 합니다.

예를 들어 긴급한 상황에서는 시스템 문서를 완벽히 작성하고, 비전 문서를 업데이트하고, 모든 설계 절차를 진행하는 것이 합리적이지 않습니다. 보안이나 법적 문제, 또는 기타 긴급한 상황에서는 절대적으로 지켜야 하는 기한과 압박이 생길 수 있습니다. 이러한 긴급한 상황에서 팀은 현재 가진 자원으로 최선을 다할 수밖에 없습니다.

실제로 긴급 작업에 대비할 수 있는 최적의 시기는 그런 상황이 발생하기 전입니다. 몇몇 팀은 아키텍처 문서를 정비하고 유지하는 것을 일종의 부담으로 생각하지만, 사실 이는 보험과도 같습니다. 아키텍처 문서를 정비하고 유지하는 일은 비용이 들고 언제 문서가 필요할지도 알 수 없지만, 결국 조만간 문제는 발생하기 마련입니다. 결과적으로 잘 갖춘 시스템 문서는 긴급 상황에 대비하는 가장 좋은 투자가 될 것입니다.

시스템 문서를 작성하고 적절하게 유지하는 데 시간을 할애하기가 어렵다면 대부분의 작업이 중요하지만 긴급하지 않다는 점을 상기해야 합니다. 정해진 기한에 맞추어 새로운 기능을 출시하는 일은 중요하지만, 긴급한 일은 아닙니다. 긴급하지 않은 작업을 서두르면 장기적인 측면에서 시스템에 악영향을 미칠 수 있습니다. 따라서 가장 신중하고 철저하게 프로세스를 지켜야 하는 작업은 중요하지만 긴급하지 않은 작업입니다.

혹시 팀에 중요하지도 않고 긴급하지도 않은 작업이 있나요? 그런 작업은 아예 하지 않는 것이 좋습니다. 시간은 중요한 일에만 써야 합니다.

4.8 시스템 재문서화

시스템 변경 작업을 관리하는 마지막 단계는 처음으로 다시 돌아가는 것입니다. 우리는 변경된 시스템을 문서화해야 합니다. 그래야만 작업을 완전히 마무리하고, 다음 변경 작업을 준비할 수 있습니다.

물론 변경 범위에 따라 문서 작업에 필요한 노력 정도가 달라집니다. 변경 제안서를 진행하는 과정에서 변경 범위가 좁아졌을 수도 있고, 아키텍처 변경이 필요하지 않았을 수도 있습니다. 때에 따라서는 업데이트해야 하는 부분이 문서 하나의 일부분으로 끝날 수도 있습니다.

당연하게도 규모가 큰 시스템 변경은 문서화에 더 많은 작업이 필요합니다. 비록 처음부터 변경 제안이 너무 방대해지지 않도록 주의해야 하지만, 목표가 분명한 변경 작업일 때도 광범위한 문서 업데이트가 요구되는 경우가 있습니다. 예를 들어 아키텍처 원칙을 추가하거나 수정하는 경우에는 해당 원칙이 포함된 문서뿐만 아니라 그 원칙을 참조하는 표준, 아키텍처 문서, 설계 문서도 함께 수정해야 합니다.

시스템 변경으로 문서를 업데이트하는 과정에서 추가로 시스템을 수정해야 하거나 검토가 필요한 부분을 발견할 수 있습니다. 이러한 내용은 새로운 변경 제안서에 기록하고 백로그에 추가해야 합니다.

마지막으로 변경 작업과 관련된 모든 이해관계자에게 업데이트된 내용을 공유해야 합니다. 이와 관련해서 자세한 커뮤니케이션 내용은 8장에서 다루겠습니다.

> **풀 리퀘스트를 이용한 변경 제안 관리**
>
> 현재 소프트웨어 개발에서는 **풀 리퀘스트**(pull request)[5]를 다음 변경 프로세스와 유사한 방식으로 사용합니다.
>
> - 시스템의 기본 상태, 즉 코드화된 상태에서 시작합니다.
> - 기본 상태와 차이점인 `diff`를 통해 제안할 변경 사항을 생성합니다.
> - 제안할 변경 사항을 `pull request`로 공유하여 피드백을 수집하고 추가 수정 사항을 공유합니다.
> - 변경 요청이 승인되면 풀 리퀘스트를 `merge`하여 코드를 업데이트합니다.
>
> 변경 제안서를 현재 시스템 문서에 **병합**(merge)하는 과정은 풀 리퀘스트로 코드를 병합하는 것보다 여전히 더 많은 수작업이 필요합니다. 하지만 이러한 부분은 앞으로 개선될 것이라고 생각합니다. 이처럼 코드 병합에 사용하는 풀 리퀘스트를 문서화 작업에 비유하면 변경 제안서 프로세스를 더 쉽게 이해할 수 있습니다.

4.9 요약

변경 작업은 소프트웨어 개발에서 핵심입니다. 하지만 이러한 변경 작업이 구조적이지 않거나 혼란스럽게 진행되어서는 안 됩니다. 효과적인 소프트웨어 아키텍처는 체계적인 변경 프로세스로 아키텍처 팀이 다양한 대안을 모색하고, 불필

---

[5] [역주] 개발자가 코드 변경을 제안하고 이를 프로젝트에 병합(merge)하기 전에 다른 팀원들이 리뷰하고 피드백을 제공할 수 있도록 하는 요청을 의미합니다.

요한 작업과 중복을 줄이며, 가장 중요한 작업에 집중할 수 있도록 돕습니다.

그림 4-2는 아키텍처 변경 프로세스를 나타냅니다. 이 과정은 현재 시스템 상태를 기록한 문서에서 시작하며, 해당 문서가 없다면 구현 단계에서 이를 복구해야 합니다. 또 아키텍처 변경 프로세스에는 시스템이 미래에 어떤 모습이 될지를 담은 비전이 필요하며, 이는 시스템이 개발되고 운영되는 환경과 맥락에 따라 만듭니다.

▼ 그림 4-2 변경 프로세스 요약: 시스템 변경 프로세스는 맥락(context), 비전(vision), 복구(recovery), 문서화(documentation) 작업 등 다양한 활동이 세 가지 핵심 단계를 지원하는 방식으로 구성됩니다. 백로그(backlog)는 현재, 미래, 과거의 변경 사항을 추적하는 역할을 합니다

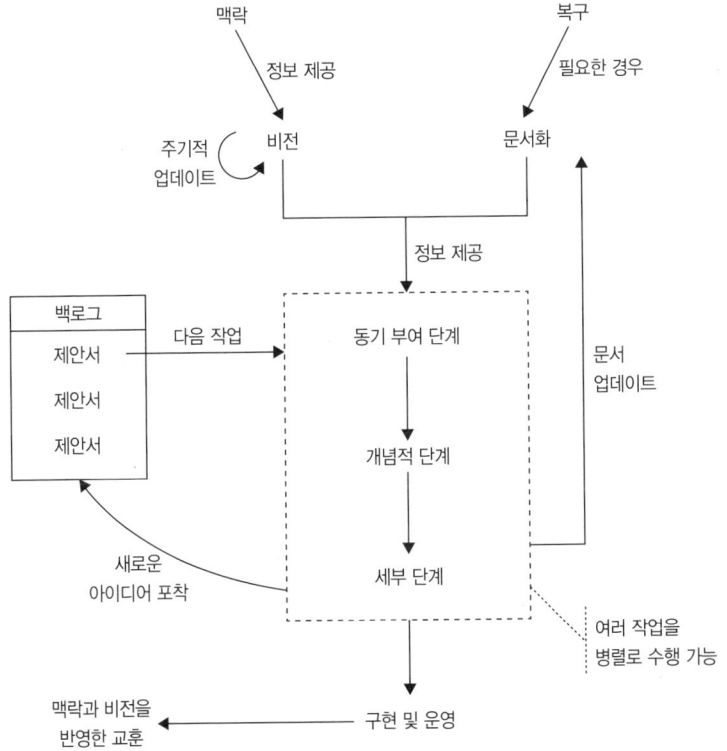

시스템 변경 프로세스의 핵심은 변경 제안서를 중심으로 변경 제안이 동기에서 개념, 상세 설계로 이동하는 과정을 기록하는 것입니다. 팀은 아키텍처 백로그를 활용하여 과거, 현재, 미래의 변경 제안서를 추적해야 합니다. 변경 제안서는

처음 백로그에서 선택될 때 보통 동기나 개념 단계에 있지만, 완성도가 높은 제안서가 백로그로 돌아갔다가 추가 작업을 위해 다시 선택되기도 합니다.

제안서를 진행하면서 다양한 대안을 제시할 수 있습니다. 서로 다른 동기와 개념적 접근 방안, 상세 설계를 담은 새로운 제안서를 만들어 평가할 수도 있습니다. 이 중 일부는 동시에 진행할 수도 있지만, 언제든지 제안서를 백로그로 이동시켜 추후에 다시 검토할 수도 있습니다.

변경 제안이 실제로 구현되면 시스템 문서를 업데이트하여 변경된 시스템 상태를 반영해야 합니다. 이 최신 문서는 앞으로 할 작업에서 정확한 기준점 역할을 할 것입니다.

모든 변경 제안이 반드시 전체 변경 프로세스를 거쳐 완료되지 않을 수도 있다는 점을 염두에 두어야 합니다. 일부 제안은 가치가 없다고 판단되어 중단될 수 있고, 어떤 제안은 여러 가지 측면에서 적절하지 않아 폐기될 수 있습니다. 효과적인 변경 프로세스는 모든 변경을 완료하는 것보다 이러한 상황을 가능한 한 빨리 파악하는 데 중점을 두어야 합니다.

마지막으로 아키텍트는 변경 사항을 구현해서 고객에게 배포하는 동안에도 변경 제안서에 지속적으로 관여해야 합니다. 이 과정에서 얻은 교훈을 이미 승인된 변경 작업에 반영하기에는 늦었을 수도 있지만, 향후 변경 작업에는 영향을 줄 수 있습니다. 즉, 이러한 교훈은 이후 새로운 변경 제안서로 이어질 수 있으며, 앞으로 변경 프로세스를 주도하는 맥락과 비전에도 영향을 줄 수 있습니다.

5장

설계

5.1 아키텍처가 설계 효율을 높이는 방법

5.2 설계가 아키텍처 변화에 미치는 영향

5.3 분해

5.4 조합

5.5 조합과 플랫폼

5.6 점진적 접근

5.7 병렬 처리

5.8 조직 구조

5.9 개방적인 작업

5.10 포기하기

5.11 완료

5.12 요약

이제 우리는 시스템에 대한 정확하고 포괄적인 정보가 있으며, 하나의 목표를 기준으로 조율을 마쳤습니다. 또 몇 가지 개념적 수준의 대안을 제시했고, 그중 하나를 다음 단계로 진행할 대상으로 선택했습니다. 드디어 상세 설계 단계로 넘어갈 때입니다. 참고로 여기에서 사용하는 **설계** 용어는 아키텍처 설계(**아키텍팅**이라고도 함)뿐만 아니라 아키텍처에 맞게 시스템을 구체화하는 설계 작업도 포함합니다. 어떤 변경 작업을 수행하는가에 따라 구체적인 접근 방식에 차이가 있을 수 있지만, 설계 작업의 본질은 다르지 않습니다.

설계는 논리적이고 체계적인 문제 해결 과정입니다. 특히 소프트웨어 개발에서는 주로 요구 사항으로 정의되는 문제를 입력 자료로 받아 이를 해결할 수 있는 프로그램 명세를 산출물로 만들어 냅니다. 이처럼 어떤 문제에서 해결책을 이끌어 내는 과정은 마치 마법처럼 느껴지기도 합니다.

실제로 몇몇 아키텍트는 설계를 마치 숨겨진 비법처럼 다룹니다. 이들은 가끔 설계 과제를 가지고 얼마 동안 자취를 감춘 뒤 완성된 해결책을 들고 나타나기도 합니다. 이 방식이 일부 뛰어난 개인에게는 효과적일 수도 있지만, 개인적으로는 권장하지 않습니다. 개방적이고 체계적인 접근 방식이 더 나은 결과를 도출할 뿐만 아니라 설계 기술을 학습하는 데도 도움이 되기 때문입니다. 특히 이 방식은 특정 개인의 능력에 의존하지 않으며, 더 효과적이고 회복력 있는 팀을 구축할 수 있도록 합니다.

인간은 본능적으로 문제를 해결하는 데 능숙합니다. 우리는 문제에 직면하면 새로운 아이디어를 실험하고 새로운 방법을 시도하고, 그중 일부는 성공하기도 합니다. 또 이전에 효과가 있었던 방법을 떠올리고 이를 바탕으로 어떤 문제에서 실마리나 해결책을 찾기도 합니다. 소프트웨어 제품이 복잡하지 않다면 이 방식으로도 충분히 설계할 수 있습니다.

그러나 소프트웨어 제품은 대부분 매우 복잡합니다. 요소 수백 개와 코드 수백만 줄로 구성되어 있기도 하며, 수백수천 명이 동시에 작업하는 경우도 있습니다. 게다가 본질적으로 소프트웨어 제품 개발은 새롭고 차별화된 것을 만드는 것이므로 누구도 접하지 못한 문제를 해결하는 시도를 자주 하게 됩니다. 이러한 문제는 과거에 시도했던 해결책을 참고하여 즉각적인 해결책을 찾을 수 있는 것들이 아닙니다.

설계 프로세스를 관리할 때는 세 가지 단계로 나누는 것이 좋습니다. 큰 문제를 작은 문제들로 분해하고 작은 문제를 각각 해결한 뒤 이 해결책들을 다시 조합하여 더 큰 문제를 해결할 수 있도록 하는 것입니다. 이러한 구조를 갖추는 것은 아키텍처 설계를 효과적으로 관리하는 데 매우 중요합니다.

5.1 아키텍처가 설계 효율을 높이는 방법

설계는 창의적인 작업입니다. 무언가를 설계한다는 것은 새로운 것을 의도적으로 창조하는 일입니다. 따라서 설계를 하려면 기본적인 기술과 지식뿐만 아니라 상상력과 끈기도 필요합니다. 보통 설계 초기 단계에서는 어떤 것이든 가능해 보입니다.

물론 이렇게 무한히 펼쳐진 선택지는 부담스럽게 느껴집니다. 하지만 설계 목표는 특정 요구 사항을 충족할 수 있는 단 하나의 설계를 만들어 내는 것입니다. 무수한 선택지를 검토하는 것은 방대한 작업이며, 대부분 기한 내에 끝내기 어려울 때가 많습니다.

당연하지만 그 누구도 이렇게 무수히 많은 선택지를 전부 검토하지는 않을 것입니다. 공학 분야에서는 선택할 수 있는 옵션이 어느 정도 정해져 있을 때가 많습니다. 예를 들어 협곡을 가로지르는 다리를 설계해야 하는 토목 엔지니어를 생각해 봅시다. 토목 엔지니어는 보통 새로운 유형의 다리를 백지상태에서 설계하지 않습니다. 대신에 빔, 트러스, 캔틸레버, 아치 등 이미 설치된 몇 가지 다리 유형 중에서 하나를 선택하고 이를 기반으로 설계할 것입니다.

하지만 이렇게 몇 가지 선택지가 있다고 해서 다리 설계가 쉬운 것은 아닙니다. 다리는 종류에 따라 경간, 강성, 재료, 시공 방법 등 각각 특성들이 다릅니다. 특정 다리 유형이 모든 측면에서 우수하다면 토목 엔지니어의 작업은 훨씬 쉬울 것입니다. 하지만 현실은 그렇게 단순하지 않습니다. 오히려 이렇게 다리 종류가 다양한 이유는 다리가 충족해야 하는 요구 사항이 매우 다양하기 때문입니다.

다리 설계 유형을 선택할 때 토목 엔지니어는 외부 요인에 따라 제약을 받습니다. 예를 들어 협곡의 폭과 깊이에 따라 어떤 설계는 가능하지만 어떤 설계는 불가능할 수 있습니다. 엔지니어가 다른 옵션을 사용하고 싶어도 협곡 자체를 바꿀 수 없으므로 설계할 때 이를 수용해야 합니다.

다리를 설계한다는 것은 이전에 한 번도 지은 적 없고, 앞으로도 동일하게 짓지 않을 완전히 새로운 다리를 창조해 내는 것입니다. 하지만 이는 주어진 선택지의 제약 안에서 창조해야 합니다. 이러한 **제약 속의 창의성**은 다리 설계뿐만 아니라 소프트웨어 설계에서도 본질적으로 존재하는 공학적인 도전 과제입니다.

다만 소프트웨어 설계에서는 제약이 더 적은 경우가 많습니다. 소프트웨어 시스템은 매우 유연하고 변화무쌍하며 어떤 접근 방식도 적용할 수 있을 것 같아 보입니다. 그리고 이는 어느 정도 맞는 말입니다. 소프트웨어 엔지니어는 다리 건설자들처럼 외부 제약에 직면할 때가 많지 않기 때문입니다.

소프트웨어 엔지니어는 이러한 유연성에 두 가지 방식으로 반응하는 경향이 있습니다. 첫 번째 경향은 자신이 익숙한 방법에 의존하는 것입니다. 예를 들어 여러 API 요청을 동시에 처리해야 하는 서비스를 구축한다고 가정해 봅시다. 이벤트 기반 프로그래밍에 익숙한 엔지니어는 요구 사항을 충족할 수 있다면 해당 서비스 구축에 이벤트 기반 프로그래밍을 사용할 것입니다. 반면에 다른 접근 방식은 새로 배워야 하고 마감 기한을 맞추기도 어렵기 때문에 선택하지 않을 것입니다.

두 번째 경향은 반대로 새로운 방법을 시도하려는 것입니다. 어떤 엔지니어는 이벤트 기반 프로그래밍에 익숙하더라도 그 기술이 너무 오래되었다고 생각할 수 있습니다. 그러던 와중에 멀티스레딩 방식이 더 나은 방법이라는 말을 듣고 서비스 구축에 멀티스레딩 방식을 채택할 수도 있습니다. 이처럼 새로운 설계 방식을 도입하는 것은 어느 정도 위험을 수반하지만, 잠재적인 이점도 있습니다. 새로운 설계 방식이 실제로 더 나은 결과를 가져올 수 있으며, 신기술을 배울 수 있는 기회로 엔지니어들의 흥미를 유지시킬 수 있을 뿐만 아니라 팀의 기술 역량을 확장하는 데도 도움이 됩니다. 아울러 다음에 유사한 해결책이 필요할 때 이미 이벤트 기반 방식과 멀티스레딩 방식을 모두 경험했기 때문에 더 유연하게 선택할 수도 있습니다.

안타깝게도 이러한 유연성은 팀의 자산이 되기도 하지만, 실제로는 대규모 시스템의 일관성을 저해하는 요소로 작용할 수도 있습니다. 특히 고립된 방법으로 각각의 설계 방식이 결정될 때 문제가 발생합니다. 따라서 이를 철저히 관리하지 않으면 어떤 API는 이벤트 기반으로 구현되고, 또 어떤 API는 멀티스레딩 방식으로 구현되는 상황이 발생할 수 있습니다.

개별적으로 보면 두 접근 방식 모두 문제없이 작동할 수 있습니다. 하지만 이렇게 두 가지 방식이 동시에 있을 때는 그에 상응하는 이득 없이 시스템만 복잡해질 뿐입니다. 두 API 간에 코드를 재사용할 수 있는 가능성이 제한되거나 아예 불가능할 수도 있습니다. 아울러 개발자는 두 가지 다른 방식을 다루어야 하므로 작업은 더 어려워집니다. 특히 두 가지 방식에서 발생하는 오류 유형이 달라 결함을 해결하는 데 시간이 두 배 더 걸릴 것이며, 기능을 확장하고 성능을 개선하는 작업에서 역시 시간이 두 배 정도 걸릴 것입니다.

이처럼 지나친 유연성은 역설적이게도 시스템에 부담을 줍니다. 설계 단계에서는 고려해야 할 선택지가 늘어나고, 구현 단계에서는 해야 할 작업량도 증가합니다.

이러한 상황에서 아키텍처는 선택의 제약을 제시하는 역할을 합니다. 소프트웨어에서는 지형이나 특정 자재처럼 설계에 제약을 주는 외부 조건이 없습니다. 따라서 시스템 일관성을 유지하려면 우리가 직접 시스템 제약을 만들어야 합니다. 이러한 제약은 시스템 설계를 규율하는 원칙들로 표현되며, 이것이 바로 시스템 아키텍처라고 할 수 있습니다.

좋은 아키텍처는 제약을 부여하고 선택지를 줄임으로써 설계 효율성을 높입니다. 예를 들어 동시에 들어오는 API 요청을 처리해야 할 때 특정 방식을 선택하도록 강제하는 아키텍처가 있다면 여러 옵션 중에서 한 가지 방식을 선택하는 데 드는 시간을 줄일 수 있습니다. 이는 구현 과정에서 코드를 재사용할 수 있는 기회를 제공하며, 하나의 통일된 설계 방식으로 인력 운영과 테스트, 확장 작업 등을 효율적으로 진행할 수 있게 도와줍니다.

5.2 설계가 아키텍처 변화에 미치는 영향

앞서 다룬 내용은 모든 설계를 기존에 정해진 선택지 안에서만 해야 한다는 의미는 아닙니다. 그랬다면 우리는 여전히 통나무로 만든 다리를 건너고 있을 것입니다. 때로는 기존의 접근 방식이 요구 사항을 충족하지 못해 다른 접근 방식이 필요할 때가 있습니다.

아키텍처 팀의 주요 역할 중 하나는 이미 잘 알려진 문제에서 해결 방안을 제시하고 미리 제약 조건을 설정하는 것입니다. 이와 반대로 기존에 제시한 방식이 적절하지 않을 때는 아키텍처 팀에서 이를 식별하고 새로운 해결책을 제시할 수 있어야 합니다. 새로운 해결책을 개발하고 이를 프로젝트 아키텍처에 통합하는 일은 매우 중요한 작업입니다. 따라서 가능한 한 빠른 시기에 문제를 식별하여 충분한 주의를 기울여야 합니다.

간혹 새로운 문제를 기존에 진행 중이던 작업에 포함시켜 처리하려는 경우가 있습니다. 하지만 이는 위험한 접근 방식입니다. 새로운 문제를 다룰 때는 그 과정에서 발생할 수 있는 불확실성을 염두에 두고 신중하게 접근해야 합니다. 따라서 새로운 문제를 다루려면 별도의 프로토타입 개발과 연구가 필요하며,

이에 필요한 전담 인력과 시간을 따로 배정해야 합니다. 비록 초기에는 많은 인내심과 투자가 필요하겠지만, 새로운 문제를 처리하는 과정이 프로젝트 전반에 걸쳐 일관적이고 성공적으로 적용된다면 충분히 보상받을 수 있을 것입니다.

어떤 경우에는 마치 다리 건설에 강철이 도입된 것처럼 우리 선택지가 변화하기도 합니다. 이때는 새로운 접근 방식을 채택할 필요가 있는지 주의 깊게 살펴보아야 합니다. 다만 아키텍처 팀은 이 경우에도 무분별하게 새로운 기술을 도입하거나 실험하는 것을 경계해야 합니다. 이는 시스템의 일관성을 해칠 수 있기 때문입니다.

여기에서 말하는 핵심은 모든 실험을 억제해야 한다는 것이 아닙니다. 어느 정도의 실험은 더 나은 방법을 찾는 데 도움이 되기 때문에 반드시 필요합니다. 또 뛰어난 인재들이 흥미를 잃지 않고 지속적으로 참여하게 하는 중요한 요소가 될 수도 있습니다. 따라서 여기에서 말하는 핵심은 억제하지 말고 적절하게 실험을 관리해야 한다는 것입니다.

이를 위해 새로운 아이디어를 실험할 수 있는 별도의 공간을 마련하여 기존 제품 개발 프로세스와 분리하는 것이 좋습니다. 이 방식은 첫째 새로운 아이디어에 대한 투자와 기존 프로젝트의 개발 비용을 명확히 구분할 수 있다는 장점이 있습니다. 둘째 실험을 특정 마감 기한에 맞출 필요가 없기 때문에 더 자유롭게 진행할 수 있습니다. 마지막으로 실험이 실패하더라도 제품 출시 계획에 영향을 미치지 않습니다. 특히 마지막이 중요한 이유는 아무리 실험을 잘 진행하더라도 어느 정도의 실패는 불가피하기 때문입니다. 실험의 성공 여부가 기존 제품 개발 프로세스에 영향을 미치면 배포 일정에 차질이 생기고, 실패를 인정할 여지가 줄어들어 실험을 제대로 하지 못합니다.

API 요청의 동시성 처리를 다시 생각해 보면, 이벤트 기반 방식과 멀티스레딩 방식 모두 그 자체로 어느 하나가 더 우수하다고 할 수는 없습니다. 다만 하이브리드 접근 방식이 각각의 접근 방식보다 더 좋을 수는 있습니다. 이벤트 기반 방식은 각 스레드가 수행할 수 있는 작업을 최대화할 수 있고, 멀티스레딩 방식은 단일 스레드의 한계를 극복할 때 필요하기 때문입니다.

따라서 **확장 가능한 동시성 아키텍처**[1]를 목표로 하는 시스템에서는 두 접근 방식을 결합하여 사용하는 것이 합리적입니다. 즉, 이러한 시스템 아키텍처에서는 API를 구현할 때 이벤트 기반과 멀티스레딩 방식을 모두 적용해야 하기 때문에 어느 한 가지 방식만 사용하는 것은 적절하지 않습니다.

다만 이는 복잡해질 수 있으므로 모든 상황에서 올바른 선택이라고 할 수 없습니다. 어떤 시스템에서는 추가적인 복잡성을 감수할 만큼 확장성 요구가 없을 수도 있습니다. 또 사용 중인 프로그래밍 언어나 프레임워크, 기타 요인 때문에 한 가지 방식만 사용해야 한다는 제약이 있을 수도 있습니다. 그럼에도 이러한 내용은 아키텍처 팀에서 반드시 고려해야 하는 사안이며, 주어진 선택지를 면밀히 파악해야 한다는 점을 보여 주는 좋은 사례입니다. 또 아키텍처가 다루어야 할 설계상 이슈를 명확히 보여 주는 사례이기도 합니다.

5.3 분해

단순한 설계가 아니라면 설계 작업 대부분에서 처음으로 해야 할 일은 문제를 분해하는 것입니다. 즉, 크고 복잡한 문제는 작은 문제로 나누어 처리해야 합니다. 비록 나눈 부분에 추가적인 작업이 필요하더라도 문제를 적절하게 분해하면 크고 복잡한 문제를 작고 관리가 쉬운 문제로 바꿀 수 있습니다. 이렇게 문제를 분해하는 과정을 반복하면 결국은 해결할 수 있는 작은 문제에 도달합니다.

비록 분해라는 용어를 명시적으로 사용하지는 않았으나, 우리는 사실 이 책 초반부터 분해 과정을 적용해 왔습니다. 아키텍처를 설명하는 것도 복잡하고 큰 문제이기 때문에 이를 구성 요소와 이들 간의 관계, 환경 등으로 나누어 설명했

---

1 역주 여러 요청을 동시에 처리하면서도 성능을 유지하고자 시스템 자원을 확장할 수 있는 아키텍처입니다.

습니다. 즉, 구성 요소, 관계, 환경 같은 것들이 소프트웨어 아키텍처를 더 작은 문제로 분해한 것입니다.

시스템 변경 프로세스도 여러 단계로 나누어 설명했습니다. 현 시스템 상태를 문서화하고, 비전에 맞추어 조정하고, 변경 제안서를 만들고, 상세 설계를 진행하는 단계로 나누었습니다. 시스템 변경 작업을 한꺼번에 수행하는 것은 매우 어렵기 때문에 각 과정을 개별 단계로 분리한 것입니다. 그리고 단계마다 해결해야 하는 과제가 있습니다. 예를 들어 시스템의 현 상태를 문서화하려면 많은 정보를 수집하고 기술해야 합니다. 다시 한 번 말하지만, 복잡한 것을 작은 단위로 분해하는 것은 복잡성을 관리하는 기본적인 방법입니다.

설계 프로세스에 이러한 분해 기법을 적용하는 일은 특별한 것이 아닙니다. 가끔은 분해 기법을 사용할 때 추가적인 과제에 직면하기도 합니다. 예를 들어 이미 있는 시스템 아키텍처는 시스템 구성 요소와 관계, 환경 등을 어떻게 분해해야 하는지 대부분 정해 놓았습니다. 하지만 새로운 시스템을 설계하거나 기존 아키텍처를 대규모로 변경할 때는 이에 적합한 분해 방식을 선택해야 하는 과제가 추가로 생깁니다. 이 경우 아키텍트는 기존 시스템의 분해 방식에 의존할 수 없습니다. 대신에 올바른 분해 방법이 무엇인지 알고, 이 기준에 따라 가능한 몇 가지 분해 방식을 제안하고 평가할 수 있어야 합니다.

일반적으로 분해 작업은 단순함을 추구해야 합니다. 문제를 한 번에 해결하기 어려워서 분해를 적용하는 것이며, 문제를 더 다루기 쉽게 하려고 나누는 것입니다. 하지만 분해된 조각들의 역할과 상호 관계를 제대로 파악할 수 없다면 상황이 나아지기는커녕 오히려 더 복잡해질 수 있습니다.

따라서 잘 분해하려면 문제를 적당한 개수의 하위 요소로 나누어 단순화해야 합니다. 하위 요소 개수가 너무 적으면 분해하는 이점이 없어 결국 다시 각 부분을 분해하고 설계해야 하는 상황에 직면합니다. 반대로 하위 요소 개수가 너무 많으면 각 하위 요소 간 관계를 관리해야 하는 또 다른 문제가 발생합니다.

또 잘 분해하려면 **세부 사항을 추상화**[2]할 수 있도록 각 하위 요소를 정의해야 합니다. 이는 분해가 효과적으로 작용하는 핵심 원리이기도 합니다. 즉, 적절한 추상화로 큰 문제를 작은 하위 문제로 나누고, 각각을 독립적으로 해결할 수 있어야 합니다. 각 하위 요소가 충분히 세분화되지 못하면 이러한 목표를 달성할 수 없습니다. 따라서 문제를 나눌 때는 각 하위 요소가 적절히 격리될 수 있도록 분리하면 좋습니다.

> **Note ≡ 분해와 추상화 예**
>
> 온라인 쇼핑몰 시스템을 구축하려고 할 때 사용자 관리, 상품 관리, 주문 처리, 결제 처리로 각각 분해하여 독립적으로 개발하는 예시를 생각해 보겠습니다. 여기에는 각각 나눈 내용에 대한 적절한 추상화가 필요합니다. 예를 들어 결제와 관련해서 첫 분해 단계에서는 '결제 처리'라는 핵심만 정의하고, 세부적인 내용(예 카드 결제 API, 은행 송금 등)은 다음 분해 단계로 넘깁니다.
>
> **추상화가 없을 때 문제:** 적절한 추상화 없이 모든 세부 사항을 포함해서 설계한다면 각 모듈이 서로 복잡하게 얽히고 재사용하기 어려운 코드를 작성하게 될 것입니다. 예를 들어 주문 처리 모듈과 특정 카드사의 API를 사용하고 있는 결제 모듈 코드가 복잡하게 얽혀 추후에 다른 결제 방식으로 변경하기 어려운 경우가 있습니다.
>
> **추상화로 얻는 이점:** 분해 단계별로 알맞게 추상화되면 하위 요소들을 적절히 격리하여 독립적으로 개발할 수 있습니다. 예를 들어 주문 처리 모듈이 같은 분해 단계에 있는 '결제 처리' 인터페이스만 이용하도록 하면 그 안에 어떤 카드사 API를 쓰고 있는지 같은 세부적인 내용은 알 필요가 없습니다. 이것으로 추후에 결제 모듈에서 다른 결제 서비스로 교체하더라도 주문 처리 모듈의 코드는 영향을 받지 않습니다.

소프트웨어 설계는 매력적인 작업입니다. 명확한 정답이 없기 때문입니다. 예를 들어 모든 문제를 여섯 개로 나누어야 한다 같은 정답은 없습니다. 물론 6이라는 숫자는 분해 작업에서 그리 나쁜 숫자는 아닙니다. 문제를 적당히 나누면서도 부담스럽게 많지는 않기 때문입니다. 다만 모든 분해 작업에서 이 숫자가 항상 적합하다고는 할 수 없습니다.

---

2 역주 세부적인 내용은 추려 내고 핵심적인 부분만 드러나도록 하는 것을 의미합니다.

5.4 조합

분해만으로는 제대로 동작하는 시스템을 구축할 수 없습니다. 문제를 여러 부분으로 분해해서 하나씩 해결할 수는 있지만, 그 부분들을 다시 조합하지 않으면 시스템은 제대로 작동하지 않습니다. 즉, 설계를 완성하려면 나눈 조각들을 하나로 통합하여 일관된 모습으로 다시 구성해야 합니다.

어떻게 보면 이는 당연한 것입니다. 그 어떤 과정에서도 다시 조합할 수 없는 분해는 의미가 없습니다. 따라서 문제를 분해할 때는 각 조각이 어떻게 다시 모여 하나의 해결책을 이룰지 미리 염두에 두어야 합니다. 기본적으로 분해와 조합은 동전의 양면과 같기 때문입니다.

비록 분해와 조합이 동전의 양면과 같더라도 조합하는 과정에는 그 나름대로 독자적인 어려움이 있습니다. 당연한 말이지만 조합에서도 단순함과 효율성이 가장 중요합니다. 조각들을 다시 결합하는 과정이 어렵다면 이는 결국 복잡한 해결책을 만든 셈인 것입니다. 결국 이렇게 복잡한 해결책은 조합만 어렵게 하는 것이 아니라 시스템의 올바른 실행과 유지 보수도 어렵게 합니다. 따라서 분해된 각 하위 요소 간 관계는 최대한 직관적이고 단순하게 만들어야 합니다.

또 잘못된 분해는 비효율적인 상호 작용을 초래하기도 합니다. 예를 들어 로직 컴포넌트(특정 프로세스를 실행하는 요소)와 데이터 컴포넌트(기록이나 콘텐츠를 저장하는 요소)를 분리하고 개별 데이터 단위로 상호 작용하도록 구성하는 경우가 있습니다. 이는 단순한 상황에서는 별문제가 없지만, 로직 컴포넌트가 대규모로 여러 데이터를 처리해야 할 때는 비효율적입니다. 대안으로 두 컴포넌트를 개별 데이터 단위로 연결하지 않고 배치(batch)나 스트림(stream)을 기반으로 좀 더 효율적으로 연결하는 방법이 있습니다.

> **Note ≡ 로직 컴포넌트와 데이터 컴포넌트 간 관계 예**
>
> **비효율적인 방식**(개별 데이터 단위로 처리하는 방식)
>
> 전자상거래 시스템에서 주문 처리 컴포넌트가 로직 컴포넌트고, 주문 데이터베이스가 데이터 컴포넌트라고 할 때 이 시스템에서 고객이 주문하면 주문 처리 컴포넌트는 매번 개별 주문 데이터를 데이터베이스에서 읽어 와 처리합니다.
>
> 이 경우 하루에 주문 1,000건이 발생한다면 로직 컴포넌트는 데이터베이스와 상호 작용을 1,000번 해야 합니다. 즉, 매번 데이터베이스에서 주문 정보를 읽고 업데이트하는 과정에서 상대적으로 시간과 자원을 많이 소요합니다.
>
> **효율적인 방식**(배치 처리)
>
> 대안으로 로직 컴포넌트와 데이터 컴포넌트 간 상호 작용을 배치 방식으로 변경할 수 있습니다. 배치 처리 예로는 주문 처리 컴포넌트가 한 번에 여러 주문(예 100건)을 데이터베이스에서 가져와 한꺼번에 처리하는 방식이 있습니다. 즉, 주문 1,000건이 있을 때 한 건씩 1,000번 읽는 대신 100건씩 나누어 열 번만 데이터베이스와 상호 작용하는 것입니다. 이렇게 하면 데이터베이스와 상호 작용하는 횟수가 크게 줄어들어 좀 더 효율적으로 구성할 수 있습니다.

이 예시는 분해된 요소를 **하나의 해결책으로 조합하는 것**[3]은 각 요소의 연결 부위 접점에 크게 의존한다는 것을 보여 줍니다. 어떤 문제를 두 요소로 나누어 각기 다른 서비스로 만들면 두 요소에 대한 프로세스 경계나 서버 간 경계도 만들어야 합니다. 이 경우 두 요소를 잇는 통신 방법이 필요하며, 상대적으로 어느 정도의 지연이 허용되는지 판단해야 합니다. 두 요소 간 통신이 너무 느리다고 판단되면 두 요소를 서비스 단위가 아니라 같은 서비스 내 라이브러리나 클래스 단위로 분해하는 것을 고려해야 합니다. 그러면 각 요소 간 통신 시간을 크게 줄일 수 있습니다.

표준화 작업을 이용하면 더 쉽게 조합할 수도 있습니다. 시스템이 수많은 구성 요소로 되어 있다면 함수 호출이나 네트워크 요청, 메시지 전달 등으로 각 요소를 연결하는 데 시간과 노력이 많이 듭니다. 시스템 내에서 다양한 통신 메커니

---

3 역주 예를 들어 주문 처리 컴포넌트와 주문 데이터 컴포넌트의 조합으로 주문 처리 작업을 하는 것입니다.

즘을 사용할 때는 각 메커니즘 간 변환을 위해 더 많은 시간과 노력이 들 수 있습니다. 따라서 필요한 만큼 최소한으로 통신 메커니즘을 표준화하면 각 구성 요소 설계에 이를 반영하여 통신 변환 과정에서 발생하는 비효율을 줄이거나 없앨 수 있습니다.

5.5 조합과 플랫폼

어떤 문제를 해결하려고 특정 기능을 설계할 때는 분해와 조합 방법을 적용하기도 합니다. 이때 분해와 조합 방식을 잘 설계하면 미래에 예상치 못했던 새로운 문제도 좀 더 쉽게 대처할 수 있는 기반을 마련할 수 있습니다.

이 내용은 코드 라이브러리 같은 재사용 개념과 직관적으로 연결됩니다. 문제를 개별 요소로 나누어 처리하면 나중에 그 개별 요소를 다른 목적으로 사용할 수 있을지 고민할 여지가 생깁니다. 예를 들어 개별 요소의 인터페이스를 약간 확장하거나 일반화하는 것만으로도 향후 다른 곳에 적용할 수 있는 범위를 크게 넓힐 수 있습니다.

설계 과정에서 동일한 문제가 반복되는지 살펴볼 수도 있습니다. 예를 들어 시스템의 서로 다른 부분에 동일한 텍스트 처리 작업이 필요할 때가 있습니다. 특히 다국어 지원 같은 요구 사항이 있을 때 언어별로 정확히 기능이 같지 않더라도 많은 부분이 겹칠 가능성이 큽니다. 이 경우 시스템 여러 부분에 활용할 수 있는 공통 요소 개발을 고려할 만합니다.

논의 대부분은 우리가 단일 애플리케이션이나 애플리케이션 제품군을 구축하고 있다는 전제를 바탕으로 합니다. 여기에는 애플리케이션을 여러 요소가 미리 조합된 시스템으로 보는 관점이 있습니다. 이 관점에서 볼 때 애플리케이션과 플랫폼의 차이는 시스템 구성 요소의 조합을 누구에게 맡기는가에 있습니다. 즉, 애플리케이션은 시스템 구성 요소의 조합을 개발자에게 맡기는 반면, 플랫폼은 플랫폼을 사용하는 사용자나 다른 개발자에게 맡깁니다. 따라서 플랫폼은 역시 분해로 세분화한 구성 요소로 설계하지만, 플랫폼 설계자의 예상과 다른 방식으로 구성 요소를 조합하기도 합니다.

> **Note ≡ 플랫폼 예**
>
> 쇼피파이(Shopify)는 전자상거래 플랫폼으로 사용자가 상품 페이지, 결제 시스템, 테마 등 구성 요소를 원하는 방식으로 조합하여 자신만의 온라인 스토어를 구축할 수 있는 기능을 제공합니다. 하지만 일부 사용자는 플랫폼이 의도한 방식이 아닌 독창적인 방법으로 기능을 조합하여 활용합니다. 예를 들어 상품 옵션을 시간 슬롯으로 변형하거나 서드파티 앱을 조합하여 온라인 쇼핑몰을 레스토랑이나 미용실 예약 시스템으로 사용하기도 합니다. 이처럼 사용자들은 플랫폼 설계자가 예상치 못한 방식으로 플랫폼 기능을 변경하거나 조합합니다.

플랫폼은 조합할 수 있는 경우의 수가 너무 많아 설계자가 모든 조합을 미리 알기 어렵습니다. 하지만 성공적인 플랫폼은 표준화된 조합 방식을 더욱 강조함으로써 이 문제를 해결할 수 있습니다. 즉, 플랫폼은 구성 요소가 서로 제대로 맞물릴 수 있도록 일종의 제약 조건으로서 표준화된 조합 방식을 제시해야 합니다. 하지만 동시에 유연성도 제공할 수 있어야 합니다. 그렇지 않으면 새롭고 창의적인 조합을 할 수 없기 때문입니다. 따라서 플랫폼 설계의 상당 부분은 어떻게 다양한 조합이 가능하도록 인터페이스를 만들지에 초점을 맞춥니다.

5.6 점진적 접근

설계 프로세스는 트리 순회(tree traversal)와 유사하게 생각할 수 있습니다. 즉, 트리의 각 노드는 더 작은 하위 문제로 분해될 수 있는 문제를 나타내며, 설계 프로세스는 이 하위 노드들을 차례대로 처리하는 것입니다. 리프 노드(leaf node)는 더 이상 분해되지 않는 노드로 우리가 직접 해결할 수 있는 작은 문제들을 의미합니다. 설계 프로세스에서도 너비 우선 탐색(breadth-first)이나 깊이 우선 탐색(depth-first) 같은 트리 순회 방식 중 한 가지를 선택하여 진행할 수 있으며, 어떤 방식이든 모든 노드를 처리해야 비로소 전체 과정을 완료할 수 있습니다.

물론 트리 순회 같은 선형적 접근 방식은 소프트웨어 개발 속도를 매우 느리게 합니다. 이 방식은 개발자 한 명이 소규모 프로젝트를 진행하는 경우에나 적합할 것입니다. 대부분의 제품 개발 프로젝트는 더 빠르게 진행해야 하며, 프로젝트 중간 단계에서도 결과물을 제공해야 하는 경우가 있습니다.

이러한 중간 결과물은 점진적인 작업으로 얻을 수 있습니다. 이는 시스템을 다시 작동할 수 있는 형태로 조합하기 전에 모든 문제를 한꺼번에 해결하는 것이 아니라, 일부 문제만 분해하고 점진적으로 해결한다는 개념을 바탕으로 합니다. 점진적으로 설계를 개선해 나가면 필요시 트리의 특정 노드로 다시 돌아가 해당 부분의 설계를 더욱 최적화할 수 있습니다.

점진적 설계는 여러 측면에서 유용합니다. 첫째, 조바심을 해소할 수 있습니다. 오랫동안 결과물이 나오지 않으면 흥미를 잃거나 동기 부여가 떨어집니다. 이러한 이유로 필자도 개인 프로젝트를 진행할 때 점진적이고 반복적인 설계 방식을 주로 사용합니다. 각 단계의 작업이 구체화되는 모습을 보면 만족스럽고 다음 단계로 나아갈 동기가 생기기 때문입니다.

둘째, 점진적 접근 방식은 목표 지점이 불명확하거나 확실하지 않을 때 유용합니다. 해결해야 할 문제 중 일부는 알고 있지만 전체를 파악하지 못할 수도 있고, 모든 문제를 알고 있어도 아직 모두 해결할 수 없는 상황일 수도 있습니다. 따라서 먼저 이해하고 있는 부분을 따로 분리해서 해결하는 것이 좋습니다. 그 결과를 바탕으로 얻은 피드백을 이후 작업에 활용할 수도 있습니다.

점진적으로 작업할 때 흥미로운 점 중 하나는 다음 단계의 작업이 전혀 필요하지 않다는 사실을 발견할 수도 있다는 것입니다. 처음에는 논리적으로 다음 단계가 반드시 포함되어야 하는 것처럼 보여도 실제로 초기 단계를 처리하기 시작하면서 기존 요소만으로도 충분하다는 것을 알게 되기도 합니다. 그 결과 다음 단계를 위해 더 이상 노력하지 않아도 된다는 결론에 이르기도 합니다.

이러한 점을 활용하면 작업 범위에 대한 논쟁을 피할 수도 있습니다. 예를 들어 팀원 중 일부는 모든 구현 작업이 필요하다 생각하고, 다른 팀원은 최소한의 접근 방식만으로 충분하다 생각하는 경우가 있습니다. 이 상황에서는 추상적인 범위를 논쟁하기보다 모든 팀원이 점진적인 작업 계획에 동의하게 하는 것이 좋습니다. 각 단계가 완료될 때마다 결과를 다시 검토하고 논의하면 모든 팀원이 더 쉽게 공통된 합의점을 찾을 수 있을 것입니다.

5.7 병렬 처리

점진적 접근은 작업의 시간적 흐름에 관한 것이며, 병렬 처리는 작업의 분배에 관한 것입니다. 가끔 하는 개인 프로젝트를 제외하면, 대부분의 시스템은 팀 단위로 개발됩니다. 이때 팀원들이 각자 독립적으로 작업할 수 있으면 전체 작업의 효율성이 더욱 높아집니다.

다행히도 병렬 처리와 분해는 밀접한 연관이 있습니다.[4] 적절한 분해로 각각의 하위 요소가 잘 정의되어 있으면 개별 작업을 팀원에게 나누어서 처리하기 쉽습니다. 즉, 문제를 얼마나 잘 분해했는지에 따라 병렬 처리의 효율성이 다릅니다. 하위 요소가 서로 독립적이고 각각의 인터페이스가 명확할수록 더욱 효과적으로 병렬 처리를 할 수 있습니다.

일반적으로 병렬 처리는 시스템 분해의 상위 계층에 더 쉽게 적용할 수 있습니

---

[4] 〈On the Criteria to Be Used in Decomposing Systems into Modules〉(Communications of the ACM, 1972)

다. 예를 들어 클라우드 기반 제품은 분해 첫 단계에서 웹 애플리케이션과 서비스 요소로 명확히 분리할 수 있으므로 각 부분을 별도의 팀에 할당할 수 있습니다. 이렇게 시스템 분해의 상위 계층에 병렬 처리를 적용하면 서로 다른 기술이나 전문 지식이 있어야 하는 하위 요소에 맞게 팀을 조직할 수 있다는 장점이 있습니다.

다만 병렬 처리 작업이 의미 있으려면 각각 독립적으로 처리되는 작업 효율성이 요소 간 인터페이스를 관리하는 비용보다 더 큰 가치를 가져야 합니다. 분해 계층이 애플리케이션이나 서비스 수준에서 클래스나 메서드 수준에 다다를수록 병렬 처리의 가치는 점점 더 줄어듭니다. 따라서 개별 클래스 수준에서는 분해된 요소에 병렬 처리를 적용하는 것이 큰 의미가 없을 때가 많습니다.

흥미롭게도 병렬 작업을 하는 데 필요한 커뮤니케이션과 조정 과정의 수준에 따라 적절하게 분해 작업이 되었는지를 판단할 수 있습니다. 예를 들어 제품을 A, B, C 세 가지 서비스로 나누어 구현하고, 각 서비스에 팀을 하나씩 할당했다고 가정해 봅시다. A 팀과 C 팀 간에 별다른 조정이 필요하지 않고 A 팀과 B 팀도 마찬가지라면, 이는 시스템 분해 작업이 잘되었다는 긍정적인 신호가 됩니다. 즉, 서비스 간 인터페이스가 명확하게 정의되어 있고 팀들이 최소한의 비용으로 병렬 작업을 진행할 수 있다는 의미가 되는 것입니다.

반면에 B 팀과 C 팀은 끊임없이 커뮤니케이션하고 있을 수도 있습니다. 두 팀이 수많은 문제를 해결하려고 매일 회의를 하고 두 서비스 간 인터페이스가 매일 바뀐다면 이는 B 팀과 C 팀 간에 제대로 분해되지 않았다는 명확한 신호가 됩니다. 즉, 설계 문서에서는 드러나지 않았던 문제들이 팀 행동으로 명확하게 나타난 것입니다. 따라서 이러한 정보는 설계를 다시 검토하는 데 반드시 활용해야 합니다.

5.8 조직 구조

소프트웨어 업계에서는 콘웨이의 법칙(Conway's law)[5]이 잘 알려져 있습니다. 이 법칙은 다음과 같습니다.

> 시스템을 설계하는 조직은 그 조직의 커뮤니케이션 구조를 반영한 설계를 만들어 낼 수밖에 없습니다.

일반적으로 이 내용은 조직 구조가 소프트웨어 설계에 영향을 미친다는 것으로 이해됩니다. 전형적인 예를 들면 시스템이 요소 n개로 분해된 이유는 조직이 팀 n개로 구성되어 있었고 각 팀이 담당할 작업이 필요했기 때문이라는 설명입니다.

이 법칙이 맞는 말이기는 하지만, 사실 콘웨이 본인은 오히려 해당 법칙을 **설계 조직을 구성하는 기준**으로 보았습니다. 이러한 관점에서 보면 콘웨이 법칙은 잘못된 설계에 대한 변명이 아니라 조직 구성을 위한 유용한 도구로 바뀝니다. 시스템 구성 요소 간 **결합도**[6]를 줄이고 독립적으로 재사용할 수 있도록 하고 싶은가요? 그러면 각 요소를 서로 다른 팀에 할당하면 됩니다. 특히 두 팀이 협력할 일이 거의 없도록 구성하면 더욱 효과적입니다.

반대로 어떤 설계에서는 구현하기 어렵고 복잡하지만 일관된 인터페이스와 동작이 필요한 요소가 있는 경우가 있습니다. 이러한 요소는 더 세분화하여 작업을 나누고 싶겠지만, 그렇게 하면 결과물의 일관성이 떨어질 가능성이 높습니다. 따라서 이 경우에는 해당 팀의 인원을 보충하거나, 작업 기간을 늘리거나, 아니면 두 가지를 모두 적용하는 것이 더 바람직합니다.

---

[5] Conway, Melvin, "How Do Committees Invent?" Datamation(1968)
[6] 역주 시스템 구성 요소들이 서로 얼마나 의존하는지 나타내는 개념입니다.

> **Note ≡ 일관성을 유지해야 하는 경우**
>
> 전자상거래 플랫폼에서 결제 시스템을 설계할 때 결제 시스템은 여러 결제 수단(신용 카드, 페이팔, 은행 송금 등)을 처리하고 보안, 규정 준수, 오류 처리 등 복잡한 요구 사항을 충족해야 합니다. 이를 위해 결제 시스템을 결제 인증, 보안, 결제 수단 처리, 오류 처리 등으로 세분화하여 여러 팀에 나누어서 맡기면 인터페이스 간 불일치나 처리 방식에 차이가 생길 수 있습니다.
>
> 이를 해결하려고 결제 시스템 전체를 하나의 팀에서 개발하도록 인원을 보충하거나 충분한 시간을 투입하면 복잡한 설계를 좀 더 일관성 있게 유지할 수 있습니다.

즉, 여기에서 말하는 핵심은 조직 구조를 도구로 활용하는 것입니다. 따라서 분해 작업과 소프트웨어 설계 과정을 거쳐 제품을 어떻게 구성해야 할지 먼저 결정한 뒤 그에 맞추어 조직을 구성하는 것이 좋습니다. 그러면 조직 구조가 그대로 반영된 시스템이 만들어질 것이며, 이는 바로 우리가 의도한 결과물이 될 것입니다.

5.9 개방적인 작업

설계 프로세스에서는 피드백이 반드시 필요하며, 피드백을 얻으려면 커뮤니케이션이 필요합니다. 보통 우리는 작업 내용을 공유하고, 서로 똑같이 이해했는지 확인하려고 피드백을 요청합니다. 사람마다 시스템을 보는 관점이 다르고 지식과 배경도 각기 다르기 때문에 여러 이해관계자와 지속적으로 소통하면 다양한 관점이 담긴 피드백을 받을 수 있습니다.

이렇게 계속 소통하다 보면 자연스럽게 설계를 더욱 깊게 이해할 수 있을 것입니다. 피드백을 듣고 설명이 부족하다는 점을 깨달으면 더 명확히 설명할 수 있는 방법을 고민하게 됩니다. 또는 아무런 피드백도 받지 못했다면 커뮤니케이션에 더 많은 투자가 필요함을 알 것입니다. 이해관계자와 성공적인 대화는 커뮤니케이션과 설계 방식을 변화시키는 계기가 됩니다. 따라서 이해관계자와 소통하는 일은 일찍 시작할수록 좋습니다.

이러한 이유로 우리는 개방적인 작업 방식을 지향해야 합니다. 여기에서 **개방적인 작업**이란 변경 제안서나 작업 내역을 기록한 기타 산출물을 가능한 많은 사람에게 공유하는 것을 의미합니다.

개방적인 작업을 하면 몇 가지 중요한 장점이 있습니다. 첫 번째는 프로세스 막바지에 이해하기 어렵거나 동의하지 않은 설계를 제시하여 이해관계자들을 놀라게 하는 상황을 방지할 수 있습니다. 완성된 결과물을 보여 주고 싶은 마음은 이해하지만, 우리에게는 훌륭한 성과처럼 보이더라도 이해관계자들은 이미 결정된 사항처럼 느낄 수 있습니다. 또 아무리 훌륭한 작업을 했더라도 이해관계자들은 참여할 기회를 놓쳤다는 것에 불만을 느낄 수도 있습니다.

가장 주목할 만한 피드백은 새로운 시각을 제시하는 질문이나 의견입니다. 완벽한 설계는 없으며, 모든 설계는 개선의 여지가 있습니다. 하지만 설계에 너무 밀착되어 있을 때, 특히 자신이 직접 설계한 경우에는 이러한 결함과 개선의 기회를 발견하기가 어렵습니다.

개방적인 작업이란 더 이른 시점에 작업을 공유하고 피드백을 받는 것을 의미합니다. 이때 목표는 모든 검토자에게 변경 사항을 전부 알리고, 모든 초안에 피드백을 받는 것이 아닙니다. 특히 프로젝트 결과에 크게 관여하지 않는 사람들에게는 작업이 어느 정도 완성된 뒤 공유해도 괜찮습니다.

개방적인 작업을 당연하게 진행하면 프로젝트의 특정 이슈나 전반적인 내용에 호기심을 가진 사람들이 언제든지 프로젝트에 참여할 수 있다고 깨쳐 자발적으로 참여하고자 할 수 있습니다. 또 이들은 새롭게 공개된 프로젝트 초안을 검토하는 데 기꺼이 시간을 투자할 것입니다. 이처럼 프로젝트 초기에 자발적으로 하는 검토는 아키텍트에게는 크나큰 선물과도 같습니다.

개방적인 작업의 장점 두 번째는 지금까지 개발한 것에 집착을 줄일 수 있다는 것입니다. 우리는 흔히 처음 선택한 방식에 집착하기 마련이지만, 첫 아이디어로 완벽한 해결책을 만들 만큼 재능이 있는 사람은 그리 많지 않습니다. 특히 처음 떠올린 아이디어에 오랫동안 고립된 채 작업할수록 더 이상 대안을 모색하지 않고 기존 아이디어에 **고착**될 위험이 큽니다.

체계적인 아키텍처 팀은 이러한 상황을 피하고자 프로세스 초기에 여러 개념적 접근 방식을 모색하려고 노력해야 합니다. 분명히 이러한 노력이 도움은 되지만, 결국 나중에는 여러 대안 중 하나를 선택해야 합니다. 이때 각각의 대안을 평가하고 질문하고 새로운 아이디어를 제시할 수 있는 사람들과 같이 토론하는 것보다 더 좋은 방법이 있을까요? 필자 경험상 설계는 여러 사람의 면밀한 검토를 거치면서 대부분 좋은 방향으로 개선되었습니다.

즉, 더 빨리 공유하고 피드백을 받을수록 첫 아이디어에 집착할 위험은 줄어들고 작업을 개선하는 데 필요한 피드백도 더 일찍 받을 수 있습니다. 또 설계가 완료될 즈음에는 이미 제안을 깊이 이해하고 있는 검토자 그룹을 확보할 수 있습니다.

물론 그렇다고 해서 모든 피드백이 옳다는 의미는 아닙니다. 각각의 의견은 공정하게 검토될 가치가 있지만, 실행에 옮기고 싶지 않은 의견이 있을 수도 있습니다. 실행에 옮기고 싶지 않은 정당한 이유가 있다면 괜찮습니다. 피드백을 받은 아이디어 중에는 나쁜 아이디어가 있을 수도 있기 때문입니다. 우리 목표는 검토자들을 만족시키는 것이 아니라 훌륭하게 설계하는 것입니다.

다만 개방적인 대화와 프로젝트에 대한 이해를 나누는 것도 우리 목표라는 점을 잊지 말아야 합니다. 이러한 관점에서 보면 모든 피드백은 유의미한 정보를 제공합니다. 혹시 잘못된 피드백이 우리가 전달한 내용을 오해했기 때문일까요? 잘못된 피드백은 검토자 문제일 수도 있지만, 동시에 우리가 충분하게 설명하지 않았다는 신호일 수도 있습니다. 이를 깨닫고 개선할 수 있다면 다음 검토자들이 겪을 수 있는 비슷한 문제를 미연에 방지할 수 있습니다.

어떤 피드백은 합리적인 대안을 제시하기도 하지만 이를 반드시 수용할 필요는 없습니다. 그러나 대화를 이어 가는 차원에서 이러한 의견에도 답변할 가치는 있습니다. 다만 방어적인 태도로 답변하고 싶은 유혹은 피해야 합니다. 피드백으로 받은 의견은 우리를 공격하거나 위협하는 것이 아니기 때문입니다. 단지 어떤 기준으로 그런 의견을 수용하지 않기로 했는지 간단히 설명할 수 있으면 충분합니다. 더불어 추후에 해당 의견을 어떻게 검토했는지 궁금해 할 사람들을 위해 검토 과정을 문서화하는 것이 좋습니다.

경험에 따르면 개방적인 작업 방식을 어려워하는 사람도 있었습니다. 아키텍트 역량이 오직 설계 품질에 달려 있다고 믿는다면 모든 피드백이 자신의 설계를 위협한다고 느낄 수 있습니다. 특히 아직 완성되지 않은 아이디어에 대한 초기 피드백은 더 부담스럽게 다가옵니다. 피드백받은 의견을 마치 비판처럼 느낄 것이고, 다른 사람이 자신의 **실수**를 발견하기 전에 먼저 고치는 것이 좋다고 생각할 수도 있습니다.

하지만 이러한 관점은 설계 과정을 대하는 올바른 접근 방식이 아닙니다. 아키텍처 설계 역시 다른 제품 개발과 마찬가지로 팀 노력이 필요합니다. 아키텍트 역할은 동료나 이해관계자 등 모든 자원을 최대한 활용하여 최적의 설계를 만드는 것입니다. 이러한 접근 방식은 필연적으로 다른 사람들의 통찰과 피드백을 반영해야 합니다. 특히 사려 깊은 비판은 설계를 더욱 견고하게 만들 수 있기 때문에 언제든 환영해야 합니다.

본인이나 다른 아키텍트가 작업을 공개하는 것을 어렵게 생각하고 있다면 자신과 작업을 동일시하면 안 된다는 점을 떠올려야 합니다. 대체로 사람들은 자신이 만든 것과 자신을 동일시하는 경향이 있어 작업물을 칭찬하거나 비판하는 것을 곧 자신에 대한 평가로 착각하고는 합니다. 개방적인 작업이 이러한 문제를 쉽게 해결해 주지는 않지만, 오히려 문제를 더 명확하게 드러냄으로써 이를 해결할 수 있는 실마리를 줍니다. 아무쪼록 자신과 작업을 분리하여 객관적으로 대할수록 우리 작업은 더 좋아진다는 점을 명심하길 바랍니다.

5.10 포기하기

모든 설계가 항상 성공적으로 완료되는 것은 아닙니다. 변경 제안서 조건에서 더 이상 설계를 진행할 수 없다면 해당 설계를 포기하고 작업을 이전 단계로 되돌려야 합니다. 그리고 설계 단계에서 얻은 교훈을 바탕으로 변경 제안서와 기각되었던 대안들을 다시 검토해야 합니다. 즉, 새롭게 얻은 정보를 감안하여 기존 결정을 재평가하고, 필요하다면 다른 경로를 선택해야 합니다.

앞서 언급했듯이, 사람들은 자신이 공들인 설계에 집착하기 때문에 포기하고 다시 시작하는 일은 쉽지 않습니다. 따라서 이전에 기각된 대안을 다시 검토할지를 두고 길고 지루한 논쟁이 일어날 수 있습니다. 이러한 논쟁은 프로젝트 일정 문제와 설계의 실현 가능성 같은 엔지니어링 문제를 혼동하게 합니다. 결국 문제 해결을 복잡하게 만들고 좋은 결과를 도출하기 어렵게 합니다.

이와 같은 논쟁의 수렁에 빠지지 않으려면 변경 제안 단계로 자동으로 돌아가는 규칙을 설정하는 것이 좋습니다. 예를 들어 예상되는 설계 납기가 몇 주 이상 늦어질 경우 반드시 이전 단계로 돌아가게 규정할 수 있습니다. 설계 작업을 멈추고 다시 개념적 접근 방안을 모색하는 단계로 관심을 돌려야 합니다. 새롭게 대안이 있는지 물어보는 것도 좋습니다. 그런 다음 방향을 전환할지, 아니면 원래 접근 방식을 다시 확고히 할지 결정하면 됩니다.

설계를 포기하는 것은 혼란을 일으키고 일정을 지연시킬 수 있습니다. 그러나 일정을 맞추려고 억지로 기존 설계를 밀어붙이려는 충동은 억제해야 합니다. 이러한 상황에서는 예측할 수 있는 짧은 지연을 감수하는 것이 나중에 문제를 악화시켜 일정이 더 늦어지는 상황을 초래하는 것보다 낫습니다. 아울러 변경 제안을 평가하고 선택하는 효율적인 프로세스가 이미 구축되어 있다면 당면한 상황을 재평가하는 데 긴 시간이 걸리지 않을 것입니다.

5.11 완료

설계가 완료되면 더 이상 변경하면 안 됩니다. 물론 이후에 제시된 변경 제안이 기존 설계를 대체할 수는 있습니다. 하지만 이러한 변경 제안은 이미 완료된 설계를 반영한 시스템 상태를 기준으로 평가해야 합니다.

어떤 변경 프로젝트든 새로운 변경 사항을 검토하고 승인하려면 다른 설계와 동일한 수준의 엄격한 기준을 적용해야 합니다. 이렇게 하는 이유는 까다로운 절차로 새로운 변경 제안을 억제하려고 하는 것이 아닙니다. 요점은 다른 설계에 적용했던 것과 동일한 수준의 엄격함을 새로운 변경에도 적용해야 한다는 것입니다. 이 과정이 복잡하거나 간소화될지는 각 프로젝트의 결정에 달려 있습니다.

아키텍트들은 종종 이러한 부분을 어려워합니다. 설계를 완료하고 구현 작업을 진행하는 동안 새로운 접근 방식이나 더 나은 아이디어가 떠오를 수 있기 때문입니다. 하지만 이렇게 반짝이는 아이디어를 제쳐 두고 이미 완료된 설계를 고수하기란 쉽지 않습니다. 그럼에도 완료된 설계를 마음대로 바꾸지 않을 수 있는 능력을 갖춘 팀은 정해진 일정에 맞추어 소프트웨어를 출시하는 데 더 뛰어날 것입니다. 절제된 방식으로 의사 결정을 내리고 이를 지킬 수 있는 능력은 팀의 성숙도를 보여 주는 중요한 지표가 되기도 합니다.

5.12 요약

설계는 변경 프로세스의 세 번째 단계로, 개념적 변경 제안의 세부 사항을 구체화하는 단계입니다. 간단한 변경은 바로 진행할 수 있지만, 아무리 단순한 변경이라도 아키텍트는 개방적인 작업을 거쳐 피드백을 구해야 합니다.

복잡한 변경 작업은 다음 그림에 제시된 설계 프로세스를 적용할 수 있습니다.

▼ 그림 5-1 설계 프로세스 경로

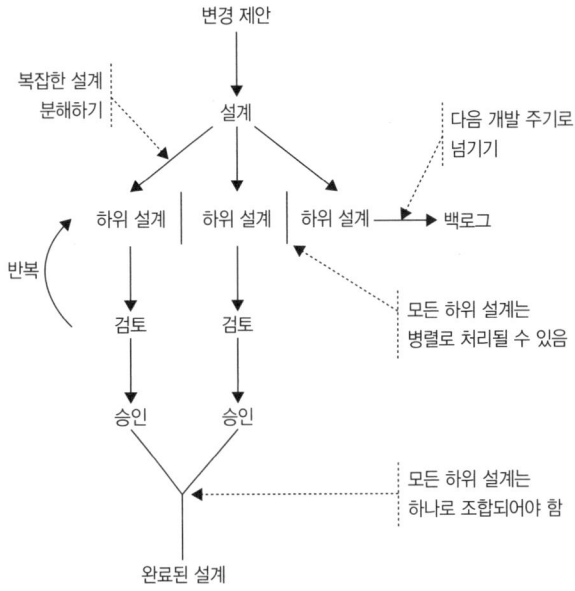

설계가 복잡하면 더 작은 문제로 분해해야 합니다. 이 과정은 반복적으로 수행되며, 설계는 전체적으로 트리 구조를 보입니다. 각 하위 설계는 독립적으로 관리할 수 있는 수준이 되도록 해야 합니다.

변경 작업 성격에 따라 하위 설계를 점진적으로 진행하며, 하나를 완료한 뒤 다음 단계로 넘어갑니다. 이러한 점진적 접근 방식은 진척 상황을 공유하고 조기에 피드백을 받을 수 있는 장점이 있습니다. 때로는 다음 단계가 불필요하거나 다음 개발 주기로 연기될 수도 있습니다. 연기된 항목은 다시 아키텍처 백로그로 돌아갑니다.

분해 작업을 할 수 있고 팀에 여력이 있다면 이러한 하위 설계 작업을 병렬로 진행할 수도 있습니다. 병렬 작업은 조직 구조에 맞추어야 하지만, 대부분 하위 설계 요소 간 결합도에 영향을 받습니다. 이에 대한 적절한 균형을 찾고자 설계나 조직을 변경하기도 합니다.

작업은 공개적으로 진행해야 하며, 팀원들은 조기에 자주 피드백을 받아야 합니다. 하위 설계를 완료하면 이들을 조합한 결과가 원래 설계 요구 사항을 충족하는지 검토해야 합니다. 이 검토를 완료하면 설계는 완료된 것으로 간주됩니다. 이후 변경 사항은 새로운 변경 제안으로 다루어야 하며, 프로세스 첫 단계로 돌아가 다시 시작해야 합니다.

프로세스로 모든 설계가 완성되는 것은 아닙니다. 어떤 설계는 더 이상 진행할 가치가 없다고 판단해서 중단될 수 있으며, 또 어떤 설계는 실현 불가능하다고 여겨 중단되기도 합니다. 효율적인 변경 프로세스는 모든 변경 제안을 완성하는 데 집중하기보다 문제가 될 수 있는 상황을 조기에 식별하는 데 초점을 맞추어야 합니다.

6장

의사 결정

6.1 추가 정보는 도움이 되는가?

6.2 그동안 어떤 일이 일어났는가?

6.3 얼마나 많은 의사 결정을 하고 있는가?

6.4 아무것도 하지 않을 경우 비용은 얼마인가?

6.5 변경을 수용할 수 있는가?

6.6 결정을 잘못 내렸을 때 비용은 얼마인가?

6.7 얼마나 더 확신할 수 있는가?

6.8 이 결정은 내 책임인가?

6.9 일관성이 있는가?

6.10 문서화할 수 있는가?

6.11 요약

소프트웨어 아키텍처 업무뿐만 아니라 제품 개발, 팀 운영, 변경 작업, 결함 수정 등 모든 활동에는 끊임없는 의사 결정이 필요합니다. 결국 소비자에게 제공하는 소프트웨어 제품은 우리가 내린 결정과 내리지 않은 결정이 쌓여 만들어집니다. 즉, 효과적인 소프트웨어 아키텍처를 위해서도 뛰어난 의사 결정 능력은 매우 중요합니다.

효과적이고 효율적으로 의사 결정을 하면 더 빠르고 나은 결과를 만들어 낼 수 있습니다. 따라서 모든 의사 결정을 임기응변으로 하는 대신 구조적이고 반복할 수 있는 프로세스를 마련하는 것이 좋습니다. 이것으로 의사 결정 능력을 발전시킬 수 있으며, 예측 가능성과 신속성을 높여 잘못된 결과를 초래하거나 재검토해야 하는 의사 결정을 줄일 수 있습니다.

우리는 개별적인 의사 결정을 따질 때 보통 입력과 출력에 초점을 맞춥니다. 입력은 우리가 가진 사실이나 의견이며, 선택지를 평가할 때 고려할 수 있는 요소들을 의미합니다. 출력은 의사 결정으로 더 좋은 제품을 만들었는지, 제품 출시 일정을 더 앞당겼는지 같은 결과를 의미합니다. 이 관점에서 보면 모든 의사 결정은 각각 고유하다고 볼 수 있습니다.

하지만 다른 관점에서 보면 의사 결정마다 변하지 않는 공통점이 있습니다. 입력과 출력은 매번 다르지만, 모든 의사 결정에는 항상 입력과 출력이 있다는 것입니다. 또 모든 의사 결정에는 실제로 그 결정을 내리는 사람이 있으며, 이를 승인하고 기여하거나 보고받는 사람들이 있다는 점입니다. 이러한 과정은 보통 정해진 프로세스와 일정에 따라 진행됩니다.

의사 결정 프로세스를 다룰 때 엄격하고 체계적이며 문서화된 접근 방식을 갖춘 프레임워크를 적용하거나 만들고 싶은 유혹에 빠지기 쉽습니다. 이렇게 복잡하고 경직된 프로세스는 몇몇 광범위하고 중요한 의사 결정을 내릴 때는 유용하지만, 실제로 그런 의사 결정은 자주 일어나지 않습니다. 대부분의 의사 결정은 비교적 작은 규모이며, 각 결과보다는 그 의사 결정들이 축적되어 나타난 결과가 제품에 더 큰 영향을 미칩니다.

팀의 의사 결정 능력을 향상시키는 데 가장 어려운 부분은 팀원 모두가 매일 의사 결정을 수십 건 내리는 상황에서 어떻게 의사 결정 규모를 **축소**할 것인가 하는 점입니다. 수많은 작은 의사 결정을 처리할 때 문서화 작업과 변경 추적, 각종 회의와 알림 등이 필요한 엄격한 프로세스는 오히려 득보다는 실이 많으며 제대로 실행되지도 않습니다. 따라서 의사 결정이 되고 있다는 인식을 주면서 따라 하기 쉬운 지침으로 구성한 간소화된 의사 결정 프로세스가 필요합니다.

이 장 대부분은 이러한 지침을 제공하려고 고안된 일련의 질문들로 구성되어 있습니다. 팀과 팀원들은 크고 작은 의사 결정에서 다음 질문들을 빠르게 적용할 수 있습니다. 그리고 각 질문의 답변으로 의사 결정을 해야 하는 시점을 파악하고, 상대적으로 더 많은 시간과 주의가 필요한 의사 결정이 무엇인지 구별할 수 있을 것입니다.

6.1 추가 정보는 도움이 되는가?

좋은 의사 결정을 내리려면 합리적으로 충분한 정보가 필요합니다. 하지만 수많은 의사 결정 과정에서 관련이 없거나 영향이 없는 추가 정보를 찾느라 결정을 지나치게 미루는 경우가 많습니다. 따라서 의사 결정 과정에서 필요한 질문은 **모든 정보가 있는가?** 가 아니라 **충분한 정보가 있는가?** 여야 합니다.

의사 결정에 필요한 정보를 충분히 확보하려면 질문을 명확하게 제시하는 것이 좋습니다. 다만 여러 사람에게 정보를 수집했더라도 의사 결정과 관련된 정보를 전부 받았는지는 알기 어렵습니다. 어쩌면 이해관계자가 질문을 잘못 해석했을 수도 있고, 딱히 물어보지 않아 또는 관련 없는 내용이라고 생각해서 중요한 정보를 제공하지 않았을 수도 있습니다. 또는 단순히 생각나지 않아서 말하지 않았을 수도 있습니다.

이 경우 이해관계자들에게 추가로 제공할 정보가 있는지 물어보면 미처 말하지 못했던 정보를 알려 줄 수도 있습니다. 또는 아직 떠오르지 않았던 추가적인 정보를 이끌어 낼 수도 있습니다. 아울러 제안된 내용이 이번 결정에는 당장 유용하지 않더라도 항상 감사의 뜻을 전달하면 좋습니다. 부정적으로 반응하면 앞으로 도움이 될 만한 정보를 자발적으로 제공하려는 의지를 꺾을 수 있기 때문입니다.

필요한 정보를 모두 확보했는지 아직 확신이 서지 않을 때, 어떤 정보가 있으면 결정을 바꾸거나 더 확신을 가질 수 있는지 스스로에게 물어보는 것이 좋습니다. 그리고 그 정보를 이미 가지고 있는지, 아니면 추가로 찾아야 하는지도 확인해 보길 바랍니다.

그리고 멈추어야 합니다. 앞서 말한 부분에 대해 이해관계자들과 확인을 마쳤다면 이제는 결정을 내릴 차례입니다. 더 이상 명확한 목표 없이 정보를 모으는 것은 의미 있는 결과를 얻지 못할 가능성이 크기 때문입니다.

한 가지 예로, 시스템에서 서비스 A가 서비스 B에 **사용** 의존성을 가지고 있는 경우를 가정해 보겠습니다. 즉, 서비스 A가 작업을 수행하려고 서비스 B에 요청이나 메시지를 보내는 방식으로 의존하고 있습니다. 그런데 최근 이 의존성이 다음 문제가 있다는 것을 알았습니다.

- 서비스 A는 서비스 B에서 단 한 가지 오퍼레이션만 호출합니다. 이 오퍼레이션을 F()라고 합시다.
- F()를 서비스 B에서 유지하는 데는 비용이 많이 듭니다. 서비스 A 팀과 서비스 B 팀 간에는 협력이 필요하기 때문입니다.

이제 서비스 A의 서비스 B에 대한 사용 의존성을 제거하려고 F() 오퍼레이션을 서비스 B에서 서비스 A로 옮기는 변경 제안서를 제출했습니다. 그리고 이 제안을 실행할지 여부를 결정해야 하는 상황입니다.

하지만 앞서 제시된 내용만으로는 이러한 의사 결정을 내리는 데 필요한 정보가 부족합니다. 예를 들어 다음 추가 정보를 확인해야 합니다.

- 해당 변경 작업으로 서비스 A와 다른 서비스 간에 새로운 의존성을 만들 수 있는가? F()가 독립적인 오퍼레이션이라면 문제없겠지만, F() 자체적으로 의존하는 서비스가 있다면 상황은 다릅니다. 이 경우에는 F()가 어떤 서비스에 의존하는지, 서비스 A가 이미 해당 서비스를 사용하고 있는지에 따라 결정은 다를 수 있습니다.
- 이와 같은 의존성 추가 또는 제거가 시스템 아키텍처의 제약 사항과 일치하는지, 혹은 이를 위반하는지도 확인해야 합니다.

이외에 다른 정보도 수집할 수 있지만, 해당 의사 결정에서 중요한 정보는 아닙니다. 예를 들어 처음에 F()가 왜 서비스 B에 있었는지, 과거에 다른 용도로 사용한 적이 있는지, 앞으로 더 많은 서비스에서 사용할 가능성이 있는지, 혹은 향후 서비스 A가 서비스 B에 새로운 의존성을 가질 가능성이 있는지 등을 물어볼 수 있습니다. 하지만 이러한 질문들은 추가적인 정보를 제공할 뿐, 결정을 내리는 데는 도움이 되지 않습니다. 오히려 의사 결정과 관련 없는 추측성 정보가 논의를 복잡하게 만들 수 있습니다.

따라서 의사 결정을 내릴 때는 필요한 만큼의 정보만 수집하는 데 집중해야 합니다. 의사 결정에 필요한 정보를 충분히 확보하면 향후 결정이 번복되지 않을 것입니다. 그리고 정보를 과도하게 수집하지 않도록 주의하면 의사 결정 과정을 좀 더 원활하게 진행할 수 있을 것입니다.

6.2 그동안 어떤 일이 일어났는가?

의사 결정에는 시간이 걸립니다. 아주 오래 걸리지는 않더라도 즉각적으로 되지는 않습니다. 또 여러 이유로 결정을 미루고 싶을 때도 있습니다. 때로는 결정 자체가 중요해 보이지 않아 급하게 결정을 내릴 필요가 없다고 느낄 수도 있습니다. 또는 더 많은 정보가 필요해서, 혹은 여러 대안 중 하나를 선택하기가 어려워서 지연될 수도 있습니다.

그러는 동안에 현상 유지가 계속됩니다. 우리는 의사 결정자로서 이 점을 확실히 인식하고 이를 의사 결정을 할 때 반드시 고려해야 합니다. 현재 고민 중인 의사 결정이 개발이 진행되지 않는 시스템의 고립된 부분에만 영향을 미친다면, 시간을 충분히 가져도 괜찮을 것입니다. 결정을 고민하는 동안 상황이 의사 결정에 영향을 주지도 않을뿐더러 내려진 결정 때문에 시스템의 다른 부분이 영향을 받지도 않을 테니까요.

하지만 아직 F()를 서비스 B에서 서비스 A로 옮길지 결정하지 못했다고 가정해 봅시다. 게다가 여러 팀이 오퍼레이션 F()를 사용하는 시스템 변경 작업을 진행 중입니다. 현재 F()가 서비스 B에 있기 때문에 이 팀들은 서비스 B에 의존성을 추가하고 이를 통합하는 작업을 하고 있을 것입니다.

의사 결정의 시기적 적절성은 이러한 상황에 큰 영향을 미칩니다.

- F()를 서비스 B에서 서비스 A로 옮기기로 빠르게 결정하면 다른 작업에는 일부 영향을 주겠지만 결정을 빨리 내릴수록 그 영향은 줄어듭니다.
- F()를 옮기기로 결정하는 데 시간을 너무 많이 쓰면 부담이 추가로 늘어날 수 있습니다. 의사 결정을 내리는 동안 다른 팀들이 이미 서비스 B와의 통합 작업을 마쳤을 수 있기 때문입니다. 이제 F()를 옮기려면 이에 의존하는 서비스가 더 많아져 변경하는 데 비용이 늘어납니다.
- 변경 작업을 포기하기로 결정하면 다른 팀들은 그대로 서비스 B와의 통합 작업을 진행할 수 있으며, 이에 따른 추가적인 작업은 필요하지 않습니다. 하지만 서비스 A 팀과 서비스 B 팀은 계속 협력해야 하고 그 때문에 비용은 지속적으로 발생할 것입니다.

따라서 이러한 의사 결정을 할 때는 시스템이 끊임없이 변화하는 가운데 현재 결정을 고민하고 있다는 점을 알아야 합니다. 즉, 의사 결정이 다른 작업에 영향을 미치거나 영향을 받는다면 이러한 부분을 반드시 고려해야 합니다. 결정을 빠르게 내릴수록 변화하는 상황에 영향받을 가능성은 줄어들고, 그동안 예기치 않은 문제가 발생할 가능성도 낮아지기 때문입니다.

6.3 얼마나 많은 의사 결정을 하고 있는가?

의사 결정은 항상 단순한 형태로 나타나지 않습니다. 겉보기에는 하나의 결정처럼 보이더라도 사실은 여러 개로 나누어 처리해야 하는 경우도 있습니다. 예를 들어 현재 운영 중인 시스템에서 데이터 손실 결함이 발견된 경우를 생각해 보겠습니다. 이 결함을 어떻게 고쳐야 할지 의사 결정을 하는 것은 당연합니다. 하지만 어떻게 고칠지 결정하는 데는 시간이 걸릴 수 있으며, 그동안 데이터 손실 위험은 계속됩니다. 이러한 상황에서는 빠르게 기능을 비활성화하여 일시적으로 데이터 손실 위험을 차단하는 결정과 결함을 수정하여 영구적으로 문제를 해결하는 결정, 이렇게 두 가지로 나누어 개별로 의사 결정을 해야 합니다.

이와 반대로 결정 두 개처럼 보이는 것이 사실은 하나의 의사 결정일 수도 있습니다. 5장에서 다룬 예로 돌아가 보면, 두 서비스 팀이 각각 자신들의 데이터에 대해 텍스트 검색 기능을 추가하는 방안을 고민한다고 가정해 봅시다. 이는 각 팀이 개별적으로 내려야 할 두 가지 결정처럼 보일 수 있습니다. 그러나 이를 시스템 내 모든 데이터에 대한 텍스트 검색 지원이라는 하나의 의사 결정으로 바라보는 것이 더 나은 접근 방법일 수 있습니다. 이렇게 하나의 의사 결정으로 바라보면 두 서비스가 의존할 수 있는 새로운 아키텍처 구성 요소를 만들어 시스템 전반에 텍스트 검색 기능을 제공하는 방안을 고려할 수 있는 여지가 생깁니다.

여기에서 통합 검색 기능을 제공할지 여부와 그에 사용할 기술을 선택하는 것은 다시 두 가지 별개의 의사 결정이 됩니다. 통합 검색 기능을 도입하기로 결정하려면 최소한 실행할 수 있는 구현 방안이 있는지 확인해야 합니다. 하지만 방안이 여러 가지 있을 때 이를 선택하는 의사 결정까지 한꺼번에 하려고 하면 전체 의사 결정은 지연될 수 있습니다. 이렇게 의사 결정이 늦어지면 각 팀이 자체적으로 텍스트 검색을 구현해 버리는 것처럼 예기치 않은 상황에 직면할 수 있습니다.

아키텍트는 시스템 전체를 조망할 수 있습니다. 따라서 시스템 전체적으로 내려야 할 의사 결정 개수와 각 결정 간 의존성을 파악하는 데 유리한 위치에 있습니다. 그와 동시에 **전체적인 그림**을 보려는 경향이 있기 때문에 여러 의사 결정을 하나로 묶고 싶은 함정에 빠지기 쉽습니다. 효과적인 소프트웨어 아키텍처 팀은 이러한 함정을 피하고 개별적인 결정을 명확히 식별하여 처리해야 합니다. 또 각 의사 결정 개수와 범위를 명확하게 파악하고 일관성 있게 커뮤니케이션할 수 있어야 합니다.

6.4 아무것도 하지 않을 경우 비용은 얼마인가?

우리는 시스템 변경 사항을 평가할 때 현재 시스템을 그대로 유지할지 아니면 변경할지를 결정합니다. 변경 작업에 드는 비용은 일반적으로 다른 조건이 동일하다면 비교적 쉽게 예측할 수 있습니다. 반면에 현 상태를 유지하는 것은 종종 **비용이 들지 않는 것**처럼 보이기도 합니다. 하지만 아무것도 바꾸지 않는 것도 비용이 발생할 수 있습니다.

당연하게도 시스템 대부분은 비용이 지속적으로 발생합니다. 신규 투자를 하지 않는 시스템이더라도 유지 관리해야 하며, 보안 취약점이 생기면 대응해야 합니다. 아울러 클라우드 컴퓨팅 환경에서는 컴퓨팅, 네트워크, 스토리지 비용이 지속적으로 발생합니다.

앞선 예시 중 새로운 언어를 써 보고 싶다는 이유로 누군가가 작성한 특정 컴포넌트가 있었습니다. 이제 그 엔지니어는 떠났고, 현재 팀원들은 아무도 모르는 그 난해한 언어로 작성된 컴포넌트를 유지 보수해야 하는 상황에 놓였습니다. 대체로 그 컴포넌트는 아무 문제없이 작동하지만, 가끔 수정이나 업그레이드가 필요할 때가 있습니다. 그때마다 누군가가 이 난해한 언어를 배워서 코드를 확인하고 문제를 해결한 뒤 그 언어를 잊어버린다면, 해당 컴포넌트에 변경 작업이 있을 때마다 많은 비용이 발생할 것입니다.

이제 누군가가 그 컴포넌트를 팀에서 선호하는 프로그래밍 언어로 다시 작성하자고 제안했습니다. 컴포넌트를 새로운 언어로 다시 만드는 것은 비용이 한꺼번에 들기 때문에 비싸 보입니다. 반면에 기존 컴포넌트를 유지 보수하는 데 드는 비용은 조금씩 분산되어 발생하므로 파악하기가 어렵습니다. 사람들은 직관적으로 큰 일회성 지출을 피하려는 경향이 있습니다. 따라서 일회성 비용과 지속적인 비용을 비교하는 데 어려움을 겪습니다. 즉, 이러한 상황은 비용에 대한 직관이 제대로 작동하지 않는 일종의 사각지대가 됩니다.

지속적인 비용을 모두 합산하면 그 컴포넌트를 다시 만드는 것이 오히려 이득이라는 결론에 이를 수도 있습니다. 비록 초기 비용이 많이 들지만, 일단 완료하면 더 이상 큰 비용이 들지 않기 때문입니다. 물론 이후에도 해당 컴포넌트에서 문제가 발생할 수는 있지만, 팀원들이 익숙한 언어로 작성했기에 시스템의 다른 부분과 마찬가지로 쉽게 해결할 수 있을 것입니다. 이처럼 불필요한 언어를 제거하여 시스템이 단순해지면 더 많은 이점을 얻을 수 있습니다.

이 질문 요점은 변경 작업을 더 많이 해야 한다는 것이 아닙니다. 모든 변경 작업이 시스템의 유지 보수나 운영 비용을 줄여 주지는 않으며, 실제로 우리가 고려하는 대부분의 변경 작업이 지향하는 목표도 단순히 시스템 유지 보수나 운영 비용을 줄이는 것이 아닙니다. 여기에서 말하려는 점은 사람들이 흔히 즉각적인 비용에만 집중하고 지속적인 비용은 간과하는 경향이 있다는 것입니다. 즉, 지속적인 비용을 스스로 질문해 봄으로써 비용을 간과하지 않도록 하는 것이 중요합니다.

6.5 변경을 수용할 수 있는가?

우리는 종종 시스템을 변경할지 여부뿐만 아니라 어떤 변경 작업을 해야 할지도 결정해야 합니다. 이러한 결정은 주로 즉각적인 실행 속도와 **품질** 사이의 절충을 수반하는데, 여기에서 말하는 품질이란 제안된 변경의 여러 가지 특성을 주관적으로 평가한 것입니다. 예를 들어 시스템에 특별한 예외를 추가하는 변경은 일반적인 기능을 추가하는 변경에 비해 '품질이 낮다'고 판단할 수 있습니다.

어떤 변경 작업을 할지 결정할 때 품질은 낮지만 빠르게 실행할 수 있는 변경 작업을 먼저 하고, 품질 측면에서는 더 좋지만 비용이 많이 드는 변경 작업은 나중에 하기로 타협할 때가 많습니다. 하지만 이러한 식의 타협은 실제로 두 가지 작업을 각각 할 때보다 더 많은 작업량을 팀에 부담하는 것과 같습니다. 그 어떤 팀도 한 번만 하면 될 일을 **두 번씩 하고 싶어 하지는** 않을 것입니다.

물론 이러한 식의 타협은 단기적으로는 무언가를 빨리 완료(즉시 실행할 수 있는 부분)하고, 장기적으로는 품질이 높은 구현(느리지만 더 나은 부분)을 약속하는 경우가 많습니다. 이렇게 하면 이론적으로는 논쟁의 양쪽 모두를 만족시킬 수 있지만, 실제로는 그렇지 않습니다.

팀은 미래의 작업을 스스로 보장할 수 없기 때문입니다. 소프트웨어 제품 개발 팀은 늘 새로운 요구 사항을 받습니다. 새로운 기능 개발, 신기술 도입, 결함 수정, 최적화 등 끝없는 작업이 기다리고 있습니다. 나중을 기약한 고품질 고비용 작업은 항상 다른 작업들과 경쟁하며, 대부분은 이 다른 작업들이 더 중요해집니다. 특히 앞선 첫 번째 변경을 이미 완료한 뒤에는 더욱 그렇습니다.

그렇다고 해서 빠르지만 품질이 낮은 접근 방식을 무조건 선택하지 말라는 의미는 아닙니다. **이 변경을 수용할 각오가 필요하다**는 것입니다. 빠르지만 품질이 낮은 방식을 선택했다면 앞으로 그 결정을 다시 검토하는 일보다 더 중요한 일이 늘 생길 수 있다는 점을 받아들여야 합니다. 즉, 품질이 낮은 부분이 시스템에 영원히 그대로 남을 가능성이 크다는 점을 인지해야 합니다. 이러한 부분을 수용할 수 있다면 애초에 비용이 많이 드는 고품질 옵션은 필요하지도 않았을 것입니다.

아키텍처 팀은 이 질문을 특히 어렵게 느끼는 것 같습니다. 아마도 품질 높은 작업을 지향하려는 아키텍트들이 비용이 더 들더라도 더욱 좋은 선택지를 선호하기 때문일 것입니다. 높은 품질의 작업은 우아하고 혁신적이며 더 큰 자부심을 줍니다. 이러한 이유로 아키텍트들은 비용이 많이 드는 옵션을 고수하고, 저렴하지만 덜 바람직한 접근 방식은 꺼립니다. 그래서 리더들은 지키기 어려운 약속인 줄 알면서도 나중에 상황을 다시 검토해 보자고 하면서 **아키텍트들을 달래기도** 합니다.

이러한 상황을 피하려면 아키텍트들도 의사 결정의 결과를 감수해야 한다는 점을 강조해야 합니다. 고비용 고품질 옵션을 포기하는 것이 아쉬울 수 있지만, 지금 당장 가능한 선택지는 빠르지만 품질이 낮은 옵션을 선택하고 목적에 맞게 개선하는 것일 수도 있습니다. 즉, 아키텍트는 양 극단 사이에서 모두가 감수할 수 있는 적당한 비용의 적합한 설계를 찾으려고 노력해야 합니다. 효과적인 소프트웨어 아키텍처 팀은 시스템 완성도를 유지하면서 자원과 시간의 제약 내에서 모두가 수용할 수 있는 의사 결정을 내릴 수 있어야 합니다.

기술 부채

저품질 변경 작업을 하는 것을 흔히 **기술 부채**를 떠안는 것에 비유합니다. 그리고 이러한 비유에 따르면 고품질 변경 작업은 기술 부채를 갚는 것으로 볼 수 있습니다. 팀에서는 자신들이 떠안은 부채량을 기록하고 관리할 수 있으니 이론적으로 볼 때 기술 부채란 '나중에 수정하겠다'는 약속을 관리하는 일종의 회계 메커니즘이라고 할 수 있습니다.

그러나 이처럼 금융적인 부채에 비유하는 것은 오해를 주기 쉽습니다. 예를 들어 중소기업 대출 같은 이른바 **건전한 부채**는 수익을 창출하여 빚을 갚는 일종의 투자에 가깝습니다. 장비를 구입하거나 인력을 고용하는 것처럼 비즈니스 가치를 높이는 일을 하고 있는 것입니다.

이는 기술 부채가 작용하는 방식과 정반대입니다. 기술 부채는 투자를 위해 대출을 받는 것이 아니라 저품질 구현으로 점차적으로 전체 시스템 품질을 떨어뜨리는 것이기 때문입니다. 투자는 수익을 창출하지만, 저품질 구현은 유지 보수와 운영 비용, 장애, 결함 때문에 추가 비용을 지속적으로 발생시킵니다. 이에 따라 나중에 부채를 갚기가 점점 더 어려워집니다.

부채라는 표현이 적절한 비유가 되려면 기술 부채는 잠깐의 휴가를 위해 감당할 수 없는 비용을 신용 카드로 결제한 것으로 보아야 합니다. 이렇게 지출을 제대로 관리하지 못하더라도 신용 카드 빚을 갚는 경우도 있지만, 결국 대부분은 파산을 선언합니다.

6.6 결정을 잘못 내렸을 때 비용은 얼마인가?

의사 결정을 할 때는 항상 정답을 찾아야 한다고 생각하기 쉽습니다. 실제로 우리는 단 하나의 정답만 있다고 흔히 생각합니다. 하지만 현실에서는 그렇지 않을 때가 많습니다.

물론 어떤 의사 결정을 하는가에 따라 결과가 더 좋을 수도 있고 나쁠 수도 있습니다. 그러나 대부분의 경우 단지 결과가 다를 뿐입니다. 이러한 문제는 주로 속성, 클래스, 서비스 등 이름을 논의할 때 자주 발생합니다. 네이밍은 중요한 작업이지만, 정답이 하나인 수학 방정식이 아닙니다. 물론 오해를 불러일으킬 만한 이름을 선택해서는 안 되겠지만, 구분하기 어려울 정도로 유사한 경우에는 여러 가지 합리적인 선택을 할 수 있습니다. 즉, 두 가지 선택지가 비슷한 수준의 대안이라면 **올바른** 선택 대신 **잘못된** 선택을 해도 특별한 비용이 발생하지 않는다는 것입니다.

옳고 그름의 관점에서 판단할 때 두 번째 문제는 결과의 지속성을 간과한다는 것입니다. 물론 어떤 결정은 변경하기 어렵습니다. 예를 들어 애플리케이션의 주요 프로그래밍 언어 같은 경우 이러한 결정은 거의 변경되지 않으며 대부분 그 결정은 장기간 유지됩니다.

하지만 대부분의 결정은 범위가 더 좁고 변화하는 시스템 내에서 합니다. 따라서 다시 검토할 수 있거나 앞으로 재검토될 가능성이 있는 결정에는 시간을 덜 투자하는 것이 좋습니다. 수명이 몇 주에 불과하거나 쉽게 변경할 수 있는 결정에 과도한 시간과 에너지를 쓰는 것은 효율적이지 않기 때문입니다.

이를 이해하면 옳고 그름의 관점을 다른 방식으로 바라볼 수 있습니다. 잘못된 선택을 하면 어떤 결과를 초래할까요? 쉽게 고칠 수 있는 부분이라면 일단 빠르게 결정을 내리고, 필요하면 나중에 방향을 조정하는 편이 더 나을 수 있습니다. 실제로 변경 비용이 적고 결과의 불확실성이 높은 결정은 일단 특정 방향으로 진행하고 나중에 수정하는 것이 오랜 고민 끝에 더 좋은 결정을 내리는 것보다 비용 측면에서 더 효율적입니다.

따라서 효과적인 소프트웨어 아키텍처 팀은 잘못된 결정을 내렸을 때 비용을 고려하고, 쉽게 수정할 수 있는 결정에는 과도한 시간과 노력을 투자하지 않아야 합니다. 대신에 정말로 변경 비용이 큰 결정에는 시간을 들이고 에너지를 집중해야 합니다.

6.7 얼마나 더 확신할 수 있는가?

지금까지 **의사 결정 체크 리스트**[1]를 따라왔으면서도 여전히 결과에 확신이 서지 않을 수 있습니다. 결정할 시간이 아직 남아 있고, 그사이 발생할 일에서도 큰 우려가 없는 상황일 수 있습니다. 정보를 많이 모았지만 여전히 결정적이지 않을 수 있습니다. 또 몇 가지 선택지가 있지만, 그다지 매력적이지 않은 데다 어느 쪽이든 한번 선택하면 오래도록 감수해야 할 수도 있습니다. 이러한 상황은 실제로 발생하며, 의사 결정을 내리는 데 상당한 어려운 상황이 되기도 합니다.

이 시점에서는 추가적인 확신을 얻을 수 있는지 스스로에게 물어보아야 합니다. 시간을 더 투입하여 더 많은 정보와 선택지를 모으고 분석하는 것이 도움이 될까요? 일반적으로 이러한 추가 활동은 갈수록 효과가 줄어드는 경향이 있습니다. 의사 결정 초기 단계에서 이미 대부분의 확신을 얻기 때문입니다. 아울러 결정을 미루면 약간의 도움이 될 수는 있지만, 사소한 문제를 제외하고는 결코 100% 확신에 도달할 수 없을 것입니다.

사실 모든 결정은 불완전한 정보와 절대적이지 않은 확신 속에서 내립니다. 모든 정보를 얻었다고 생각할 수 있지만, 실제로는 무엇을 모르는지조차 모를 때가 많습니다. 특히 남아 있는 불확실성과 잘못될 가능성 때문에 나중에 결정을 재검토해야 할 수 있다고 생각하면 의사 결정은 내리기가 더욱 어렵습니다. 이에 대한 최선의 대응은 완전한 확신을 추구하는 것이 아니라, 완전한 확신은 불가능하다고 받아들이는 것입니다. 그 누구도 이러한 상황을 좋아하지 않지만, 의사 결정이 본인 책임이라면 리스크를 감수함과 동시에 일단 의사 결정을 내리고 앞으로 나아가야 합니다.

이는 성급하거나 근거 없는 결정을 내리라는 의미가 아닙니다. 때로는 기다리면서 새로운 정보가 드러나기도 하고, 고민할 시간이 생기면 초기에는 보지 못

---

1 역주 6.11절을 참고합니다.

했던 부분이 명확히 보이기도 합니다. 자신이 내린 의사 결정이 상당히 불확실하다면 그 불확실성을 해소할 시간과 정보를 확보하고 추가로 분석해야 합니다. 불확실한 상태에서 의사 결정을 하는 것은 성급한 판단을 하라는 의미가 아니라 절대적인 확신은 결코 얻을 수 없다는 점을 인식해야 한다는 의미입니다.

6.8 / 이 결정은 내 책임인가?

지금까지 이 장에서는 의사 결정 과정을 이끌어 줄 수 있는 질문에 초점을 맞추어 왔으며, 이는 누구나 의사 결정에 적용할 수 있습니다. 또 앞선 질문들은 개인이 의사 결정을 내리는 데 방해가 될 수 있는 문제를 다루고 있습니다. 결국 어떤 방식으로든 이러한 문제를 극복하고 결정을 내려야 합니다.

그러나 결정을 내리기 전에, 이 결정이 정말 내가 해야 하는 결정인지도 물어보아야 합니다. 이상적으로는 조직 내 책임의 경계와 명확한 직무 기술이 이를 분명하게 해 줄 것입니다. 다만 혹시라도 그런 직장을 발견했다면 알려 주길 바랍니다. 필자도 지원하고 싶네요.

아키텍트로서 표준, 원칙, 기타 아키텍처와 관련된 부분은 우리 책임이며, 대부분 우리가 내려야 할 결정입니다. 특히 요구 사항은 의사 결정에 영향을 주는 일종의 제약이지만, 이러한 요구 사항을 어떻게 처리할지는 전적으로 우리 몫입니다.

하지만 어떤 의사 결정은 아키텍처를 넘어 다른 부분에도 영향을 미칩니다. 예를 들어 타사 서비스나 소프트웨어를 사용하는 접근 방식은 계약이나 비용 문제를 발생시킬 수 있습니다. 그렇다고 이러한 접근 방식을 전혀 고려하지 말라는 의미는 아닙니다. 다만 이 경우에는 다른 의사 결정자가 함께 논의에 참여해야 한다는 것입니다.

수많은 이해관계자가 관련된 중요한 결정을 앞두고 있다면 공식적인 의사 결정 프레임워크를 적용할지도 고려해야 합니다. 앞서 논의했듯이, 이러한 프레임워크는 작은 결정에는 부담이 될 수 있습니다. 하지만 복잡한 결정이나 다양한 관점을 조율해야 하는 상황에서는 이러한 구조가 효과적으로 적용되기도 합니다.

예를 들어 어떤 조직에서는 중요한 의사 결정에 참여하는 사람들과 그들의 역할을 파악하려고 **책임 할당 방식**을 사용합니다. 여기에서 결정을 내릴 권한이 본인에게 있다면 **승인자**나 **책임자** 역할을 맡고 있을 것입니다. 결정 과정을 주도하기는 하지만, 최종 승인 권한이 다른 사람에게 있다면 본인은 **추천자**나 **주도자** 역할일 것입니다. 경우에 따라 책임 할당 방식에는 상담, 정보 제공, 검토 필요, 의견 필요, 승인 필요 등 다른 역할이 포함되기도 합니다.

어떤 결정은 위로 올리기도 하며, 어떤 결정은 아래로 위임하기도 합니다. 본인이 특정 서브시스템에 대한 아키텍처 부분에 책임이 있다면 이와 관련된 결정을 서브시스템 내 특정 서비스나 라이브러리 담당자에게 위임할 수 있는지 살펴보기 바랍니다. 본인이 특정 라이브러리에서 책임을 맡고 있다면 해당 라이브러리 내 클래스나 함수를 개발하고 있는 엔지니어에게 그 부분에서 의사 결정을 내리도록 위임할 수 있나요? 이렇게 위임할 수 있는 기회를 찾는 것은 여러 이점을 제공합니다.

위임의 장점은 시간을 절약할 수 있다는 것입니다. 아키텍트로서 해야 할 일이 많습니다. 직접 설계하고, 본인만이 내릴 수 있는 중요한 결정들이 있습니다. 위임할 수 있는 일을 찾는 것은 자신이 할 일을 줄이고 다른 중요한 작업을 위한 여유를 만들 기회가 됩니다.

의사 결정을 위임하는 것은 팀 내 다른 구성원에게는 기회가 됩니다. 예를 들어 하위 서비스 책임자는 보통 상대적으로 후임이기 때문에 해당 서비스에 대한 구체적인 결정을 내리는 경험 자체가 그들에게는 학습 기회가 될 수도 있습니다. 따라서 일을 위임할 때는 단순히 넘겨주지 말고, 배경 설명을 하여 왜 그들에게 결정을 위임하는지 밝히면 좋습니다. 아울러 필요할 때 항상 도움을 줄 수 있게 대기하면서 그들이 해당 작업을 책임질 수 있도록 맡겨 보기 바랍니다.

물론 이 두 가지 방식(문제를 상위로 보고하거나 하위로 위임하는 방식)은 서로 연관이 있습니다. 어느 날은 경영진에게 문제를 보고 하고, 다음 날에는 엔지니어가 아키텍트인 당신에게 문제를 보고할 수도 있겠죠. 결국 의사 결정을 적절하게 위임할 수 있는 팀은 더 나은 결정을 내립니다.

6.9 일관성이 있는가?

어떤 결정은 **중요한** 결정입니다. 이러한 결정은 많은 이해관계자가 참여하며, 수백 명 또는 수천 명의 작업에 영향을 미칩니다. 또는 제품 수익을 늘리거나 줄일 수도 있고, 기업이나 조직이 장기적인 투자나 파트너십에 전념하도록 만들 수도 있습니다. 이러한 결정은 범위가 넓기 때문에 중요할 뿐 아니라 눈에도 잘 띕니다. 비록 그 의사 결정이 잘되고 있는지는 사람마다 의견이 다를 수 있지만, 모두가 그 결정이 진행되고 있다는 사실은 인지할 수 있습니다.

소프트웨어 개발 과정에서 수없이 많은 의사 결정을 내립니다. 아키텍처 원칙, 하위 시스템 경계, 함수 이름, for 루프의 불변 조건까지 모든 것에서 수천 가지 결정을 내려야 합니다. 이러한 결정은 엔지니어링 프로세스의 핵심이며, 이 과정을 거쳐 엔지니어링이 되는 것입니다.

물론 결정 대부분은 **중요한** 결정이 아닙니다. for 루프를 사용할지, do-while 루프를 사용할지 결정하기 위해 이해관계자를 모으고 제안서를 작성할 필요는 없습니다. 하지만 영향이 큰 중요한 결정에는 신중하고 면밀한 의사 결정 과정이 필요합니다. 즉, 의사 결정에 들이는 노력은 그 결정의 영향력과 비례해야 합니다. 작은 결정에 너무 많은 시간을 쓰는 팀은 일의 진행이 느리고, 그사이 예기치 못한 다른 일들이 발생할 수 있습니다.

이 장에서 한 질문들은 다양한 규모의 결정에 맞추어 활용할 수 있습니다. 아주 작은 결정은 즉석에서 빠르게 이러한 질문들에 답할 수 있으며, 별도의 논의가 필요하지 않습니다. 빠르게 답할 수 없다면 제품에 큰 영향을 미치는 결정이라는 신호일 수 있으며, 그에 맞게 충분히 고려해야 합니다.

하지만 빠르게 논의 없이 내리는 수많은 작은 결정도 계속 쌓이다 보면 결국에는 제품에 큰 영향을 미칩니다. 이는 어쩌면 당연합니다. 이러한 작은 결정들은 **중요한** 결정들과 실제 제품을 구성하는 알고리즘, 코드, 데이터 구조 사이에 위치해 있기 때문입니다.

현실을 감안한다면 아무리 작은 결정이라도 아키텍처 원칙과 기술적 비전에 부합하게 내려야 합니다. 일관성이 있어야만 개별적인 결정 수천 개가 서로 충돌하지 않고 하나로 모여 제품 목표를 향해 나아갈 수 있습니다. 따라서 어떤 결정을 내리기 전에 그것이 제품의 아키텍처 원칙과 비전에 맞는지 자문해 보길 바랍니다.

6.10 문서화할 수 있는가?

필자 경험상 의사 결정을 명확하게 하는 데 문서화하는 것만큼 좋은 것은 없는 것 같습니다. 단순히 생각할 때는 분명해 보였던 것이 글로 옮기면서 흐트러진 적이 한두 번이 아니었습니다. 의사 결정을 명확하게 문서화할 수 없다면 이는 아직 분명하고 일관된 결정을 만들지 못했다는 강력한 신호일 것입니다.

결정을 내린 뒤가 아니라 **내리기 전**에 문서화하는 것을 고려하면 해결해야 할 우려 사항과 질문에 답을 더 쉽게 찾을 수 있습니다. 아울러 문서 초안을 미리 작성해 두면 의사 결정을 진행하는 동안 생각을 정리해 나갈 좋은 기반이 되기도 합니다.

물론 **의사 결정 문서** 자체만을 위한 과도한 문서 작성은 지양해야 합니다. 가능하다면 변경 제안서, 아키텍처 명세서, 설계 문서, 비전 문서, 또는 코드 내 주석 등 다른 문서에 포함해서 의사 결정을 문서화하는 것이 좋습니다. 의사 결정 문서는 이러한 문서들과 함께 묶기 어려운 경우에만 따로 작성하는 것이 바람직합니다.

이러한 조언은 주로 실용적인 이유에서입니다. 팀에서는 크고 작은 수많은 결정을 내리기 때문에 모든 결정마다 별도의 의사 결정 문서를 작성하는 것은 상당히 비효율적입니다. 코드나 기존 문서 등 다른 자료가 이미 의사 결정의 배경과 내용, 이해관계자를 포함하고 있다면 별도의 의사 결정 문서를 작성할 필요도 없고, 문서 자체의 가치도 크지 않습니다.

예를 들어 4장에서는 아키텍처 팀이 변경 사항을 제안하고 이를 평가하여 결정할 수 있는 메커니즘으로서 **변경 제안서**를 소개했습니다. 변경 제안서는 제안 사항과 그에 관련된 배경, 이해관계자, 고려 사항 등을 포함하기 때문에 단순한 의사 결정 기록 그 이상의 역할을 합니다. 또 최종적으로 해당 제안이 승인되거나 거부되기 때문에 별도의 의사 결정 문서를 추가하지 않아도 됩니다. 따라서 아키텍처 작업을 구성할 때는 4장에서 설명한 변경 제안서를 중심으로 구성하고, 7장에서 논의할 실천 방식을 따른다면 별도의 의사 결정 문서를 작성할 필요는 거의 없을 것입니다.

> **아키텍처 의사 결정 기록**
>
> 어떤 팀은 아키텍처 의사 결정 기록(ADRs)[2]을 실무에서 활용하고 있으며, ADRs 모음이 시스템의 아키텍처 문서를 구성합니다. ADRs은 4장에서 소개한 변경 제안서와 유사한 부분이 있습니다. 다만 ADRs은 이미 내린 결정을 문서화하는 데 중점을 두는 반면, 변경 제안서는 잠재적인 변경 사항에 대한 검토를 강조한다는 차이가 있습니다.
>
> 팀이 ADR에만 의존하는 경우에는 의사 결정을 문서화해야 하는 기록 작성자의 편의와 읽는 사람의 편의를 맞바꾸게 됩니다. 즉, ADRs 문서를 읽는 사람은 시스템의 아키텍처와 동작 방식을 이해하기 위해 모든 ADR을 읽어야 합니다. 게다가 나중에 내린 결정이 이전 결

---

[2] "Software Architecture as a Set of Architectural Design Decisions", IEEE, 2005

정을 변경하거나 무효화할 수 있어 독자가 이를 직접 파악해야 한다는 어려움이 있습니다. 이는 마치 변경 사항이 적용된 현재 버전의 소스 코드를 읽는 대신, 소스 코드 저장소에 커밋된 변경 사항을 하나씩 읽으며 코드를 이해하려고 하는 것과 비슷합니다.

문서는 항상 독자를 중심으로 최적화되어야 합니다. 작성자보다 독자가 훨씬 많기 때문입니다. 따라서 팀에서 ADR을 사용한다면 각각의 의사 결정 후 시스템 명세서도 반드시 업데이트해야 합니다. 변경 제안서와 마찬가지로 ADRs 문서를 기록한 뒤 아무도 참고할 필요가 없다면[3] 작업을 제대로 수행하고 있는 것입니다.

6.11 요약

아키텍처뿐만 아니라 모든 분야에서 의사 결정은 항상 해야 합니다. 우리는 업무의 일환으로 주로 사실에 집중하려고 합니다. 하지만 반복할 수 있는 프로세스와 마찬가지로, 그 과정 자체에 주의를 기울이면 더 나은 결과를 얻을 수 있습니다. 좋은 의사 결정을 내리는 것은 하나의 기술이며, 얼마든지 이를 키우고 발전시킬 수 있습니다.

상대적으로 소수의 중요한 결정에는 여기에서 설명한 것보다 더 공식적인 프로세스가 필요합니다. 이러한 결정들은 개별적으로 추적해야 하며, 문서화와 공식적인 승인이 필요할 수도 있습니다. 그러나 결정 대부분은 이 정도로 면밀히 검토하지 않습니다. 여기 제시된 질문들은 모든 의사 결정에 빠르게 적용할 수 있다는 점을 명심하길 바랍니다.

---

3 역주 해당 문서의 핵심 내용이 시스템 명세서나 다른 중요한 문서에 이미 잘 통합되어 있다는 것으로 볼 수 있습니다.

> **Note** ≡ **의사 결정 체크 리스트**
> - 추가 정보는 도움이 되는가?
> - 그동안 어떤 일이 일어났는가?
> - 얼마나 많은 의사 결정을 하고 있는가?
> - 아무것도 하지 않을 경우 비용은 얼마인가?
> - 변경을 수용할 수 있는가?
> - 결정을 잘못 내렸을 때 비용은 얼마인가?
> - 얼마나 더 확신할 수 있는가?
> - 이 결정은 내 책임인가?
> - 일관성이 있는가?
> - 문서화할 수 있는가?

memo

7장

실무 방식

7.1 백로그

7.2 카탈로그

7.3 템플릿

7.4 검토

7.5 진행 상태

7.6 진행 속도

7.7 집중 시간

7.8 요약

소프트웨어 아키텍처는 본질적으로 추상적인 작업이지만, 그 추상적인 부분을 바로 코드로 옮기지는 않습니다. 원활하게 진행되는 아키텍처 실무 과정에서는 다양한 도구와 프로세스를 이용하여 추상적인 개념을 코드로 전환하고, 그 과정에서 여러 가지 중간 산출물을 만들어 냅니다. 이 산출물은 아키텍트의 업무 수행과 아키텍처 팀의 관리뿐만 아니라 다른 팀 및 조직의 리더들과 원활하게 소통하고 협력할 수 있도록 도와줍니다.

이 장에서는 이러한 필수적인 아키텍처 실무 방식을 설명하고 어떻게 작동하는지 살펴볼 것입니다. 특히 아키텍처 실무 방식이 이전 장의 변경, 설계, 의사 결정 활동을 어떻게 지원하는지 설명하고, 이것으로 도출된 새로운 요소와 행동들을 다룹니다. 참고로 8장에서는 아키텍처 실무 과정에서 생성된 산출물을 어떻게 관리하고 활용하는지 추가적인 지침을 제공할 예정입니다.

또 이 장에서 논의할 도구는 특정 브랜드나 공급 업체가 아닌 기능적인 관점에서 다룰 것입니다. 이 도구들은 빠르게 변화하기에 특정 도구를 추천하더라도 금방 구식이 됩니다. 또 업계나 회사, 지역 등에 따라 선택하는 도구도 다릅니다. 즉, 어떤 경우든 원하는 목표를 달성하는 데 반드시 특정 도구를 사용할 필요는 없습니다.

이미 팀에서 사용 중인 도구가 있다면 그 도구를 활용하는 것이 더 현명한 선택일 때가 많습니다. 특히 팀과 이해관계자 모두에게 익숙한 도구라면 더욱 그렇습니다. 아키텍처 팀이 제품 관리나 엔지니어 등 협력 팀이 사용하는 도구와 다른 도구를 고집할 경우 중요한 동료들과 협업에 어려움이 생길 수 있다는 점을 알아야 합니다. 그렇다고 좋은 도구를 선택하는 것을 포기하라는 의미는 아닙니다. 다만 반드시 다른 도구를 도입해야 한다면 그에 상응하는 실질적이고 의미 있는 이점이 있어야 합니다.

7.1 백로그

4장에서 설명했듯이, 아키텍처 팀은 과거, 현재, 미래의 작업을 아키텍처 백로그에 기록해야 합니다. 이처럼 변경 제안서를 백로그에 기록하면 작업 프로세스와 연동하여 더 간편하게 관리할 수 있습니다. 변경 제안을 승인하거나 기각하면 곧바로 백로그에 업데이트되며, 이러한 백로그를 검토함으로써 현재 얼마나 많은 변경 작업이 진행 중인지, 얼마나 많은 변경 작업이 보류 중인지 등을 한눈에 파악할 수 있습니다.

변경 제안에는 이상적인 크기나 범위를 정하지 않고 있습니다. 변경해야 하는 사항이 매우 다양하기 때문입니다. 예를 들어 간단한 변경 제안의 경우 기존 API 호출에 새로운 선택적 매개변수를 추가하는 것을 들 수 있습니다(API나 매개변수가 아키텍처 팀의 관리 대상이라면 이것도 아키텍처 변경에 해당합니다). 반면에 복잡한 변경 제안의 경우 기존 서비스를 리팩터링하거나 새로운 서브시스템을 추가하는 작업을 들 수 있습니다. 나중에 따로 변경 규모에 따라 확장할 수 있는 프로세스를 논의하겠지만, 일단은 백로그와 관련해서 모든 항목을 빠짐없이 기록하는 것이 중요합니다.

관련된 제안이 있다면 서로 연결해야 합니다. 예를 들어 새로운 기능을 애플리케이션에 추가하는 방법으로 각기 다른 세 가지 제안을 만들었다고 가정해 봅시다. 이 중에서 하나를 선택하면 나머지는 자동으로 기각됩니다. 이러한 연관 관계를 백로그에 잘 기록하면 각 제안에 대한 결정이 서로에게 미치는 영향을 쉽게 파악하고 관리할 수 있습니다.

또 팀의 모든 작업을 변경 제안서와 동일한 형태로 모델링하면 백로그 효과는 더욱 좋아집니다. 예를 들어 시스템 비전을 수정할 계획인가요? 그러면 변경 제안서를 작성하세요. 새로운 아키텍처 원칙을 채택할 고민을 하고 있나요? 그러면 변경 제안서를 작성하세요. 백로그 관리 도구를 바꿀 생각인가요? 이 역시 변경 제안서를 작성하면 됩니다. 이렇게 모든 작업을 변경 제안서로 일관되게 작성하면 백로그 같은 도구를 동일하게 적용할 수 있을 뿐 아니라 작업 프로세스와 의사 결정도 일관성 있게 진행할 수 있습니다.

변경 작업을 하다 보면 작업과 관련된 여러 생각이 떠오르는데, 이는 인간의 자연스러운 본성이기도 합니다. 그렇게 떠오르는 생각 중에는 별로 중요하지 않은 연관성도 있습니다. 예를 들어 밤이 늦은 것을 깨닫고 쓰레기 버리는 것을 깜빡했다는 사실이 문득 떠오르는 경우를 들 수 있습니다. 또 어떤 생각은 중요하지만, 오히려 일을 진행하는 데 방해가 되는 경우도 있습니다. 예를 들어 방금 발견한 문제가 다음 작업에도 영향을 미칠 수 있다는 것을 깨닫는 순간을 들 수 있습니다. 이처럼 때로는 예상치 못한 통찰이 떠오르기도 하는데, 사소하든 중요하든 이러한 생각들은 현재 당면한 작업에 집중하는 데 방해가 될 수 있습니다.

백로그에 지금 당장 해야 할 일뿐만 아니라 다음에 할 일을 기록합니다. 백로그의 가장 큰 장점은 외부 기억 장치로 활용할 수 있다는 것입니다. 새로운 아이디어가 떠오르면 이를 백로그에 추가하고 잠시 잊어버릴 수 있습니다. 이렇게 머릿속에서 아이디어를 꺼내 백로그에 기록하면 방해가 되는 생각은 잠시 제쳐 두고 현재 작업에만 집중할 수 있습니다. 이것이 백로그가 외부 기억 장치로서 가지는 장점이라고 할 수 있습니다. 아울러 팀 내에 제기된 다양한 아이디어도 백로그에 기록하여 팀원들이 현재 작업에 집중할 수 있도록 도와줍니다. 더욱이 백로그는 사람의 기억력과 달리 기록된 아이디어를 완벽하게 되살릴 수 있다는 강점이 있습니다.

업무량이 많은 아키텍처 팀은 백로그에 항목이 수백 개씩 쌓이는 경우가 많지만, 백로그는 팀이 중요한 작업에 집중하는 동안에도 별다른 문제없이 유지되어야 합니다. 또 적절한 도구라면 최소한 이 정도 양의 항목은 관리할 수 있어야 합니다. 이를 위해서는 각 레코드에 우선순위나 상태처럼 검색과 정렬에 필요한 필드를 잘 갖추어야 하며, 이슈 트래킹 도구는 대체로 이 목적에 적합한 경우가 많습니다.

백로그에 항목을 기록할 때는 설명을 명확하게 넣는 것이 중요합니다. 대부분 나중에 다시 참고할 것을 염두에 두고 기록하지만, 그 시점이 며칠 후가 될지 혹은 몇 주, 몇 달 후가 될지는 아무도 알 수 없습니다. 따라서 해당 항목의 배경과 세부 사항을 잘 기록해야 합니다. 그렇다고 해서 모든 항목을 장편 소설처럼 길게 작성할 필요는 없습니다. 너무 짧지 않게 한 단락 정도로 충분한 설명을 기재하면 좋습니다.

다른 도구처럼 백로그도 팀원들이 꾸준히 사용하는 습관을 길러야 합니다. 팀원들은 일상적인 업무 중에 백로그에 추가해야 할 아이디어를 자주 떠올릴 것입니다. 사람들은 종종 이러한 아이디어가 생각날 때마다 직접 와서 이야기하거나 이메일로 팀에 알리고는 합니다. 이렇게 불쑥 튀어나온 아이디어는 "좋은 아이디어네요. 백로그에 추가합시다."라는 말로 간단히 해결할 수 있습니다.

이렇게 모든 항목을 백로그에 추가함으로써 아이디어를 기록에 남기고 평가는 나중으로 미룰 수 있습니다. 따라서 중요하든 전혀 중요하지 않든 일단 백로그에 추가하는 것이 좋습니다. 나중에 현재 다루고 있는 문제로 판단력이 흐려지지 않는 시점에 객관적이고 이성적으로 평가할 수 있을 때 다시 살펴보면 되기 때문입니다.

당연한 말이지만, 백로그를 유용하게 사용하려면 주기적으로 살펴보아야 합니다. 보통은 새로운 항목을 추가할 때 백로그를 다시 살펴봅니다. 예를 들어 'X'를 해야겠다는 아이디어가 떠오르면 바로 백로그에 추가 버튼을 누르기 전에 'X 하기'가 이미 목록에 있는지 먼저 확인해야 합니다(이를 위해 백로그로 사용하는 도구에 기본 검색 기능이 있으면 좋습니다). 이미 유사한 항목이 있다면 이를 검토한 뒤 기존 설명을 더 명확하게 보완하거나 다듬는 것이 좋습니다. 이렇게 각 항목이 중복되지 않도록 관리하면 백로그를 깔끔하게 유지할 수 있습니다.

백로그에는 이전에 검토했다가 기각된 항목도 남겨 두어야 합니다. 절대 삭제하면 안 됩니다. 가능하다면 '종결'이나 '완료' 상태를 표시할 수 있는 도구를 사용하여 처리한 항목과 그렇지 않은 항목을 구분하는 것이 좋습니다. 작년에 'X

하기'를 제안했다가 기각된 경우를 예로 들어 보겠습니다. 한 번 기각되었다고 해서 다시 그 아이디어를 검토할 수 없는 것은 아닙니다. 백로그를 통해 해당 주제를 다시 살펴볼 가치가 있는지, 재검토할 가치가 있다면 그 이유는 무엇인지 얼마든지 판단할 수 있습니다.

현재 진행 중인 백로그 항목은 작업 진척 정도에 따라 상태를 업데이트하고 정기적으로 검토해야 합니다. 따라서 백로그 항목의 상태를 추적할 수 있는 도구를 사용하면 좋습니다. 각 항목의 상태가 정확히 업데이트되면 리더들은 매주 진행 중인 항목을 확인하고, 작업이 어떻게 진행되고 있는지 파악할 수 있습니다. 백로그 항목이 거의 완료 단계에 이르렀나요? 그렇다면 해당 항목을 검토하여 마무리할 시간을 따로 확보해야 할 수도 있습니다. 이와 반대로 진척이 더딘 백로그 항목이 있나요? 그렇다면 작업 진행에 방해가 되는 요인이 무엇인지 점검할 필요가 있을지도 모릅니다. 이렇게 진행 중인 항목에서 백로그로 일일 진행 상황과 변경 사항을 지속적으로 파악할 수 있습니다.

아울러 나중에 진행할 항목도 미리 파악할 필요가 있습니다. 백로그에 항목이 수백 개 있더라도 현재 작업이 끝난 이후에 진행할 항목으로 다섯 개에서 열 개 정도를 선택해 두면 충분합니다. 프로젝트가 장기적인 계획에 따라 진행되거나 적절할 로드맵을 갖추고 있다면 이것으로 다음에 진행할 변경 작업을 쉽게 파악할 수 있을 것입니다. 그렇지 않다면 매달 한 번씩 다음 작업 항목을 선정하는 데 시간을 투자해야 할 수도 있습니다. 둘 중 어떤 경우든 우리 목표는 아키텍트가 현재 작업을 끝내고 준비가 되었을 때 바로 다음 작업을 시작할 수 있도록 미리 작업 항목을 준비하는 것입니다.

백로그 정리 역시 주기적으로 해야 합니다. 필자는 팀원들과 함께 1년에 서너 번 정도 시간을 내어 현재 진행 중이거나 **바로 다음에 진행할** 항목이 아닌 나머지 항목들을 검토하는 시간을 갖습니다(현재 진행 중이거나 바로 다음에 진행할 항목은 이미 정기적으로 검토하고 있기 때문에 따로 살펴볼 필요가 없습니다). 각 항목을 검토할 때는 다음 질문을 던져 봅니다.

- **이 항목이 여전히 유효한가?** 시스템이 진화했거나 다른 결정으로 해당 항목이 더 이상 필요 없게 되었을 수도 있습니다. 이 경우에는 해당 항목을 닫아도 됩니다.

- **지금 이 항목을 다루고 싶은가?** 해당 항목을 기록한 이유는 언젠가 처리할 필요가 있다고 생각했기 때문일 것입니다. 어쩌면 지금 그 시기가 왔을지도 모르니 **바로 다음에 진행할** 항목으로 이동시킬지 고려해 봅니다. 다만 동시에 진행할 수 있는 작업량에는 한계가 있다는 점을 명심해야 합니다.

- **이 항목과 관련된 다른 항목이 있는가?** 보통 백로그에 새로운 항목을 추가할 때 중복되는 항목이 있는지 확인하지만, 백로그 정리 작업으로 서로 연관되어 있는 항목을 발견하기도 합니다. 중복되는 항목을 발견하면 하나로 통합하거나 서로 연결하여 추후 다시 해당 항목을 검토할 때 연관된 항목도 함께 살펴볼 수 있도록 해야 합니다.

이렇게 주기적으로 백로그를 정리하면 백로그에 항목을 추가하는 것이 단순히 해당 아이디어를 방치하는 것이 아님을 인식하게 됩니다. 이처럼 모든 아이디어를 언젠가 다시 검토하리라는 확신이 있으면 백로그 메커니즘이 더 효과적으로 작동할 것입니다.

백로그를 활용하기 좋은 또 다른 시점은 아키텍처뿐만 아니라 제품이나 플랫폼 전반에 대한 계획을 수립할 때입니다. 이러한 계획 수립 단계에서는 아키텍처 팀에 필요한 작업을 식별하고 이를 위한 시간을 할당하기도 합니다. 그동안 아이디어들을 백로그에 성실하게 기록했다면 필요에 따라 적절히 활용할 수 있을 것입니다.

7.2 카탈로그

백로그는 변경 제안을 모아 둔 일종의 **카탈로그**[1]입니다. 변경 제안의 카탈로그인 백로그처럼 소프트웨어 구성 요소와 데이터 모델을 카탈로그로 관리하는 것도 아키텍처 팀에 유용합니다.

소프트웨어 카탈로그는 시스템의 구성 요소와 그 관계를 기록한 카탈로그입니다. 구축하는 시스템 유형에 따라 구성 요소에는 라이브러리, 서비스, 애플리케이션, 프레임워크, 데이터베이스 등이 포함됩니다. 소프트웨어 카탈로그의 각 항목에는 최소한 구성 요소의 유형과 관련 기술, 다른 요소의 관계 같은 메타데이터가 포함되어 있어야 합니다. 또 문서 링크, 담당자, 운영 가이드 등 관련 정보도 함께 추가할 수 있습니다.

데이터 모델 카탈로그는 시스템이 처리하는 데이터 타입, 엔티티 타입, 그 관계들을 기록한 카탈로그입니다. 시스템과 사용 기술에 따라 **추상 데이터 모델링 언어**[2]나 스키마, 포맷 명세서 등으로 표현할 수 있습니다.

소프트웨어 및 데이터 모델 카탈로그는 시스템의 현 상태를 기록한 추가 문서를 제공합니다. 즉, 변경 프로세스에 사용되는 모든 비정형 시스템 문서를 보완하여 시스템의 현 상태를 기록하는 역할을 합니다.

이러한 카탈로그는 백로그만큼 자주 변경되지 않고 백로그와 동일한 메타데이터를 수집하지도 않으므로, 반드시 백로그와 동일한 도구를 사용하여 관리할 필요는 없습니다. 다만 카탈로그의 각 항목과 변경 제안의 연결 관계를 관리하면 좋습니다. 많은 도구에서 항목별 고유 URL을 제공하니 이를 이용하여 카탈로그 항목에 백로그 항목의 URL을 기록하는 방식으로 각각을 간단히 연결시킬 수 있습니다.

---

1 역주 목록, 요람, 편람, 안내서입니다.
2 역주 UML, ERD 등이 있습니다.

> **Note ≡ 비정형 시스템 문서**
>
> 비정형 시스템 문서란 형식을 정하지 않은 다양한 형태의 문서를 의미합니다. 이는 표준화된 구조나 엄격한 포맷 없이 작성된 문서로, 보통 다음 문서들을 예로 들 수 있습니다.
>
> - 아키텍처 결정이나 기술적 논의에서 나온 메모 또는 회의록
> - 시스템과 관련된 의사 결정이나 작업 사항을 주고받은 이메일 또는 채팅 기록
> - 팀 위키나 내부 문서 저장소에 작성된 문서
> - 문서화되지 않은 코드 주석
> - 기타 작업 관리 도구의 기록(Trello, Jira 등)
>
> 이러한 비정형 문서들은 시스템 변경 프로세스의 중요한 배경 정보를 제공하지만, 체계적인 문서로 정리하기 어렵습니다. 이 경우 카탈로그에 해당 내용을 기록하여 이후 팀원들이 쉽게 관련된 정보를 찾아볼 수 있게 할 수 있습니다.

7.3 템플릿

효과적인 아키텍처 팀은 대부분의 시간을 변경 작업에 할애합니다. 결국 변경 작업을 얼마나 효과적으로 완료할 수 있느냐가 팀 생산성에 가장 큰 영향을 미칩니다.

변경 제안은 연관된 다이어그램과 함께 문서로 작성해야 합니다. 대규모 프로젝트에서는 이러한 문서를 불과 몇 년 동안 수백 개에서 수천 개 작성하기도 합니다. 따라서 변경 제안서를 작성하고 승인하는 과정의 효율성을 높이는 일은 팀 생산성을 크게 향상시키는 효과를 가져옵니다.

이를 위해 문서를 공통 템플릿에 맞추어 구조화하면 문서 작성과 검토뿐만 아니라 설계 과정까지 모두 빨라집니다. 템플릿은 문서 작성자가 따라야 할 구조

를 제공하므로 문서 작성 속도를 높이는 효과가 있습니다. 즉, 문서 작성자는 문서 구조를 고민할 필요 없이 설계 자체에 더 집중할 수 있습니다.

템플릿은 검토 과정에서도 유사한 이점을 제공합니다. 문서는 작성하기보다 읽는 경우가 훨씬 많으므로 검토자의 시간과 노력을 절약할 수 있도록 최적화하는 것이 중요합니다. 또 검토자가 문서 구조를 파악하는 데 시간을 낭비하지 않고 설계 내용 자체에 집중할 수 있게 해야 합니다. 따라서 모든 문서가 동일한 형식을 준수하도록 하면 검토자가 겪는 불필요한 인지적 부담을 줄일 수 있을 것입니다.

무엇보다 잘 만들어진 템플릿은 작업 자체에 대한 체크 리스트 역할도 합니다. 작성자는 템플릿의 각 섹션을 따라가면서 설계의 모든 측면을 하나씩 **점검**합니다. 따라서 템플릿은 아키텍처 팀이 기대하는 속성을 모두 포함하도록 구성하면 좋습니다. 이러한 이유로 여러 속성 중에서 보안, 개인 정보 보호, 신뢰성 같은 품질 속성들이 템플릿에서 흔히 나타납니다.

템플릿의 일관성은 문서 작성자와 검토자가 문서 구조에 덜 신경 쓰게 하고, 제안의 핵심 내용에 더욱 집중할 수 있게 합니다. 다음은 문서에 포함해야 할 기본 섹션 또는 체크 리스트 항목입니다.

- **상태**(Status): 문서 저장소를 둘러보다 어떤 문서가 최신인지, 오래되었는지, 진행 중인지, 혹은 폐기된 것인지 알 수 없었던 적이 있다면 문서 상태를 정확히 추적하고 관리하는 것이 얼마나 중요한지 깨달았을 것입니다. 상태 섹션은 문서 맨 위에 배치하여 버려진 설계안에는 관심 없는 사람들의 시간 낭비를 줄여 줄 수 있습니다.

- **요약**(Summary): 모든 문서는 문제 해결의 동기와 개념적 접근 방식을 간략히 요약하는 것으로 시작해야 합니다. 즉, "어떤 문제를 해결하려고 하는가?"와 "어떻게 해결하려고 하는가?"에 대한 답을 담아야 합니다. 요약은 간결하면서도 완결성 있게 작성해야 하며, 나머지 내용은 **세부 사항**으로 다루어야 합니다.

변경 작업이 아직 동기나 개념적 접근 단계에 있을 때는 앞선 두 섹션만으로 충분합니다. 다음 나머지 섹션은 세부 단계를 진행할 때 고려해야 합니다.

- **용어**(terminology): 프로젝트에서 이미 사용 중인 용어는 굳이 문서화할 필요가 없습니다. (이 용어들은 이미 사전에 정리되어 있습니다. 이와 관련해서는 8장을 참고하세요.) 하지만 설계 과정 중에 새로운 용어가 등장했다면 다음 설계에서 사용하기 전에 먼저 이곳에 정의합니다.

- **상세 설계**(detailed design): 이 부분에서는 설계의 주요 요소에 대한 세부 사항을 제공해야 합니다. 간단한 문서는 섹션 한 개 정도 작성하면 충분하지만, 복잡한 문서는 하나의 문서에 최대 섹션을 여섯 개 정도까지 포함할 수도 있습니다(다루어야 할 내용이 이보다 더 많다면 변경 제안 자체를 여러 개로 나누는 것이 좋습니다).

- **신뢰성**(dependability): 신뢰성은 시스템의 안정성, 복원력, 성능, 확장성 등과 관련된 목표를 포괄하는 용어입니다. 즉, 클라이언트가 시스템의 기능 수행을 어느 정도 신뢰할 수 있는지 나타냅니다. 이 부분에서는 시스템의 신뢰성 수준과 이를 어떻게 달성할 수 있는지 설명해야 합니다.

- **보안 및 개인 정보 보호**(security and privacy): 아키텍트는 보안뿐만 아니라 데이터 보호 및 개인 정보 보호와 관련된 사항을 항상 중요하게 다루어야 합니다. 이 부분에서는 이와 관련된 보안 및 개인 정보 보호 이슈와 이를 어떻게 해결할지 설명해야 합니다.

- **효율성**(efficiency): 주로 클라우드 서비스와 관련된 항목으로, 예상되는 규모에서 시스템의 경제성을 검토해야 합니다. 시스템 사용이 증가하면서 단위 비용이 유지될지, 증가할지, 또는 감소할지를 분석하는 것이 중요합니다.

- **호환성**(compatibility): 대부분의 문서는 기존 시스템 변경을 다루므로 이러한 변경이 기존 소프트웨어 요소와 데이터의 호환성에 미치는 영향을 검토해야 합니다. 호환성 문제는 변경과 데이터 마이그레이션이 되는 시

템 내부뿐만 아니라 기존 인터페이스에 의존하는 클라이언트 등 시스템 외부 요소에도 적용됩니다.

- **영향 범위**(impacts): 이 섹션에서는 변경 때문에 영향을 받는 구성 요소와 기타 산출물을 목록이나 표 형태로 요약해야 합니다. 여기에서는 새로운 정보를 추가하기보다는 다른 섹션에서 언급된 내용을 강조하거나 요약하여 한눈에 정보를 파악할 수 있도록 해야 합니다.
- **서명**(signatures): 대부분의 문서는 어떤 형태로든 승인을 받아야 합니다. 필자 경험상 승인자가 책임감을 가지고 문서를 검토하도록 하는 가장 좋은 방법은 문서에 서명하는 것입니다. 존 핸콕[3]의 서명처럼 화려하지는 않지만 효과는 확실합니다.

템플릿을 사용할 때는 이것이 일종의 체크 리스트라는 점을 떠올려야 합니다. 예를 들어 호환성 내용을 문서에 언급하지 않을 수도 있습니다. 완전히 독립적이고 새로운 구성 요소를 다루는 경우라면 호환성 문제가 적용되지 않기 때문입니다. 체크 리스트는 모든 빈칸을 채워야 하는 양식이 아닙니다. 체크 리스트 핵심은 각 항목을 살펴보며 관련된 부분을 검토하게 하는 것입니다. 따라서 해당되지 않는 항목이 있다면 그냥 넘기면 됩니다.

앞서 언급했듯이, 변경 작업의 규모는 매우 다양합니다. 따라서 템플릿이 작은 변경 작업에 과도한 부담을 주지 않도록 해야 합니다. 일반적으로 작은 변경 작업은 1시간 이내에 문서화할 수 있도록 템플릿을 설계해야 합니다. 다른 한편으로 템플릿은 여러 주요 설계 요소가 포함된 대규모 설계 작업도 지원할 수 있어야 합니다.

템플릿은 변경 제안서에만 적용되는 것은 아닙니다. 물론 변경 제안서에 가장 유용하게 활용할 수 있지만, 비전 문서나 카탈로그 항목 작성 등에도 유용하게 사용할 수 있습니다.

---

3 역주 미국 독립선언서에 가장 먼저 서명한 사람입니다.

템플릿은 조직에서 관리하는 일종의 표준으로 여기는 것이 좋습니다. 따라서 템플릿 사용을 선택이 아닌 의무로 만드는 것이 무엇보다도 중요합니다. 체크리스트나 템플릿을 간헐적으로만 사용하면 그 효과는 떨어지기 때문입니다. 매번 템플릿을 사용하기 부담스럽다면 템플릿 자체를 개선해야 합니다.

템플릿을 표준으로 삼으면 또 하나의 중요한 이점이 있습니다. 바로 다른 작업과 동일한 변경 프로세스를 적용할 수 있다는 점입니다. 예를 들어 누군가가 템플릿이 잘못되었다고 생각하면 본인들의 문제를 해결할 변경 제안을 제출해야 합니다. 백로그에 해당 제안을 기록하고 템플릿을 사용하여 표준 개정안을 작성해야 합니다.

7.4 검토

변경 검토 절차에서는 변경 제안을 승인하거나 때로는 기각하기도 합니다. 비록 만족스러운 결과는 아니겠지만, 기각도 충분히 유효한 결과라고 할 수 있습니다. 이처럼 예측할 수 있고 효과적인 검토 절차는 팀의 전반적인 효율성을 높이는 데 도움이 됩니다.

시스템 아키텍처를 설계하는 능력은 아키텍트의 핵심 역량입니다. 필자는 아키텍트가 검토 과정에 적극적으로 임할 수 있는 역량도 그에 못지않게 중요하다고 생각합니다. 따라서 변경 작업을 진행할 때 아키텍트는 변경 사항을 개선하고 명확히 다듬는 검토 작업에 적극적으로 참여해야 하며, 검토 과정에서 나온 피드백을 겸허히 받아들일 수 있는 자세를 갖추어야 합니다. 반대로 아키텍트가 검토자 역할을 할 때는 자신의 기술과 지식, 경험 등을 폭넓게 활용하여 좀 더 건설적인 피드백을 제공할 수 있어야 합니다. 비록 검토 절차 없이 변경 작업을 완료할 수도 있지만, 검토는 변경 작업 완성도를 높이는 데 필요한 과정이라고 할 수 있습니다.

효과적인 검토 절차에서는 공통된 기준, 사고할 시간, 논의할 시간, 다양한 관점이라는 네 가지 핵심 요소를 갖추어야 합니다.

먼저 공통된 기준이란 검토에 참여하는 모든 사람이 해당 변경 작업의 동기와 개념적 접근 방식 등을 동일하게 이해하고 있다는 것을 의미합니다. 이러한 공통된 이해를 확보하는 가장 효과적인 방법은 변경 제안을 문서화하는 것입니다. 첫 번째 이유는 문서화를 이용하여 내용을 더욱 세밀하고 정확하게 다듬을 수 있기 때문입니다. 특히 템플릿을 사용하면 작성자가 더 꼼꼼하고 정확하게 문서를 작성할 수 있습니다. 두 번째 이유는 문서화된 자료가 있어야만 모든 참여자가 동일한 정보를 바탕으로 작업하고 있음을 담보할 수 있기 때문입니다. 여기에 표준화된 용어를 사용하면 더 명확하게 공통으로 이해할 수 있습니다.

다음으로 검토자들은 검토할 변경 제안서를 받은 뒤 충분히 생각할 시간이 필요합니다. 따라서 곧바로 회의를 진행하기보다 비동기적인 방식으로 검토 과정의 첫 단계를 진행하길 권장합니다. 특히 다양한 지역과 여러 시간대에 팀이 흩어져 있을 때 비동기적 방식을 사용하면 편한 시간에 모두가 참여할 수 있습니다. 또 비동기 검토는 **즉각적인 답변**을 요구하는 회의와 달리 시간을 충분히 갖고 응답할 수 있기에 몇몇 참여자에게는 편안한 방식이기도 합니다.

검토할 변경 제안서는 위키처럼 스레드 형식의 댓글과 알림 기능을 지원하는 시스템으로 공유하면 좋습니다. 이러한 기능은 비동기 검토에 필수며 다양한 도구에서 지원하는 기능이기도 합니다. 따라서 스레드 형식의 댓글과 알림 기능을 사용하길 권장하며, 솔직히 이러한 기능 없이는 원활하게 검토 과정을 거치기 어렵습니다. 참고로 워드 프로세서, 위키, 소스 코드 저장소에서도 스레드 형식의 댓글과 알림 기능을 찾아볼 수 있습니다. 다만 사람들에게 모든 변경 사항에 댓글을 달도록 강요하는 것은 좋지 않습니다. 강요하지 않았는데도 의미 있는 댓글이 자발적으로 달려 있다면 해당 문서를 명확하게 작성했으며 검토자들이 이를 이해하려고 노력했다는 긍정적인 신호로 볼 수 있습니다.

비동기 검토에서 가장 어려운 부분 중 하나는 모든 댓글을 놓치지 않고 해결하는 것입니다. 이를 최대한 간편하게 처리하려면 각 댓글을 독립된 스레드로 작성하고, 한 번에 한 의견만 다루도록 해야 합니다. 비록 어느 정도 관련 있는 피드백이더라도 스레드 주제와 맞지 않는 내용을 추가하려고 하는 유혹을 피해야 합니다. 이는 의도적인 노력 없이 자연적으로 할 수 있는 일이 아니므로 문서 작성자와 검토자 모두에게 효과적인 댓글 작성 방법 가이드를 제공해야 합니다.

문서 작성자가 댓글로 제안된 수정 요청에 동의할 경우 문서 작성자는 수정해야 하는 부분을 고친 뒤 간단히 답글을 남기면 됩니다. 이후 댓글을 남긴 검토자가 변경된 사항을 확인한 뒤 해당 댓글에 종결되었다고 표시해야 합니다. 이 경우 검토 과정이 지연되지 않도록 유효 기간을 두면 좋습니다. 예를 들어 영업일 기준 5일 이후에는 문서 작성자가 직접 댓글에 종결 표시를 할 수 있도록 설정하면 검토자의 바쁜 일정 때문에 프로세스가 지연되는 일을 방지할 수 있습니다.

오타처럼 단순하고 명백한 수정 요청은 검토자가 직접 수정할 수 있는 옵션을 두면 좋습니다. 필자는 개인적으로 이러한 방식을 선호합니다. 사소한 오타를 해결하려고 긴 댓글 스레드를 남길 필요가 없고, 변경 제안서에 대한 공동의 책임감을 형성하는 데도 도움이 되기 때문입니다. 결국 변경 제안서는 작성자와 검토자가 공동으로 책임지는 문서이므로 오타나 문법 오류를 누가 고쳐도 상관없습니다.

검토자가 남긴 어떤 댓글은 해결하기 어려운 경우가 있습니다. 가끔 논점에서 이탈하거나 작업 범위를 벗어나는 내용도 있는데, 이 경우에는 해당 이슈를 아키텍처 백로그에 기록하고 '해결됨'으로 표시하면 됩니다. 물론 이슈 자체가 해결된 것은 아니지만, 다른 일정으로 처리할 문제를 하나의 제안서에 포함시켜 복잡해지지 않도록 하는 것이 중요합니다.

문서 작성자와 검토자 사이에 중요한 의견 차이가 있는 댓글이 남는 경우도 있습니다. 댓글 스레드가 네다섯 번 이상 오갈 때는 해당 논의를 검토 프로세스 밖에서 진행하면 좋습니다. 대부분은 별도의 검토 회의를 열어 논의를 이어 기는 것이 적절합니다.

검토 회의는 실시간으로 논의하여 비동기 검토를 보완하는 역할을 합니다. 검토 회의는 보통 다음에 기술할 두 가지 이유로 열며, 각각의 과제를 해결하려고 검토 진행 상황에 따라 여러 차례 회의를 진행하기도 합니다.

검토 회의를 여는 첫 번째 이유는 비동기 검토 과정에서 해결하지 못한 문제를 해결하기 위해서입니다. 비록 비동기 검토 과정이 유용하기는 하지만, 상충된 의견을 신속하게 조율하는 데는 효과적이지 않습니다. 반면에 실시간 논의는 대화로 상충된 의견을 조율하는 데 더 적합하며 빠르게 진행할 수 있습니다.

검토 회의를 여는 두 번째 이유는 참여를 독려하기 위해서입니다. 일단 회의 일정을 잡으면 어느 정도 참여를 이끌어 낼 수 있습니다. 그리고 참석자들에게 준비된 상태로 회의에 임할 것을 요청하면 설계안을 읽지 않은 검토자들에게도 사전 검토를 하도록 유도할 수 있습니다. 또 설계안 검토 여부와 관계없이 아직 의견을 내지 않은 이들에게 피드백을 요청할 기회가 되기도 합니다.

회의를 진행하면 다양한 관점을 이끌어 낼 수 있는데, 이는 매우 바람직합니다. 그러나 회의로 의견을 수렴할 때는 신중하게 접근해야 합니다. 적절하게 조율하지 않으면 회의는 일반적으로 발언에 능숙하고 빠르게 의견을 제시할 수 있는 이들이 주도합니다. 이를 방지하려면 회의 진행자가 모든 참석자에게 차례로 피드백을 요청하여 적극적으로 의견을 수렴해야 합니다. 사전에 공유한 설계 문서와 비동기 검토 내용은 참석자 전원이 의견을 준비하는 데 필요한 모든 정보를 제공했을 것입니다.

아울러 검토 회의를 진행할 때는 회의 분위기에도 주의를 기울여야 합니다. 검토 회의를 과도하게 논쟁적으로 진행하지 않도록 해야 하며, 논의 초점을 사람이 아닌 설계 자체에 맞추어야 합니다. 또 검토 회의는 팀 친밀감을 형성하는 것을 목적으로 하지 않습니다. 사실 모두가 지나치게 좋은 분위기만 유지하려고 한다면 반대 의견을 제시하기가 어려울 수도 있습니다. 팀원 간 좋은 관계도 중요하지만, 이는 검토 회의 밖에서 만들어야 할 부분입니다.

7.5 진행 상태

팀 내에서는 동시에 여러 변경 제안이 진행되기 때문에 체계적인 관리가 필요합니다. 이를 위해 프로젝트에 대한 모든 변경 제안을 한곳에 모아 두는 것을 권장합니다. 이때 진행 중인 제안과 완료된 제안을 구분하면 좋습니다. 현재 진행 중인 항목은 더 세분화하여 누구나 빠르고 쉽게 찾을 수 있어야 합니다. 반면에 완료된 항목은 참고용으로 보관하되 별도의 폴더에 옮겨 두면 좋습니다. 시간이 지나면서 완료된 제안이 점차 쌓이므로 날짜별로 정리하면 좀 더 쉽게 관리할 수 있습니다.

이처럼 모든 문서는 진행 상태를 기록해야 하므로 제안서 템플릿에는 진행 상태를 나타내는 항목을 반드시 포함해야 합니다. 그리고 진행 중, 검토 중, 승인됨, 기각됨 등 최소한 네 가지 상태를 표시할 수 있어야 합니다. 여기에 더해 더 세부적인 상태를 구분하는 데 다양한 상태 값을 사용할 수도 있습니다. 예를 들어 어떤 팀은 일시적으로 보류된 제안서에 '보류 중'이라는 상태를 표시하여 나중에 다시 검토할 계획이 있음을 나타내기도 합니다.

이전 절에서 설명한 검토 절차는 '검토 중' 상태에 있는 제안서에 적용됩니다. 반면에 '진행 중' 상태는 작성자가 아직 공개적으로 검토받을 준비가 되지 않았음을 나타내며, 이는 설계가 아직 미완성이거나 큰 변경 작업이 진행 중이기 때문일 수 있습니다. 다만 이러한 '진행 중' 상태를 사용할 때는 검토자가 작업이 완료되길 기다리느라 시간을 낭비하고 있을 수 있다는 점을 고려해야 합니다.

문서를 승인한 뒤에는 모든 참여자에게 더 이상 문서를 검토할 수 없다고 확실히 알려야 합니다. 아마도 이미 승인된 제안서에 새로운 기능을 추가하거나 잘못된 부분을 수정하고자 하는 사람들은 이러한 부분을 달가워하지 않을 것입니다. 그럼에도 프로세스는 반복적으로 진행해야 하며, 추가 변경이 필요하다면 새로운 변경을 제안해서 처리해야 한다는 점을 알려야 합니다.

검토 과정에서는 참여자 역할을 명확히 정하는 것도 중요합니다. 각각의 검토에는 설계안을 책임지는 작성자가 있으며, 최소한 검토자와 승인자가 있을 것입니다.

모든 작업을 공개적으로 진행한다는 취지에서 누구나 검토자로 참여할 수 있도록 하는 것을 권장합니다. 가끔 검토자 권한을 남용하는 사람이 있을 수도 있지만, 검토 절차를 엄격히 준수하면 그 영향을 최소화할 수 있습니다. 다만 어떤 주제에 대한 경험이나 전문성 때문에 특정 설계를 꼭 검토해야 할 사람이 있을 때는 그 역할을 명확히 지정하면 좋습니다.

검토 절차에서 가장 신경 써야 할 부분은 승인자를 선정하는 일입니다. 승인자는 설계가 완료되기 전 최종 결정을 내려야 하는 사람입니다. 검토자와 달리 승인자 의견이 작성자 의견과 다를 때는 작성자는 단순히 "당신과 의견 차이를 인정합니다."라고 넘길 수는 없습니다. 승인자가 결과에 만족하지 않는 한 설계를 마무리할 수 없기 때문입니다.

승인자 목록에는 변경 작업을 책임지는 사람들을 반드시 포함해야 합니다. 팀원이 작성한 변경 사항이 시스템 아키텍처에 영향을 미칠 수 있을 때 팀장인 필자가 승인자로 참여하는 경우가 많았습니다. 이렇게 변경 작업을 책임지고 승인함으로써 단순히 변경 작업을 허락하는 것을 넘어 성공적인 결과를 위해 적극적으로 지원하겠다는 의지를 보이는 것입니다.

승인자는 변경 작업을 승인함으로써 그 결과를 책임지게 된다는 점을 반드시 인식해야 합니다. 종종 사람들은 승인 역할을 단순히 변경 사항을 평가하는 것("충분히 괜찮네.")이나 절차상의 일(형식적인 확인)로 오해합니다. 승인자가 나중에 문제가 발생했을 때 "처음부터 마음에 들지 않았다."거나 "동의한 적 없다." 혹은 최악의 경우 "읽어 보지도 않았다."라고 주장한다면 이는 승인자 본인뿐만 아니라 프로젝트와 관련된 모든 사람에게 부정적인 영향을 초래할 수 있습니다.

따라서 이상적인 승인자 그룹은 해당 작업에 이해관계를 가진 서너 명 정도로 구성하면 좋습니다. 이들은 조직 구조에 따라 다르겠지만, 최소한 해당 구현을 책임지는 사람들을 포함해야 합니다. 이는 엔지니어일 수도 있고 아키텍트일 수도 있습니다. 앞서 언급했듯이, 아키텍처 리더들도 이러한 변경 사항에 중요한 이해관계를 맺고 있습니다.

동일한 이유로 승인자는 네 명을 넘지 않는 것이 좋습니다. 인원이 많으면 변경에 대한 책임감과 변경 작업을 끝까지 추진하려는 의지가 분산될 수 있기 때문입니다. 또 승인자들이 전체 변경 사항을 보는 대신 **자신의 부분**에만 집중하게 되어 결과적으로 모두에게 해가 될 수도 있습니다. 구현 작업에 대규모 팀이 참여하는 경우에는 리더 한두 명이 책임을 느끼고 이끌어 주는 것이 좋습니다.

다만 이러한 부분은 수많은 변경 사항을 승인해야 하는 엔지니어링 및 아키텍처 리더에게는 부담을 줄 수 있습니다. 이 경우에는 리더가 팀원들에게 검토를 위임할 수 있으며, 오히려 그렇게 하는 것이 좋을 때가 많습니다. 적절한 위임은 리더들의 업무 부담을 줄여 줄 뿐만 아니라 중요한 역할을 하는 팀원들을 검토 과정에 적극적으로 참여시킬 수 있기 때문입니다.

7.6 진행 속도

제품 개발 조직은 일정과 예산에 따라 운영됩니다. 아키텍처 팀도 예측할 수 있고 체계적인 방식으로 업무를 진행하여 이러한 목표를 지원해야 합니다. 아울러 일정, 예산, 인력을 단순히 제약으로만 여기는 태도는 지양해야 합니다.

일정, 예산, 인력 같은 부분은 팀 프로세스에 반영해야 합니다. 새로운 서비스를 개발할 때 팀 목표가 **최고의** 아키텍처를 찾는 것이 되어서는 안 됩니다. 명확한 기준 없이는 **최고**라는 표현이 의미 없기 때문입니다. 대신에 요구 사항을 충족하고 주어진 프로젝트 조건 내에서 팀이 구축할 수 있는 아키텍처를 찾는 것이 목표여야 합니다. 따라서 설계 과정에서 아키텍처 비용, 구현 비용, 운영 비용 등을 모두 고려해야 합니다.

프로젝트에 필요한 작업 시간을 추정할 때 지나치게 세밀한 부분에 집착할 때가 많습니다. 변경 작업을 시작하기 전에 그 작업이 며칠이 걸릴지, 몇 달이 걸릴지 파악하는 것은 중요합니다. 또 한 달이 걸릴지, 1년이 걸릴지 아는 것도 중요합니다. 하지만 이는 어디까지나 추정치일 뿐이므로 30일과 31일의 차이는 의미 없습니다.

시간을 많이 들이지 않고도 대략적인 추정은 할 수 있습니다. 그리고 이전 작업에서 수집한 데이터가 도움이 되기도 합니다. 다만 변경 제안의 동기나 개념적 단계에 드는 시간은 매우 다르므로 이 단계에서 수집된 데이터는 그다지 유용하지 않습니다. 대신에 상세 설계를 시작한 시점, 검토를 시작한 시점, 승인을 완료한 시점은 기록하는 것이 중요합니다. 이렇게 기록한 시간이 큰 편차를 보인다면 대략적인 변경 규모에 따라 세 가지 정도의 카테고리로 분류해서 관리하는 것이 좋습니다.

새로운 변경 작업을 시작할 때는 근거 없이 예측하지 말고, 앞서 수집한 데이터를 활용해야 합니다. 이전에 이와 유사한 변경 작업이 있었는지, 그 작업이 소규모와 중간 규모, 대규모 중 어느 범주에 속했는지 확인해야 합니다. 또 과거에 그런 작업에 든 시간이 어느 정도였는지도 참고해야 합니다. 기존에 이러한 데이터를 꾸준히 수집해 왔다면 새로운 변경 작업에 대한 작업 시간이나 비용 추정은 5분도 걸릴지 않을 것입니다.

이렇게 작업 시간이나 비용을 추정할 때는 범위로 나타내면 유용합니다. 예를 들어 기존 데이터를 보니 중간 규모의 변경 작업을 완료하는 데 4~6주가 걸렸다고 했을 때, 비슷한 규모의 다음 작업은 5주가 걸릴 것이라고 단정해서 말하기보다 4~6주 정도 걸린다고 표현하면 좋습니다. 추정치를 단 하나의 숫자로만 제시하면 사람들은 그 값에 맞추어 기대치를 설정하는데, 이는 측정값을 말할 때는 적합할지 몰라도 추정치를 말할 때는 그렇지 않습니다. 숫자 두 개를 사용해서 추정치 범위로 제시하면 듣는 사람은 자연스럽게 불확실성을 고려하게 되고, 추정치 범위 크기로 그 불확실 정도를 알 수 있습니다.

팀마다 업무 진행 속도와 작업을 체계화하는 방식이 다릅니다. 따라서 특정 작업에 대해 **일반적인** 소요 시간을 포괄적으로 제시하는 것은 불가능합니다. 다만 우리가 경험한 프로젝트들을 참고로 삼아 다음 작업의 소요 시간 추정치를 제시할 수 있을 뿐입니다.

이러한 점을 감안할 때, 필자가 경험한 프로젝트에서는 각 변경 제안의 **일반적인** 상세 설계의 완료 기간이 대략 4~6주 정도였습니다. 필자는 이 데이터를 사용하여 새로운 설계에 기대치를 설정하고, 팀의 작업 처리 속도도 쉽게 계산할 수 있었습니다(대체로 우리 팀 아키텍트들은 보통 설계를 두 개 정도 동시에 진행합니다).

이렇게 일정과 예산 추정에 대한 부분을 팀 프로세스에 반영시켰을 때 흥미로웠던 점은 피드백 루프가 형성되었다는 것[4]입니다. 예를 들어 우리 팀에서는 설계 소요 시간을 측정하여 이를 4~6주로 설정한 뒤 상세 설계 단계를 **더 예측할 수 있었습니다**. 필자는 이와 관련해서 다음 요인이 작용했다고 생각합니다.

첫째, 단지 예상되는 범위의 추정치가 있다는 것만으로도 일정과 예산에서 기준점을 세울 수 있습니다. 즉, 담당자는 새로운 상세 설계를 시작할 때 예상된 일정 범위를 무시하고 마음대로 몇 달씩 작업 기간을 늘릴 수 없습니다. 이에 따라 담당자 과제는 단순히 **상세 설계를 완료하는 것**이 아니라 **모두가 알고 있는 예상 기간 안에 상세 설계를 완료하는 것**이 됩니다. 이처럼 작업 기간에 대한 예상 범위를 설정하면 작업 집중력을 높일 수 있습니다.

둘째, **일반적인** 범위를 명확히 정의하면 기준에서 벗어난 상황을 더 쉽게 파악할 수 있습니다. 예를 들어 상세 설계 작업이 4주 차에 접어들었는데도 완료될 기미가 보이지 않는다면 계속 진행하기에는 뭔가 문제가 있다는 신호로 받아들여야 합니다. 더 높은 우선순위 작업이 끼어들었거나, 작업 규모가 너무 크거나, 요구 사항이 아직 확정되지 않은 문제가 있을 수 있습니다. 다만 여기에서 핵심은 무엇이 잘못되었는지 아는 것이 아니라, 무언가 잘못되었다는 신호에서

---

[4] 역주 팀의 일정 및 예산 추정 데이터를 프로세스에 반영하면서 그 결과가 다시 프로세스에 영향을 주는 순환 구조가 만들어졌다는 의미입니다.

원인을 추적할 계기를 마련할 수 있다는 것입니다.

따라서 어떤 일이 있어도 합리적인 일정에 반하는 아키텍처 설계는 지양해야 합니다. 예를 들어 현재 주어진 기간이 1개월뿐인 상황에서 상세 설계 작업이 3개월 정도 걸릴 것 같다면 다른 개념적 접근 방식을 찾아보는 것이 현명합니다. 비록 모든 상황에 이를 대입할 수 있는 것은 아니지만, 비용이 더 많이 드는 접근 방식을 선택하려면 강력한 근거가 필요하다는 점을 알아야 합니다. 더 많은 시간과 비용이 드는 방식을 선택하는 아키텍처 관행은 결코 효과적이지 않기 때문입니다.

7.7 집중 시간

제품 개발은 팀 협업으로 하기 때문에 우리는 (도구와 프로세스를 통한) 조율과 (문서나 대화를 통한) 커뮤니케이션에 시간을 많이 할애합니다. 하지만 결국 실제 성과는 각 개인의 작업으로 나타나며, 이는 철저히 사고하고 분석하는 능력으로 좌우됩니다. 이렇게 어떤 작업을 신중하게 고민하고 사고하는 데는 시간이 충분히 필요합니다.

아키텍처는 본질적으로 다양한 시스템 구성 요소를 조율하는 작업입니다. 따라서 대부분의 아키텍트는 작성해야 할 문서, 검토해야 할 문서, 나누어야 할 대화가 끊이지 않는 상황에 놓입니다. 사실 이렇게 소모되는 시간은 비단 아키텍처에만 국한된 문제는 아닙니다. 여기에서 말하고 싶은 점은 업무 환경이나 조직 내에는 특정한 편향이 존재한다는 것입니다. 우리는 다른 사람과 조율하거나 커뮤니케이션하는 데 시간을 들이는 것을 당연하게 여깁니다. 그러나 정작 소프트웨어 분야에서 가장 중요한 사고에 집중할 시간을 마련하는 일은 당연하게 생각하지 않습니다.

우리는 개인 일정을 관리할 때 주로 다른 사람과 일정을 조율하는 데 신경을 씁니다. 혹시 시간대 네 개를 아우르며 12명과 회의 일정을 맞추어 본 적이 있나요? 요즘 시중에 나와 있는 대부분의 일정 관리 프로그램은 이러한 일들을 간편하게 해 주는 기능이 포함되어 있습니다. 이러한 기능들은 시간 관리의 본질이 단순히 다른 사람들과 일정을 조율하는 데 있다고 착각하게 합니다.

하지만 효율적이고 생산적인 아키텍트가 되려면 충분히 사고할 시간을 따로 마련해야 합니다. 잠시 언급하고 싶은 점이 있는데, 바로 글쓰기에 대한 것입니다. 생각을 글로 옮기는 것은 좋은 일이지만, 아무 생각 없이 곧바로 글을 쓰기 시작하면 오히려 사고 흐름을 방해할 수 있습니다. 명확하게 생각을 정리한 뒤에는 글쓰기가 수월하지만, 생각하는 도중에 바로 타이핑하려고 하면 사고 흐름이 느려지기 때문입니다. 따라서 글이 막히는 느낌이 든다면 잠시 키보드에서 손을 떼고 물러나는 것도 좋습니다.

다시 앞선 주제로 돌아와 팀원들이 별도로 사고할 시간을 확보할 수 있게 해야 합니다. 마치 팀에서 캘린더에 회의 시간을 잡는 것처럼 말이죠. 이를 위해서는 캘린더에 **집중 시간**을 표시하도록 권장하고, 필요하다면 다른 사람이 집중 시간을 방해하지 못하도록 의무화할 수도 있습니다(이를 실현하려면 팀 내에서 집중 시간에 대한 합의가 필요할 것입니다). 필자 역시 매일 업무 캘린더에 집중 시간을 확보하려고 노력합니다. 하루 일정이 전부 회의로만 가득 차 있다면 과연 어떤 일을 제대로 할 수 있을까요?

업무 시간이 회의로만 채워지고 있다면 우선순위를 정하는 것이 중요합니다. 시간 관리 매트릭스[5]나 이와 유사한 도구를 사용하여 각 항목이 중요한지(또는 중요하지 않은지), 긴급한지(또는 긴급하지 않은지) 평가해 보면 좋습니다.

중요하지 않은 일은 과감히 하지 말아야 합니다. 이는 당연하게 들리겠지만 실제로 실행하기는 어렵습니다. 때로는 중요하지 않은 일이 재미있거나, 흥미롭거나, 혹은 주의를 다른 곳으로 돌리게 만들기 때문입니다. 필자는 어떤 일이

---

[5] 〈성공하는 사람들이 7가지 습관〉(김영사, 2017)

중요하지 않은지 판단하려고 스스로에게 이렇게 물어봅니다. "내가 이것을 무시하면 무슨 일이 생길까?" 이에 대한 대답이 "별로 나쁜 일은 없을 것 같다."라면 그 일을 무시하는 것이 최선의 선택일 것입니다.

아울러 중요하고 긴급한 작업은 가능한 최소화하려고 노력해야 합니다. 보통 이 영역에 있는 일을 할 때 가장 큰 압박을 받으며, 그 때문에 실수를 저지를 가능성도 높아집니다. 또 중요하고 긴급한 일은 외부 요인 때문에 발생할 때가 많아 예측하기도 어렵고, 완전히 발생하지 않게 할 수도 없습니다. 다만 이러한 일이 자주 생기지 않도록 관리할 수만 있다면 더 효과적으로 대처할 수 있을 것입니다.

앞서 이야기했듯이, 중요하고 긴급한 작업을 최소화하려면 중요하지만 긴급하지 않은 일에도 시간을 충분히 할애해야 합니다. 이러한 일들은 긴급한 위기가 발생하기 전에 미리 준비하면 좋습니다. 개인적으로 필자는 중요하지만 긴급하지 않은 일은 미리 계획을 세워 준비해야 하는 일로 생각합니다. 그 일에 긴급한 요청이 들어오면 미리 준비한 계획을 (가상의) 서랍에서 꺼내 바로 실행에 옮깁니다.

이러한 방법을 실제로 실천하는 것이 얼마나 어려운 일인지 간과하고 싶지는 않습니다. 대부분의 조직이 중요하고 긴급한 작업에만 초점을 맞추기 때문입니다. 하지만 아키텍처는 미래를 고민하고, 아직 긴급하지는 않지만 앞으로 긴급해질 사항들을 예측해야 할 책임이 있습니다. 이는 **시스템의 설계와 진화를 위한 원칙**이라는 아키텍처 정의에서도 명확히 드러납니다. 여기에서 진화를 위한 원칙이란 결국 미래를 앞서 생각하는 일이지 않을까요?

7.8 요약

소프트웨어 설계 작업은 공장의 조립 라인에서 제품을 생산하는 것처럼 일정하게 예측할 수 있는 속도로 완료되기 어렵습니다. 그런데도 효과적인 소프트웨어 아키텍처 팀은 올바른 제품을 적시에 제공한다는 조직의 큰 목표에 부합할 수 있도록 적절한 실무 방식을 갖추어야 합니다.

이러한 실무 방식은 아키텍처 백로그에서 시작되며 백로그에는 검토, 완료, 기각된 변경 제안과 앞으로 진행할 가능성이 있는 모든 변경 제안을 기록합니다. 백로그는 변경 제안 목록으로서 현재 진행 중인 작업을 추적하여 설계와 검토가 순조롭게 진행되게 합니다. 동시에 향후 진행할 가능성이 있는 작업을 체계적으로 기록하여 필요할 때 활용할 수 있도록 준비하는 역할도 합니다. 아울러 백로그는 팀의 작업 속도를 관리하는 데 유용한 데이터를 제공합니다.

소프트웨어 구성 요소 및 데이터 모델 카탈로그는 현재 시스템 상태를 문서화하여 설계 작업의 속도를 빠르게 합니다. 템플릿은 새로운 설계안 작성과 완성까지 가는 과정을 더욱 쉽게 만들 뿐만 아니라 검토 과정을 단순화하여 설계 작업 속도를 높입니다.

검토는 설계 과정에서 필수 단계입니다. 검토 프로세스는 적절한 도구와 절차를 활용하여 비동기와 동기 방식을 모두 포함해야 합니다. 각 설계의 상태와 모든 검토 참여자의 역할을 명확히 설정하고 가시화하여 검토 과정이 원활하게 진행되도록 해야 합니다.

이러한 실무 방식을 효과적으로 관리하고, 설계와 검토에 필요한 집중 시간을 확보함으로써 소프트웨어 팀은 작업 범위를 정의하고 소요 시간을 예측할 수 있습니다. 이러한 역량을 바탕으로 엔지니어링 및 다른 팀과 강력한 협력 관계를 구축할 수 있습니다.

memo

8장

커뮤니케이션

8.1 정신 모델

8.2 문서 작성

8.3 대화

8.4 정보 아키텍처

8.5 네이밍

8.6 용어집

8.7 경청

8.8 요약

지금까지 다룬 아키텍처 실무 방식은 시스템의 아키텍처를 정의하고 발전시키는 것이 목적입니다. 우리는 지난 몇 장에 걸쳐 변경 제안의 동기, 개념적 접근 방식의 선택, 상세 설계로 이어지는 변경 프로세스를 통해 시스템 진화를 관리하는 방법을 논의했습니다. 그 과정에서 비전, 표준, 원칙, 카탈로그, 용어집 등 다양한 요소가 이러한 실무 방식을 지원하는 데 중요한 역할을 한다는 점도 살펴보았습니다. 이렇게 아키텍처 실무 과정을 거치면 방대한 양의 정보가 생성됩니다.

그렇다면 아키텍처 실무 과정에서 생성된 정보를 어떻게 동료, 협력 파트너, 다른 이해관계자에게 전달할 수 있을까요? 물론 모든 정보를 모든 사람에게 제공하지 않아도 됩니다. 중요한 점은 적절한 정보를 적합한 대상에게 적절한 시점에 전달하는 것입니다. 이를 위해서는 중요한 업데이트 사항은 직접 전달하고, 나머지 정보는 필요할 때 스스로 찾아볼 수 있도록 하는 방식이 좋습니다. 다만 이러한 방식을 적용하려면 관리해야 할 것이 많습니다. 그 과정에서 커뮤니케이션이 요구되며, 성공적으로 소프트웨어 아키텍처 실무를 하려면 효과적인 커뮤니케이션 방식이 반드시 뒷받침되어야 합니다.

문서화는 효과적인 커뮤니케이션 기초를 마련합니다. 어떤 내용을 글로 작성하면 대화나 발표 때문에 애매하게 전달된 부분을 좀 더 명확히 할 수 있습니다. 또 문서는 언제든지 어떤 속도로든 읽을 수 있다는 장점이 있습니다. 무엇보다도 문서화 작업은 100명이 읽든 1,000명이 읽든 동일하게 활용될 수 있는 확장 가능한 투자이기도 합니다.

그러나 커뮤니케이션은 단순히 글을 작성하는 것 이상입니다. 아키텍트로서 우리가 추구하는 커뮤니케이션 목표는 공통의 이해를 만드는 것이며, 이를 위해서는 대화가 필요합니다. 대화에서는 정보가 양방향으로 흐르며, 참여자들은 이러한 흐름을 따라 이해의 차이를 인식하고 이를 해결할 수 있습니다.

동시에 커뮤니케이션이 많다고 해서 항상 좋은 것은 아닙니다. 과도한 커뮤니케이션은 오히려 서로를 이해하는 것을 방해할 수 있습니다. 이는 정보가 체계적으로 정리되어 있지 않거나 쉽게 찾을 수 없을 때, 용어가 일관성 있게 사용되지 않을 때, 혹은 최신의 정확한 정보를 과거의 정보와 구분할 수 없을 때 발생합니다. 이러한 문제를 해결하기 위해 정보 아키텍처, 명명 규칙, 기타 다양한 실무 방식을 활용하면 커뮤니케이션과 공통의 이해를 더욱 효과적으로 지원할 수 있습니다.

궁극적으로 커뮤니케이션이 효과적인지 확인하는 방법은 다른 사람들에게 피드백을 받는 것입니다. 피드백을 받을 수 없다면 소프트웨어 설계를 점진적으로 개선하듯이 커뮤니케이션 방식도 점진적으로 수정해야 합니다. 다만 사람마다 팀마다 선호하는 커뮤니케이션 방식이 있으므로 엄격한 지침을 만들기보다 팀에 적합한 방식을 찾아내는 것이 더 바람직합니다.

8.1 정신 모델

사람들은 시스템을 이해하는 과정에서 그 시스템 안에 담긴 개념을 기반으로 자신만의 **정신 모델**[1]을 만듭니다. 그리고 그 정신 모델로 시스템을 이해하고 논리적으로 추론합니다. 정신 모델은 사람들이 세상을 이해하는 고유한 방식이며, 비단 소프트웨어 분야에만 적용되는 개념은 아닙니다.

⟨The Design of Everyday Things⟩(Basic Books, 2013)에서 돈 노먼은 자신의 냉장고에 대한 정신 모델과 관련된 일화를 들려주었습니다. 그 일화에서 등장한 냉장고는 냉장실과 냉동실로 나뉘어 있으며, 각 칸에는 별도의 온도 조절 장치가 있습니다.

돈 노먼의 정신 모델은 냉장실과 냉동실이 독립적으로 작동한다고 여겼습니다.

---

1 역주 1943년 케네스 크레이크(Kenneth Craik)가 만든 용어로, 정신 모형 또는 멘탈 모델(mental model)이라고도 합니다.

그 이유는 온도 조절 장치 때문으로, 냉장실과 냉동실의 조절 장치가 서로 연결되어 있다는 암시가 전혀 없었기 때문입니다. 따라서 돈 노먼은 냉동실 음식이 너무 차가울 때는 냉동실 온도를 올렸는데, 그 때문에 냉장실 온도가 낮아질 것이라고는 전혀 예상하지 못했습니다.

안타깝게도 돈 노먼의 정신 모델은 냉장고의 실제 작동 방식과 일치하지 않았습니다. 냉장고는 냉장실 온도만 측정하고 있었으며, 냉동실의 온도 조절 장치처럼 보였던 장치는 사실 냉장실과 냉동실 간 냉각 비율을 조정하는 것이었습니다. 따라서 냉동실 온도를 높이면 냉장실 온도는 항상 더 낮아집니다.

해당 냉장고의 핵심적인 설계 개념은 각 칸이 하나의 냉각원을 비대칭적으로 공유한다는 것이었습니다. 돈 노먼이 냉장고의 냉각원이 하나였다는 사실을 알았더라면, 냉각원 자체의 온도나 냉각 분배 비율을 조정하면 두 칸 모두에 영향을 미친다고 쉽게 이해할 수 있었을 것입니다.

운 좋게도 이렇게 돈 노먼은 자신의 냉장고로 정신 모델을 실험해 볼 수 있었습니다. 처음에는 원래 가지고 있던 자신의 정신 모델에 따라 온도 조절 장치를 조작해 보았지만 원하는 결과를 얻지 못했고, 이후 자신의 정신 모델이 냉장고의 개념적 모델과 일치하지 않는다고 깨달았던 것이었습니다. 여러 번 시행착오를 거친 끝에 그는 냉장고의 작동 방식을 이해했고, 이에 따라 자신의 이해를 새롭게 정립할 수 있었습니다.

우리는 소프트웨어를 설계할 때도 시스템의 개념적 모델을 정의하고, 이를 전달하는 데 다양한 커뮤니케이션 방법을 사용합니다. 돈 노먼이 여러 번 시행착오를 겪으며 기존 냉장고의 기능을 파악한 것과 달리, 아키텍트는 특정 제품이나 기능을 만들기 전에 먼저 개념적 모델을 정의하고 이를 공유해야 합니다. 따라서 아키텍트에게는 실험이나 시행착오보다는 사전에 다양한 커뮤니케이션 방법으로 공통의 이해를 형성하도록 하는 능력이 더 중요합니다.

> **Note** ≡ **개념적 모델을 공유하는 커뮤니케이션 예**
>
> 아키텍트는 시스템이 어떻게 작동하는지 핵심적인 아이디어(개념적 모델)를 공유하려고 다양한 커뮤니케이션 기술을 활용합니다. 예를 들어 전자상거래 시스템을 설계할 때는 '결제 처리'라는 개념을 전달하기 위해 보통 다음 과정을 거칩니다.
>
> - **개념적 모델 정의**: 고객의 결제 요청을 받아들이고, 이를 승인한 뒤 주문 정보를 기록하며, 동시에 재고를 업데이트하는 일련의 과정을 '결제 처리'라고 정의합니다.
> - **커뮤니케이션 예**: 아키텍트는 결제 처리 개념을 프로젝트 관계자들에게 전달하려고 도식화된 다이어그램을 만들어 각 기능 간 상호 작용을 설명하고, 이 내용을 문서로 공유합니다.
>
> 이러한 과정을 거쳐 프로젝트 관계자들이 결제 처리에 대한 공통된 이해를 가지면 개발 과정에서 결제 처리 기능을 구현하는 데 혼동을 줄일 수 있습니다.

커뮤니케이션으로 시스템 개념이 제대로 전달되었는지 확인하는 가장 효과적인 방법은 상대방이 자신이 이해한 내용을 다시 설명하게 하는 것입니다. 그 내용이 처음 전달했던 내용과 일치한다면 이는 정보가 제대로 전달되어 공통의 이해가 형성되었음을 나타냅니다. 여기에서 말하는 공통의 이해란 상대방이 다이어그램이나 설계 원칙을 단순히 외운 것이 아니라 시스템 개념을 깊이 있게 이해한 것을 의미합니다. 따라서 우리가 추구하는 것은 상대방이 정보를 충분히 소화하고, 동일한 의미로 다시 전달할 수 있을 정도로 깊이 있게 이해하게 하는 것입니다.

다시 말해 시스템의 아키텍처는 여러 가지 개념을 포함하고 있으며 설계자, 개발자, 사용자 모두 이러한 개념에 대한 이해를 바탕으로 자신만의 정신 모델을 형성합니다. 적절하게 커뮤니케이션을 한다면 모든 사람의 정신 모델과 시스템의 개념이 일치하고, 시스템이 어떻게 작동하는지에 대한 공통된 이해를 갖게 되는 것입니다.

필자 경험상 시스템 개념에 대한 공통된 이해만큼 소프트웨어 제품의 품질과 개발 속도에 막대한 영향을 미치는 요소는 없는 것 같습니다. 물론 시스템에 대한 공통의 이해가 형성되었다고 해서 반드시 상업적인 성공을 보장하는 것은 아닙니다. 상업적인 성공에는 여러 가지 다른 변수가 영향을 미치기 때문입니다. 다만 프로젝트 관계자들이 시스템에 대해 공통된 이해를 갖는다면 동일한 목표를 향해 효율적이고 효과적으로 나아갈 수 있습니다. 반대로 팀이 공통된 이해를 갖지 못하면 서로 다른 방향으로 움직이거나, 의사 결정에 시간이 오래 걸리거나, 프로젝트가 잘못된 방향으로 진행되는 등 문제가 발생합니다.

그렇다면 이러한 공통의 이해를 어떻게 만들 수 있을까요? 그것은 바로 지속적이고 끊임없는 커뮤니케이션을 통해서 만들 수 있습니다. 서로 대화해야만 서로가 이해한 바를 확인하고 검증할 수 있기 때문입니다. 그리고 이것으로 프로젝트 관계자들이 시스템에 대한 동일한 정신 모델을 갖도록 하는 것이 아키텍트가 커뮤니케이션에서 지향해야 하는 궁극적인 목표가 됩니다.

8.2 문서 작성

여러 가지 커뮤니케이션 수단이 있지만, 그중에서 문서는 커뮤니케이션에서 가장 핵심적인 요소입니다. 필자는 여러 이유로 문서 작성을 팀의 기본적인 커뮤니케이션 방식으로 정하고, 여기에 발표와 대화를 보완적으로 추가하길 권장합니다.

먼저 필자가 이러한 커뮤니케이션 방식을 권장하는 이유는 팀 구성원이 모두 한 장소에 모이기 어렵고, 심지어 같은 시간대에 있는 경우도 점점 드물기 때문입니다. 코로나 팬데믹 이전에도 세계 곳곳에 분산된 팀은 점점 많아지고 있는 추세였습니다. 이러한 추세는 여러 지역에 사무실을 열고자 하는 회사들의 운영 방식과 재택근무를 선호하는 직원들 때문이기도 합니다.

실제로 어떤 기업은 직원을 한곳에 모으기 위해 수년간 큰 비용을 투자해 왔지만, 반대로 꼭 그렇게 하지 않아도 성공한 프로젝트가 많습니다. 예를 들어 오픈 소스 프로젝트는 일반적으로 참여자들을 굳이 한자리에 모을 이유가 없습니다. 참여자들은 자발적으로 참여하고 각자의 거주지에서 활동하며, 프로젝트에서는 이동 경비를 지원할 여력이 대부분 없기 때문입니다.

사실 오픈 소스 프로젝트는 오랫동안 본질적으로 다양한 형태의 글쓰기 기반 커뮤니케이션인 **비동기** 커뮤니케이션을 활용해 왔습니다. 이메일, 채팅, 이슈 트래커, 코드 리뷰, 위키 등을 사용하거나 이 모든 문서 기반의 커뮤니케이션 방식을 조합해서 사용했습니다.

비동기라는 명칭에서도 알 수 있듯이, 이러한 커뮤니케이션 방식의 장점은 사람들이 특정 시간과 장소에 모이지 않아도 소통할 수 있다는 것입니다. 극단적인 상황에서는 이 방식이 훨씬 더 유용하기도 합니다. 예를 들어 시차가 8시간 이상 차이 나는 두 사람이 서로 편리한 시간을 조율하기 어려운 상황을 들 수 있습니다. 이뿐만 아니라 비동기 커뮤니케이션은 같은 시간대에 있더라도 즉시 대응해야 하는 부담이 없으며, 필요하다면 응답을 나중으로 미룰 수 있다는 장점도 있습니다. 아울러 방해받지 않는 시간이 확보되면 중요한 업무를 더 효과적으로 수행할 수 있다고 생각하는 사람들에게 적합한 커뮤니케이션 방식이기도 합니다.

다만 비동기 커뮤니케이션은 글을 작성할 때와 읽을 때의 사고 흐름이나 맥락이 다를 수 있다는 문제가 있습니다. 이는 대화의 흐름 속에서 자연스럽게 형성된 맥락으로, 빠르고 의미 있는 소통을 할 수 있는 실시간 커뮤니케이션과는 매우 다른 방식이기 때문입니다.

따라서 복잡한 내용을 주고받아야 할 때는 다양한 협업 기능이 있는 도구를 사용하면 좋습니다. 문서가 산문 형식[2]이라면 위키가 적합하고, 코드라면 코드 리뷰 시스템을 활용하면 됩니다. 인라인 댓글[3]과 스레드 댓글[4]을 지원하는 도구라면 어떤 것이든 유용할 것입니다.

---

2 역주 소프트웨어 설명서, 기술 문서, 기술 블로그 같은 자유로운 형식의 글입니다.
3 역주 문서나 코드의 특정 위치에 바로 댓글을 작성할 수 있는 기능입니다.
4 역주 특정 주제에 논의를 이어 갈 수 있도록 하는 댓글 기능입니다.

중요한 내용을 전달할 때는 이메일과 채팅은 가급적 피하는 것이 좋습니다. 커뮤니케이션 도구로서 이메일과 채팅에는 몇 가지 단점이 있기 때문입니다. 첫째, 이메일과 채팅은 짧은 메시지와 응답을 유도하는 경향이 있습니다. 너무 간단한 메시지를 발송하면 수신자가 어떤 내용인지 이해하려는 과정에서 자칫 길고 혼란스러운 대화로 이어질 수 있습니다. 더욱 문제가 되는 점은 원문과 그에 대한 응답 간 연결을 파악하기 어렵다는 것입니다. 참고로 이 문제는 협업 도구에서 제공하는 인라인 댓글 기능으로 해결할 수 있습니다.

때로는 누군가가 문제를 자세히 설명하기 위해 길고 상세한 이메일을 작성하는 경우도 있습니다. 물론 작성한 이메일 내용이 훌륭할 수도 있지만, 문제는 관련된 내용을 알아야 하는 사람들에게 전부 이메일이 전달되지 않을 수도 있다는 점입니다. 물론 이메일을 다시 전달하거나 나중에 찾아볼 수도 있지만, 이는 중요한 정보를 관리하는 데 매우 비효율적인 방법입니다.

경험상 이러한 이메일을 작성하거나 받은 경우에는 자세한 내용을 문서로 정리하여 링크로 공유하는 것이 좋습니다. 이때 해당 문서를 적절한 곳에 저장하고 체계적으로 관리하면 나중에 필요할 때 손쉽게 찾아볼 수 있다는 장점이 있습니다(자세한 내용은 8.4절에서 다룹니다). 이렇게 이메일 내용을 문서로 정리하면 링크를 클릭한 사람은 정적인 이메일 내용이 아니라 항상 최신 상태로 관리할 수 있는 문서에 접근할 수 있습니다. 게다가 누구나 문서에 댓글을 달아 논의에 참여할 수 있으며, 모든 사람이 내용을 확인하고 의견을 나눌 수 있다는 장점도 있습니다.

지금까지 문서 작성의 필요성을 뒷받침하는 실용적이고 현실적인 이유를 살펴보았습니다. 문서 작성은 각자의 거주지와 근무 시간을 배려하고, 더 나은 의사소통을 가능하게 하며, 중요한 정보에 쉽게 접근할 수 있도록 합니다. 문서를 작성하는 것이 어려움에도 문서화가 중요한 또 다른 이유가 있습니다.

문서 작성이 어려운 작업임에도 이를 핵심적인 커뮤니케이션 수단으로 추천하는 것은 다소 모순적일 수도 있습니다. 그러나 문서 작성이 어려운 데는 이유가 있습니다. 무언가를 명확하게 글로 표현하려면 해당 내용을 잘 이해해야 하고,

잘 이해하려면 깊이 생각해야 하기 때문입니다. 그리고 이렇게 깊이 사고할 수 있는 능력은 우리 아키텍트에게 필요한 능력이기도 합니다.

필자가 여기에서 말하고자 하는 바는 아이디어를 공유하기 전에 모든 것을 다 듬고 **완벽하게 정리**해야 한다는 것이 아닙니다. 그렇게 하면 커뮤니케이션이 단절되고 고립된 상황으로 이어지며, 이는 우리가 추구하는 방향과는 다릅니다. 물론 명확하지 않은 소통으로 시간을 낭비하는 것도 바람직하지 않습니다. 문서를 읽는 사람이 문서 내용을 비판하려면 일단 내용을 이해할 수 있어야 합니다. 즉, 여기에서 우리가 강조하는 바는 문서의 명확성이지 정확성을 의미하는 것이 아닙니다.

사실 처음부터 완벽하게 문서를 작성했다고 생각하는 사람은 대개 틀렸을 가능성이 높습니다. 문서 작성자는 효과적으로 커뮤니케이션을 할 수 있게 당시의 문제나 설계에 대해 자신이 가진 최선의 이해를 명확히 정리해야 합니다. 그리고 피드백을 받아야 합니다. 이렇게 피드백을 받아야 하는 이유는 문서 작성자가 미처 인지하지 못한 부분에서 잘못된 곳을 찾을 수 있기 때문입니다. 이처럼 효과적인 커뮤니케이션은 명확한 설명으로 시작하여 명확한 응답을 끌어낼 수 있어야 합니다. 이것이 바로 공개적으로 일하는 방식의 본질이라고 할 수 있습니다.

문서 작성은 가장 확장 가능한 형태의 커뮤니케이션 방식이기도 합니다. 이는 인쇄기가 혁신적이었던 이유와 같습니다. 인쇄기가 등장하기 전에도 책은 있었지만, 인쇄기는 복제 비용을 낮추어 책의 보급을 더욱 확대시켰습니다. 컴퓨터는 이러한 비용을 사실상 제로에 가깝게 낮추었기 때문에 한번 문서를 작성하면 아무런 제약 없이 많은 사람에게 배포할 수 있습니다.

다만 영향력이 커질수록 그에 대한 책임도 커집니다. 명확하게 잘 작성된 문서를 배포하면 프로젝트를 효과적으로 진행하여 더 좋은 제품을 빠르게 출시할 수 있습니다. 반면에 불명확하고 엉성한 문서를 배포하면 결과적으로 많은 사람의 시간과 노력만 허비하는 결과를 초래할 것입니다.

8.3 대화

커뮤니케이션에서는 문서 작성이 가장 핵심이지만, 실시간 대화가 필요할 때도 있습니다. 특히 이러한 대화는 프로젝트 관계자들이 아직 시스템 개념에 대해 공통된 이해를 갖고 있지 않을 때 매우 유용합니다. 일단 시스템 개념이 정리되면, 이를 바탕으로 개념 자체의 변경을 포함한 후속 작업의 기반을 마련할 수 있습니다. 하지만 그런 기반을 마련하기 전까지는 첫 대화를 시작하는 과정이 결코 쉽지 않습니다.

프로젝트 시작 단계에 프로젝트 관계자 간의 실시간 대화가 반드시 필요한 것은 아닙니다. 예를 들어 명확한 개념과 완성도 높은 문서를 준비한 개인이 프로젝트 시작을 주도할 때가 있기 때문입니다. 실제로 팀에서 진행하는 모든 프로젝트를 이러한 방식으로 시작하는 경우도 종종 있습니다. 먼저 개인이 어떤 비전을 제시하고 이를 기반으로 제안서를 작성한 뒤 프로젝트 팀을 꾸리는 방식입니다.

하지만 이보다 더 일반적으로는 새로운 과제를 중심으로 팀이 구성되며, 프로젝트 첫 단계는 개념을 정립하는 데 전적으로 초점을 맞춥니다. 이 단계에서는 개념이 정확하거나 완전할 필요가 없으며, 프로젝트 목적을 달성하려고 정의해야 할 개념 범위를 광범위하게 넓힐 필요도 없습니다. 이 단계 목적은 문제에 대한 공통된 이해를 바탕으로 개념적 접근 방식에서 의견을 조율하는 데 있습니다.

이처럼 팀을 새로 구성했을 때는 대화를 하면서 팀원 간 유대감을 쌓는 데 부수적인 이득을 얻을 수 있습니다. 서로 잘 알지 못하고 신뢰하지 않고 존중하지 않는 사람들은 진정한 팀이 아니라 단순히 모인 그룹에 불과합니다. 이러한 그룹을 진정한 팀으로 만드는 데는 시간이 필요하며, 이메일이나 메시지보다 실시간으로 대화하면서 그 과정을 더 빠르게 진행할 수 있습니다.

대화는 반드시 대면으로 할 필요는 없으며, 어떤 팀은 대면 자체가 불가능한 경우도 있습니다. 하지만 새로운 팀을 구성할 때나 지속적으로 협업해야 할 때, 팀원들을 실제로 한자리에 모으는 것에는 분명한 가치가 있습니다. 이러한 내용과 아키텍처 팀과 관련된 다른 기타 요소들은 9장에서 더 자세히 다루도록 하겠습니다.

실시간 대화는 프로젝트나 팀 빌딩 초기 이후에도 여전히 중요한 역할을 합니다. 때로는 문서화된 제안서와 비동기적 검토를 아무리 많이 진행해도 논의가 결론에 쉽게 이르지 않을 때가 있습니다. 특히 마감 기한이 다가오는 상황에서 논의를 한없이 이어 가는 것은 합리적이지 않습니다.

이러한 상황에서는 실시간 대화로 문제를 해결할 수 있도록 회의를 열면 됩니다. 이때 그동안 문서 작성과 비동기적 검토에 투자한 노력들이 빛을 발할 것입니다. 이미 모두가 문제를 상세히 이해하고 있을 것이기 때문입니다. 이러한 종류의 회의는 어떤 개념을 새로이 정립하는 것이 아니라, 주어진 개념을 바탕으로 서로 다른 관점을 조율하는 데 초점을 맞추었습니다. 따라서 회의 시간은 보통 1시간 정도면 충분하며, 이렇게 시간을 제한하면 모든 참가자가 논의에 더 집중할 수 있을 것입니다.

지금까지 특정 주제를 중심으로 한 실시간 대화를 논의했습니다. 즉, 새로운 프로젝트를 시작할 때나 특별히 논의가 필요한 이슈를 해결하는 대화입니다. 이러한 대화를 위해서는 주제를 명확히 하고 의제를 제공해야 한다는 등 회의를 잘 진행할 수 있는 일반적인 조언들이 도움이 됩니다.

또 다른 형태의 대화는 상반된 접근 방식을 따릅니다. 바로 특정 주제가 아니라 일정에 따라 정기적으로 진행하는 대화입니다. 이러한 대화는 보통 주 1회처럼 정기적으로 진행하며, 최소 1시간 정도면 의미 있는 대화를 나누기에 충분합니다. 하지만 자주 반복되는 일정이라는 것을 고려했을 때 너무 부담스럽지 않을 정도의 시간으로 진행해야 합니다.

이러한 모임을 적절한 주기로 진행하면 팀이 지속적으로 대화를 이어 갈 수 있는 기반을 마련할 수 있습니다. 각 모임 사이의 간격은 충분히 짧아야 이전 논의가 어디에서 끝났는지 모두가 쉽게 기억하고 다시 시작할 수 있습니다. 또 회의 시간은 배정된 시간 내에 실질적인 진전을 이룰 수 있을 만큼 충분히 길어야 합니다.

이와 같은 정기적인 대화는 두 가지 목적이 있습니다. 첫째, 별도의 회의를 소집할 만큼 긴급하지는 않지만, 주목할 필요가 있는 중요한 주제를 드러내는 데 도움이 됩니다. 이러한 주제는 항상 즉석에서 해결할 수 있는 것은 아니지만, 백로그에 추가해서 나중에 다시 다룰 수 있습니다. 또는 주제 중심의 회의 의제로 설정하여 논의 시간을 더 할당할 수도 있습니다.

둘째, 정기적인 대화는 비정기적으로 진행하는 대면 회의를 보완하며, 각 회의 사이에 논의를 이어 갈 수 있는 기회를 제공합니다. 이러한 부분이 정기적인 모임을 유지하는 중요한 이유이기도 합니다. 모두가 정기적인 모임을 위해 시간을 따로 확보해 두었으므로 몇 주나 몇 달 동안 결론이 나지 않을 주제를 논의해도 괜찮습니다. 이는 흔히 생산적인 회의를 위해 "모든 회의에는 의제와 결정이 필요하다."라는 접근 방식과는 정반대지만, 그 점이 바로 핵심입니다. 대화에는 충분한 시간과 공간이 필요하기 때문입니다.

팬데믹 기간처럼 어떤 이유로든 물리적으로 팀을 한자리에 모으는 것이 어렵다면 이를 대신할 대화형 포럼[5]을 만들거나 강화하는 것도 좋습니다. 이러한 모임을 더 자주 열거나 시간을 조금 더 길게 잡는 것도 좋은 방법입니다. 이는 대면 모임에 비하면 부족한 부분이 있을 수 있지만, 대화가 단절되는 것보다는 훨씬 나은 선택입니다.

대화가 어떻게 진행되든 문서로 기록한 뒤 검토 및 합의를 하기 전까지는 그 어떤 결정도 최종적인 것으로 간주해서는 안 됩니다. 회의 당시에는 모든 사람이 의견이 일치했다고 생각하여 문서 기록 및 최종 합의 과정을 생략할 때가 많습니다. 하지만 이를 생략하는 것은 항상 어떤 문제로 이어지며, 그 이유는 다음과 같습니다.

---

5 역주 토론 게시판 및 정기적인 가상 모임을 의미합니다.

첫째, 대화 중에 의견이 합의된 것처럼 보였더라도 실제로는 그렇지 않을 수 있습니다. 누군가는 동의한 내용을 오해했을 수도 있고, 누군가는 다시 생각해 보니 마음이 바뀌었을 수도 있습니다. 혹은 당시 누군가가 반대 의견을 가지고 있었지만, 분위기상 말하기 어려웠을 수도 있습니다. 따라서 어떤 결정을 내리면 반드시 문서로 작성하여 배포하는 데 공을 들여야 합니다. 문제가 있다면 바로 이의를 제기할 것이고 더 늦기 전에 해결할 수 있을 것입니다. 반대로 별다른 이의를 제기하지 않는다면 더욱 안심하고 다음 단계로 넘어갈 수 있습니다.

둘째, 대체로 어떤 결정이든 회의에 참여했던 사람들보다 더 많은 사람에게 영향을 미치게 됩니다. 이는 해당 결정에 영향을 받는 모든 사람이 회의에 참석할 수 없기 때문입니다. 예를 들어 팀 일부만 회의에 참석했거나 누군가는 일이 생겨 미처 회의에 참석하지 못했을 수도 있습니다. 또는 다음 주에 새로 합류하는 팀원이 회의에서 내린 결정을 알고자 할 수도 있습니다. 따라서 누구나 언제든 확인할 수 있도록 의사 결정 내용을 문서로 기록하면 좋습니다.

대화는 그 나름의 역할이 있습니다. 팀원 간 유대감을 형성하거나 어려운 문제를 해결하고 프로젝트 진행을 앞당기는 최선의 선택이기도 합니다. 하지만 대화는 문서 작성을 대체하는 것이 아니라 보완하는 역할을 해야 한다는 점을 명심해야 합니다.

8.4 정보 아키텍처

문서화된 커뮤니케이션이 강조되는 환경에서 아키텍트는 제안서, 명세서, 표준 등 많은 산출물을 관리하는 경우가 많습니다. 또 프레젠테이션, 뉴스레터, 블로그 글 등 비교적 덜 형식적인 자료들로 커뮤니케이션을 보완하는 일도 자주 있습니다.

이러한 자료를 관리하는 데 시간을 투자하는 것이 중요합니다. 그렇지 않으면 결국 혼란스러운 상태에 빠질 수밖에 없고, 사람들은 필요한 문서를 찾기 어렵다고 생각할 것입니다. 물론 어떤 사람은 여기저기 물어보며 필요한 자료를 겨우 찾아내기도 할 것입니다. 이는 그 사람에게는 합리적인 행동이지만, 결국 모두에게 스트레스를 주는 일이 될 것입니다.

아울러 어떤 사람은 자신이 찾고 있는 자료가 아예 없다고 생각할 수도 있습니다. 그 결과 충분하지 않은 정보 때문에 향후 잘못 설계할 수도 있습니다. 그나마 가장 좋은 시나리오는 해당 설계 작업이 완료되기 전에 담당자가 정보 부재 문제를 발견하는 것입니다. 반면 가장 나쁜 시나리오는 어떤 기능이 이미 시스템에 있다는 정보를 알지 못한 채 중복된 기능을 새로 개발하는 경우입니다.

이와 유사한 문제는 표준에서도 쉽게 발생할 수 있습니다. 표준을 이미 만들었지만 찾을 수 없다면 무슨 소용이 있을까요? 중요한 표준을 준수하지 못하면 이중으로 낭비됩니다. 이는 대부분 표준에 부합하지 않은 방식으로 작업을 어느 정도 진행한 뒤에야 비로소 문제가 발견되는 경우가 많기 때문입니다. 표준은 설계와 개발 속도를 가속하기 위해 존재하지만, 이는 처음부터 제대로 표준을 활용할 때만 가능한 이야기입니다.

따라서 이미 만든 산출물을 최대한 활용하고, 산출물을 제대로 정리하지 않아 발생하는 문제를 방지할 수 있게 팀 내에 **정보 아키텍처**를 만들고 관리해야 합니다. 정보 아키텍처란 정보를 체계적으로 조직하여 쉽게 활용할 수 있도록 하는 것입니다. 즉, 산출물을 어디에 어떻게 저장할지 정리하여 필요할 때 쉽게 찾고 사용할 수 있도록 하는 것입니다.

정보 아키텍처를 구축하려면 팀에서 작성하는 문서를 분류하는 것부터 시작하면 좋습니다. 이를 위해 흔히 사용하는 몇 가지 분류 카테고리는 다음과 같습니다.

- **백로그 항목**: 4장과 7장에서 설명한 것처럼 백로그에는 프로젝트의 아키텍처 작업에 대한 **to-do 리스트**가 포함됩니다.

- **명세서**: 라이브러리, 서비스, 애플리케이션, 서브시스템 등 각 시스템 요소에 대한 공식적인 설명을 제공합니다.
- **변경 제안서**: 시스템의 아키텍처나 설계에 대한 추가, 삭제, 변경 사항을 제안하는 문서입니다. 변경 제안서의 상태와 더불어 작성자와 승인자를 명확히 표시해야 합니다.
- **표준 문서**: 모든 아키텍처와 설계 작업이 준수해야 하는 표준을 나타냅니다. 여기에는 설계 작업을 할 때 따라야 하는 아키텍처 원칙도 포함됩니다.
- **가이드**: 시스템 구성 요소에 대한 개념적 설명을 제공하며, 고도로 기술적인 명세서를 보완하는 문서입니다.
- **비전 문서**: 3~5년 단위로 시스템이나 하위 시스템이 지향하는 상태를 설명하는 문서입니다(비전 문서에 대한 자세한 내용은 4장을 참고하세요).
- **프레젠테이션**: 시스템 전체 또는 일부 요소에 대해 실시간으로 설명하거나 논의한 내용을 기록한 문서입니다. 가능하다면 슬라이드 자료와 프레젠테이션 녹화본을 함께 보관하세요.
- **카탈로그와 용어집**: 7장에서 설명한 대로 카탈로그는 시스템의 소프트웨어 요소와 데이터 모델을 문서로 만든 것입니다. 이 장에서 추가로 다룰 용어집은 시스템 용어를 정의한 문서입니다.
- **노트**: 변경 제안서나 프레젠테이션 등 다른 카테고리에 넣기 어려운 주장이나 관점을 문서화할 때 유용한 포괄적인 항목입니다.
- **블로그 게시물**: 정기적인 업데이트를 원하는 독자가 많을 때 이를 게시할 매체를 찾아야 합니다. 이에 대해 블로그가 효과적인 방법이 될 수 있으며, 이메일과 뉴스레터 등도 대안이 될 수 있습니다.

이러한 산출물은 모두가 적시에 적합한 항목을 찾을 수 있도록 체계적으로 분류해야 합니다. 팀에서는 이러한 자료를 잘 알려진 웹 페이지에서 유지 관리하는 것이 좋습니다. 하지만 모든 항목을 단일 도구에 저장할 필요는 없고, 그렇게 하고 싶지도 않을 것입니다. 백로그, 변경 제안서, 명세서, 블로그 게시물 등 다양한 항목을 모두 효과적으로 다룰 수 있는 단일 도구가 있을 수도 있지만, 개인적으로 그런 도구는 본 적이 없습니다. 일반적으로 도구 범위가 넓을수록 특정 영역에서 기능이 제한되는 경우가 많습니다. 다행히도 모든 도구는 링크 기능을 지원하므로 서로 다른 도구들을 하나의 체계 안에 엮어 통합적으로 활용할 수 있습니다.

다음은 대부분의 프로젝트에서 활용할 수 있는 기본 분류 체계입니다.

- **발행물**: 시스템을 설명하는 완성된 문서들이 여기에 포함됩니다. 이 카테고리에서는 일반적으로 가장 광범위한 독자층을 대상으로 한 자료부터 가장 좁은 독자층을 대상으로 한 자료 순으로 정리합니다.

    - 블로그 게시물
    - 가이드
    - 문서
    - 명세서
    - 표준
    - 노트

- **진행 중인 작업**: 그다음은 프로젝트 제안서를 정리하는 진행 중인 작업 카테고리입니다. 이 항목은 상태에 따라 세분화됩니다. 예를 들어 '비활성 상태'의 제안서는 아직 승인되지 않았지만, 완료되지도 않은 상태로 보류 중인 제안서를 의미합니다. 이러한 제안서는 나중에 다시 다룰 의도로 보관 중인 제안서이기도 합니다. 하지만 더 이상 다룰 일이 없다고 확신한다면 폐기하는 것이 좋습니다.

    - 활성 제안서
    - 승인된 제안서
    - 비활성 제안서

- **참고 자료**: 카탈로그와 용어집은 목록 후반부에 배치됩니다. 이 섹션은 기업 또는 업계의 참고 자료처럼 다른 리소스 목록을 정리하기에도 적합합니다. 여기 포함된 자료들은 종종 (카탈로그나 용어집 항목의 링크를 통해) 다른 문서에서 직접 참고하는 경우가 많습니다.
  - 소프트웨어 카탈로그
  - 데이터 모델 카탈로그
  - 용어집

- **계획**: 이 섹션에는 백로그처럼 팀 내부적으로 활용하는 자료를 보관합니다. 공개적으로 작업한다는 원칙에 따라 이러한 자료 역시 다른 자료와 함께 제공하면 좋습니다. 대부분의 독자는 이러한 자료를 찾지 않을 것이므로 목록 마지막에 배치하는 것이 적절합니다.
  - 백로그
  - 팀 정보

제안서는 아키텍트의 일상적인 작업에서 중심적인 역할을 하지만, 해당 분류 체계에서는 이를 부각하지 않는 것이 좋습니다. 대신에 가이드, 문서, 명세서 같은 자료를 먼저 배치하는 것을 권장합니다. 이러한 자료는 대개 기본적인 정보를 찾는 독자를 위한 것으로, 기본적인 정보를 찾는 독자는 원하는 자료를 찾으려고 깊게 탐색할 만한 인내심이 없습니다. 아울러 제안서는 활성, 승인, 비활성 상태로 구분하여 체계적으로 정리하면 좋습니다.

각 산출물을 정확히 라벨링하는 것도 매우 중요합니다. 우선 문서 상태를 명확히 표시해야 합니다. 초안인지, 검토 중인지, 최신 버전인지, 오래된 문서인지 상태를 분명히 드러내야 합니다. 이러한 상태 정보는 독자에게 매우 중요한 요소입니다. 독자는 오래된 문서를 읽거나 아직 승인되지 않은 변경 제안서를 너무 일찍 반영하는 등 일에 시간을 낭비하고 싶어 하지 않습니다.

> **잘못된 버전 표기**
>
> 새로운 프로젝트를 시작하면서 방대한 시스템 명세서를 받은 적이 있는데, 명세서를 읽으면 읽을수록 점점 헷갈리게 되었던 경험이 있습니다. 몇몇 하위 시스템은 개별적으로는 이해했지만 많은 부분이 중복되어 보였고, 어떻게 서로 연관되는지 도저히 알 수가 없었습니다. 문서를 읽을수록 오히려 더 이해할 수 없었습니다. 한 달쯤 지나고 나서야 필자가 받은 문서가 '버전 1' 시스템과 새로 개발된 '버전 2' 시스템의 문서를 모두 포함하고 있다는 설명을 들었습니다. 안타깝게도 두 시스템은 서로 아무런 공통점이 없었음에도 어떤 문서가 어떤 버전을 다루는지 명확히 표기되어 있지 않았던 것입니다.

이와 같이 많은 자료를 정리하는 것은 단지 시작일 뿐 끝이 아니라는 점을 명심해야 합니다. 자료를 관리할 때는 관련된 문서를 업데이트하는 작업도 반드시 포함해야 합니다. 예를 들어 제안서가 승인되었다면 이를 활성 제안서에서 승인된 제안서로 옮겨야 합니다. 새로운 표준을 채택했다면 이를 발행물/표준 섹션에 게시하거나 링크로 연결해야 합니다. 이처럼 자료 상태에 따라 적절히 업데이트하는 과정을 지속적으로 수행해야 합니다.

새로운 항목을 업로드하거나 링크할 때 알림을 받을 수 있다면 해당 기능의 사용법을 프로젝트 관계자들에게 미리 안내하는 것이 좋습니다. 또 제안서를 승인하거나, 새로운 명세서를 작성하거나, 다른 주요 변경 사항이 발생할 때마다 블로그 게시물(또는 이와 유사한 형식)을 작성하면 좋습니다. 이를 위해 블로그 게시물을 승인 체크 리스트 일부로 포함하는 것도 고려할 수 있습니다.

이러한 블로그 게시물은 길지 않아도 됩니다. 블로그를 게시하는 목적은 단순히 독자에게 변경 사항을 알리는 데 있기 때문입니다. 독자가 세부 사항을 알고 싶다면 게시물에서 참고한 명세서, 표준, 기타 문서를 직접 읽어 보면 됩니다. 그래도 독자는 이러한 블로그 게시물을 반길 것입니다. 한두 단락으로 작성된 글이 일반적인 알림 기능에서 얻을 수 있는 정보보다 더 많기 때문입니다.

가능하다면 각 자료의 사용량 통계도 수집해 보길 바랍니다. 포괄적이고 정확한 문서에는 엄청난 가치가 있습니다. 문서는 한번 작성되면 특별한 제한 없이 많은 사람이 참고할 수 있기 때문입니다. 어떤 문서를 얼마나 자주 참고하는지 알면 놀랄 것입니다.

반대로 해당 문서를 조회한 횟수가 많지 않다면 조사할 필요가 있습니다. 독자가 문서를 쉽게 찾을 수 있는지, 접근성이 떨어지는지, 문서가 유용한지, 읽는 내용이 지나치게 전문 용어로 가득하거나 오래되었거나 다른 이유로 독자 흥미를 잃게 한 것은 아닌지 등을 점검해야 합니다.

정보도 코드와 마찬가지로 방치하면 오래되어 쓸모없습니다. 따라서 문서를 검토할 시간을 주기적으로 따로 마련하는 것이 중요합니다. 문서가 적절한 위치에 저장되어 있는지, 올바른 상태로 표시되어 있는지 점검해야 합니다. 중요한 내용이 빠져 있다면 백로그 항목을 추가하여 이를 해결할 수 있습니다. 오래된 문서는 문서 보관소(아카이브)로 옮겨 일상적인 검색 과정에 혼란을 주지 않도록 정리하는 것도 좋은 방법입니다.

8.5 네이밍

시스템 설계와 개발에 필요한 개념을 정립해 가는 과정에서 많은 이름을 만들게 될 것입니다. 각 개념 자체에도 이름이 필요하며, 그에 포함된 구성 요소에도 이름이 필요합니다. 아울러 레이어, 패턴, 컴포넌트, 엔티티, 속성, 클래스, 변수, 메시지, 스키마 등에도 이름을 붙여야 합니다. 시스템 구성 요소는 아니지만 시스템을 개발하고 유지하는 데 필요한 산출물, 프로세스, 도구에도 이름이 필요합니다. 상당히 복잡한 시스템은 항목 수백 개에 이름을 붙여야 할 것이며, 이러한 항목에는 단순하고 개별적인 개념부터 개념 수십 개, 수백 개를 하나의 시스템 구성 요소로 묶는 용어까지 다양합니다.

좋은 이름을 짓기 위해 시간을 투자해야 합니다. 좋은 이름은 효과적으로 커뮤니케이션하는 데 중요한 역할을 하기 때문입니다. 또 개념적 모델을 개발하고 이해하는 데도 기여합니다. 특히 새로운 용어나 혼란스러운 명칭을 어려워하는 독자가 즉시 이해할 수 있도록 하는 데 중요한 역할을 합니다. 아울러 대화 참여자들이 서로 다른 이야기를 하는 상황을 줄여 줍니다. 즉, 좋은 이름을 지으려고 하는 고민과 노력은 대부분 유의미한 결과로 이어집니다.

좋은 이름은 무엇보다도 직관적이어야 합니다. 예를 들어 어떤 엔티티를 다른 포맷으로 변환하는 서비스를 만들었다고 가정해 봅시다. 여기에 '바벨(Babel)'이라는 이름을 지으면 상당히 창의적으로 보이며, 어떤 사람은 그 이름이 비유하는 바를 이해할 수도 있습니다. 하지만 이 경우에는 '엔티티 포맷 변환 서비스'라는 이름이 더 좋습니다. 서비스 기능을 명확히 독자에게 전달할 수 있으며, 그 서비스가 어떤 기능을 하는지 유추하거나 따로 찾아볼 필요가 없기 때문입니다.

마찬가지로 보안상 꼭 필요한 경우가 아니라면 코드 이름은 사용하지 않는 것이 좋습니다. 코드 이름은 무언가를 숨기고 모호하게 만드는 데 사용하는 것입니다. 예를 들어 어떤 작업을 '프로젝트 X'라고 부르면 멋있어 보일 수도 있지만, 결국 그것이 무엇을 의미하는지 아무도 모를 것입니다. 즉, 이러한 방식으로 짓는 이름은 비밀을 유지하려는 목적이 아닌 이상 커뮤니케이션을 원활하게 하는 데는 전혀 도움이 되지 않습니다.

지나치게 기발함만 강조한 이름도 피해야 합니다. 한 번은 '하루살이(Mayfly)'라는 데이터 마이그레이션 도구를 사용한 프로젝트를 한 적이 있습니다. 하루살이는 성충 상태로 하루(또는 이틀)만 사는 곤충으로, 해당 도구 역시 단 하루만 사용할 예정이라는 아이디어에서 붙인 이름이었습니다. 그러나 실제로 그 데이터 마이그레이션 도구는 더 오랜 기간 사용했기에 이름은 더 이상 그 의미를 제대로 전달하지 못했습니다. 아울러 도구 기능과도 명확한 연관성이 없었습니다. 결국 그 팀의 엔지니어들은 오랫동안 이름에 대한 질문을 반복적으로 받아야 했습니다.

같은 이유로 약어 사용도 최소화하면 좋습니다. 약어는 이름이 너무 길 때 유용하지만, 차라리 짧고 간결한 이름을 찾는 것이 더 바람직합니다. 약어를 꼭 사용해야 한다면 단어처럼 들리지 않는 약어를 선택하는 것이 좋습니다. 단어처럼 들리는 약어는 실제 의미와 연관성을 약화시킬 수 있기 때문입니다. 예를 들어 엔티티 변환 서비스(Translation for Entities Service)를 TEsS라고 줄인다면, 이는 특정 지역에서 흔히 사용하는 여성 이름과 겹칠 수 있습니다. 그 결과 사람들은 이 이름이 소프트웨어를 의미하는지, 아니면 새로 합류한 여성 동료 이름을 지칭하는지 헷갈릴 수 있습니다(게다가 대·소문자도 일관되지 않아 거부감을 느낄 수도 있습니다).

대부분의 시스템은 수많은 이름이 필요하기 때문에 일관된 구조를 따르는 것이 중요합니다. 그렇게 하면 사람들이 이름 때문에 받는 인지적 부담을 줄일 수 있습니다. 아울러 올바르게 구성된 명명 구조는 다양한 개념 간 실질적인 연관성을 반영할 수 있습니다. 이를 통해 용어 구조만 보고도 특정 정보를 간접적으로 알 수 있어 굳이 명시적인 설명이 없어도 충분히 그 의미를 전달할 수 있습니다.

예를 들어 전자상거래 시스템을 개발한다고 가정해 봅시다. 각 판매 거래에 대해 고객 청구서를 발송해야 하는 곳과 실제 물품을 배송해야 하는 곳, 이렇게 두 주소를 저장해야 합니다. 이 경우 첫 번째를 청구 주소(Billing Address), 두 번째를 배송 위치(Shipping Location)라고 이름을 지을 수 있습니다. 하지만 이는 좋은 선택이 아닙니다. 두 이름 간에 내포된 연결성, 즉 둘 다 어떤 주소라는 공통점이 사라져 버리기 때문입니다. 게다가 두 이름을 포괄하는 용어를 정하는 데도 어려움이 생깁니다. 단순히 주소(Address)라고 해야 하는지, 위치(Location)라고 해야 하는지, 아니면 주소와 위치(Address and Location)라고 해야 하는지 헷갈립니다.

따라서 이 경우에는 청구 주소(Billing Address), 배송 주소(Shipping Address) 둘을 포괄하는 용어로 주소(Address)를 선택하는 것이 더 바람직합니다. 이러한 명명 방식은 인상적이거나 독창적이지는 않지만 직관적이고 명확합니다. 또 각각의 이름과 더불어 전체적으로도 그 의미를 명확히 전달할 수 있습니다.

이 예에서 사용된 네이밍 구조는 직관적이면서도 강력합니다. 핵심 개념으로 주소라는 간단한 이름을 붙이고, 추가적인 개념으로 청구와 배송 같은 수식어를 붙이는 방식입니다. 이러한 네이밍 구조는 자주 활용되지만, 그 중요성이 충분히 강조되지 않은 경우가 많습니다.

이러한 네이밍 구조는 쉽게 확장할 수 있습니다. 예를 들어 고객이 청구 주소를 업데이트한다면 이는 이전 청구 주소(Old Billing Address)를 신규 청구 주소(New Billing Address)로 교체하는 것을 의미합니다. 이처럼 개념을 명확히 구분하려고 수식어를 추가로 붙이는 방식은 언제든지 활용할 수 있습니다.

아울러 핵심 개념에 접미사를 추가하여 네이밍 구조를 확장할 수도 있습니다. 예를 들어 주소를 별도의 서비스에 저장하는 경우 주소 엔티티(Address Entities)는 주소 서비스(Address Service)에 저장하며, 주소 업데이트(Address Update)로 갱신된다는 식으로 표현할 수 있습니다. 이 모든 과정은 주소 서비스 명세서(Address Service Specification)에 기록된다고 말할 수 있습니다. 이처럼 이름을 통해 개념 간 연관성을 명확히 하고 쉽게 기억할 수 있다면, 각 개념 간 관계를 파악하는 부담은 크게 줄어들 것입니다.

이러한 네이밍 구조의 일관성은 최대한 넓은 영역으로 확대 적용하는 것이 바람직합니다. 예를 들어 대부분의 시스템에서는 기본적으로 각 엔티티에 대한 생성 시점과 마지막으로 수정된 시점을 메타데이터로 기록합니다. 이러한 메타데이터 속성은 어디에서나 동일한 이름으로 사용해야 하며, 형식도 통일해야 합니다. 예를 들어 created와 modified는 적절하지만 createDate와 modificationTime은 그렇지 않습니다. 즉, 이름을 지을 때는 어떤 형식을 정하고 이를 일관되게 유지해야 이름을 사용할 때 많은 시간과 노력을 절약할 수 있습니다. 더 나아가 관련된 표준에서 제공하는 네이밍 방식을 따르면 팀 내에서 자체적으로 규칙을 만들지 않아도 되기 때문에 시간을 더 많이 절약할 수 있습니다.

이름을 변경해야 한다면 해당 변경을 시스템 전체적으로 일관되게 적용하는 것이 중요합니다. 당연히 잘못된 이름을 계속 사용하기보다는 변경하는 것이 낫습니다. 기존 이름과 새 이름을 함께 사용하는 것은 아주 좋지 않습니다. 따라서 이름을 변경할 때는 기존 명세서, 표준, 기타 영향을 받는 문서에도 동일하게 반영하는 것이 중요합니다.

"변경 제안은 소프트웨어 패치(patch)와 같다."[6]라는 표현의 대표적인 예가 바로 이름 변경입니다. 이름 변경과 관련된 변경 제안서에는 기존 이름과 새로운 이름뿐만 아니라 변경 사유도 기재됩니다. 따라서 이러한 변경 제안서는 기존 이름과 새로운 이름을 연결하는 역할을 합니다. 변경 제안서가 승인되면 이 제안서의 **패치**는 기존 이름이 사용된 모든 문서에 적용해야 합니다(다만 이전의 변경 제안서는 업데이트하지 않습니다). 아울러 이름을 변경한 뒤 새로운 팀원이 기존 이름을 알지 못해도 문제없이 작업할 수 있다면 이는 이름을 효과적으로 변경했음을 의미합니다.

최종적으로 이름을 변경한 뒤에는 모든 대화와 문서에서 새로운 이름을 사용해야 합니다. 이름 변환 과정에서 습관적으로 이전 이름을 사용한다면 이를 지적하거나 반대로 지적받는 것을 불편하게 느낄 수 있습니다. 그럼에도 새로운 이름으로 정착하려면 이러한 교정 단계는 반드시 필요합니다. 그렇지 않으면 이전 이름을 사용하는 일을 계속해서 묵인되는 것으로 받아들일 수 있습니다.

8.6 용어집

이름의 일관성과 직관성은 매우 중요하며, 이를 뒷받침할 간결하고 명료한 정의도 반드시 필요합니다. 각 용어 정의를 작성하는 데는 두 가지 목적이 있습니다. 첫째, 용어가 모호하거나 오해가 발생했을 때 이를 해결하는 기준이 됩니다. 둘째, 중요한 점은 개념을 명확히 정리하도록 만드는 것입니다. 실제로 팀에서 잘 알고 있다고 생각했던 용어를 정의하려다가 예상외로 어려움을 겪는

---

[6] 역주 소프트웨어 패치란 기존 시스템을 수정하고 개선하는 작업으로, 단순한 부분 수정이 아니라 전체 시스템과 문서에 걸쳐 통합적으로 적용되는 변경을 지칭합니다.

경우를 여러 번 보았습니다.

용어집은 다른 문서 안에 자연스럽게 통합될 때 가장 효과적으로 작동합니다. 각각의 용어마다 고유한 URL을 생성하여 이를 다른 문서에서 링크로 연결하면 좋습니다. 예를 들어 개별 위키 페이지는 고유한 URL을 생성할 수 있어 용어집으로 적합하지만, 스프레드시트는 그렇지 않습니다. 가능하다면 변경 제안서, 명세서, 기타 산출물을 관리할 때 사용하는 도구를 용어집 관리에 활용하는 것이 좋습니다.

각각의 문서에서 특정 용어를 처음 사용할 때는 해당 용어집의 링크를 연결해야 합니다. 그러나 같은 문서에서 특정 용어를 반복해서 사용할 경우 매번 링크를 추가하는 것은 번거롭고 불필요합니다. 이는 문서 작성자의 작업량만 늘릴 뿐이며 부가적인 가치를 제공하지 않습니다. 또 링크는 시각적으로 구분되기 때문에 지나치게 많으면 독자가 문서를 읽는 데 방해될 수 있습니다.

비록 수많은 명세서 템플릿에서 흔히 볼 수 있음에도 문서에 자체적인 **용어 설명** 섹션을 두는 것은 일반적으로 권장하지 않습니다. 용어집 항목과 중복되거나(이 경우 링크를 사용하는 것이 더 적합합니다), 용어집과 다른 정의를 사용하여 혼란을 초래할 가능성이 크기 때문입니다. 따라서 용어집 범위를 벗어난 용어를 사용하거나 새로운 용어가 등장할 때만 예외적으로 자체적인 용어 설명을 사용해야 합니다.

용어집을 작성할 때 이미 업계에서 표준적으로 통용되는 정의를 다시 정의하는 것은 바람직하지 않습니다. 업계에서 표준적으로 통용되는 어떤 용어의 정의가 있다면, 해당 정의에 대한 링크를 사용해야 합니다. 이렇게 하면 정의를 새로 작성하는 데 소요되는 시간과 노력을 줄일 수 있으며, 해당 표준과 연계성을 강화할 수 있습니다. 또 새로운 팀원이 시스템을 학습할 때 자신이 가진 업계 지식을 활용할 수 있어 학습 과정이 더욱 수월합니다.

문서를 작성하다 용어집에 어떤 용어가 없다는 것을 알았다면 잠시 문서 작성을 멈추고 용어집에 해당 항목을 새로 추가합니다. 처음에는 이러한 작업을 번거롭게 느낄 수도 있습니다. 하지만 일단 용어집을 충분히 정리했다면 이 같은 번거로운 상황은 점점 줄어들 것입니다. 아울러 시스템 문서에 필요한 용어를 기준으로 용어집 항목을 정의하면 좀 더 효과적으로 작업할 수 있습니다.

다만 변경 제안서에는 앞서 살펴본 규칙이 적용되지 않습니다. 변경 제안서를 작성하는 일은 보통 새로운 것을 제안하는 일이며, 변경 제안을 승인하기 전까지는 아직 그 내용을 시스템에 적용할 것이라고 보장할 수 없기 때문입니다. 따라서 변경 제안에 새로운 용어를 사용한다면 해당 용어 정의는 변경 제안을 승인하기 전까지 용어집에 추가해서는 안 됩니다. 즉, 변경 제안서 안에 모든 새로운 용어 정의를 작성해야 합니다. 이후 변경 제안이 승인되면 그 정의를 용어집으로 옮겨 이후부터는 그 용어집이 해당 용어에 대한 출처로 자리 잡게 되는 것입니다.

프로젝트 용어집이 점차 커지면 적절한 관리가 필요하므로 별도의 분류 체계를 만들고 그에 따라 각 항목에 태그를 붙이는 것이 좋습니다. 예를 들어 시스템, 도메인, 레이어, 서비스, 데이터 모델의 관계에 따라 태그를 달 수 있습니다. 따라서 용어집을 관리할 도구를 선택할 때는 각 항목에 고유한 URL을 부여하는 것 외에도 태그를 추가하고 태그별로 목록을 생성할 수 있는 기능도 고려해야 합니다.

비록 아주 작지만 용어집의 각 항목 역시 일종의 문서라고 볼 수 있습니다. 따라서 각 항목에 대한 템플릿이 있어야 합니다. 이와 관련하여 다음과 같은 섹션을 둘 것을 권장합니다.

- **개요**(Excerpt): 다른 문서에서 인용할 수 있는 한 문장의 정의
- **상세**(Detail): 앞선 한 문장의 정의를 보충하는 추가 설명
- **참조**(See also): 관련 용어나 용어 목록
- **참고 자료**(References): 해당 용어와 직접 관련된 명세서나 다른 문서에 대한 링크

마지막으로 이러한 정의에 등장하는 다른 용어들도 반드시 링크를 걸어야 합니다. 사실 이는 자주 발생하는 일입니다. 예를 들어 요약 부분에 링크가 두세 개

포함되는 것도 드문 일이 아닙니다. 용어를 정의하고 링크를 구축하는 데 시간이 걸릴 수밖에 없습니다. 하지만 일단 이러한 작업이 마무리되면 시스템 용어집을 탐색하는 것만으로도 시스템에서 얼마나 많은 것을 배울 수 있는지 실감할 수 있을 것입니다.

8.7 / 경청

실제로 고객이 반응하기 전까지는 제품이 성공했는지 알 수 없듯이, 우리 커뮤니케이션도 상대방 반응을 듣기 전까지는 효과적이었는지 알 수 없습니다. 우리는 커뮤니케이션을 위해 글을 쓰고, 대화를 나누고, 주제를 정리하고, 요소마다 이름을 붙이고, 정의하는 작업을 합니다. 하지만 정작 상대방이 이것들을 제대로 이해해야 비로소 커뮤니케이션이 잘되었다고 할 수 있습니다.

우리가 제대로 커뮤니케이션을 했는지 알려면 먼저 상대방이 하는 말을 들어야 합니다. 우리가 전달한 내용과 상대방이 말한 내용이 동일한 개념적 모델을 반영하고 있다면 비로소 공통의 이해가 형성되었다고 볼 수 있습니다.

경청은 단순히 누군가가 말할 때만 하는 일이 아닙니다. 아키텍처 팀이 엔지니어링 팀, 제품 관리 팀, 기타 다른 팀과 협업하고 있다면 그들 의견을 경청하기 위해 해당 팀의 문서를 검토해야 합니다. 여기에서 중요한 점은 단순히 문서를 읽는 것이 아니라 검토해야 한다는 것입니다. 문서를 이해하지 못한 채 읽기만 하는 것은 너무나 쉽습니다. 문서를 읽으면서 댓글을 남기고 싶은 생각이 들지 않는다면 아마도 문서가 전달하려는 내용을 충분히 살피지 않았을 가능성이 큽니다.

그렇다고 모든 아키텍트가 다른 팀에서 작성한 모든 문서를 읽어야 한다는 의미는 아닙니다. 대부분 이는 현실적으로 불가능합니다. 시스템을 설계하고 관리하는 것이 팀의 공동 작업이듯이, 다른 팀과 하는 커뮤니케이션을 관리하는 것도 팀 차원에서 해야 합니다. 이를 위해 특정 문서를 **누가 읽어야 하는지**, 또는 **누가 이미 읽었는지** 기록해 두면 좋습니다. 여기에 잘 구성된 정보 아키텍처는 문서를 체계적으로 정리하고 문서의 상태와 중요도를 명확히 하는 데 도움을 줄 것입니다.

팀의 효과적인 커뮤니케이션이 좋은 본보기가 되면 다른 팀도 이를 본받아 유사한 방식을 채택할 것입니다. 예를 들어 비슷한 템플릿을 사용하거나, 정보를 유사한 방식으로 정리하거나, 용어집에 정의를 추가하는 방식으로 동참할 수 있습니다. 팀의 모범 사례를 다른 팀에서도 활용하는 것을 보았다면 이를 장려하는 데 시간을 할애하는 것이 좋습니다. 모든 팀의 프로세스와 구조가 유사하면 공통의 이해를 도모할 수 있는 강력한 토대를 마련할 수 있기 때문입니다.

추가적인 장점은 팀들이 서로의 방식을 참고하고 개선할 때 나타납니다. 다른 팀이 여러분 템플릿을 채택한 뒤 수정했다면 어떤 부분이 바뀌었는지 살펴보아야 합니다. 아마도 여러분 작업에도 적용할 수 있는 개선점을 발견할 수 있을지도 모릅니다. 이처럼 다른 팀의 개선 사항을 검토하고 생각하며 배운 점을 적용하는 과정은 동료들이 내는 의견을 경청하는 또 다른 형태라고 볼 수 있습니다. 이렇게 서로 개선 사항을 공유하면 모두가 혜택을 누릴 수 있으며, 강력한 협업 문화를 형성하는 데도 도움이 됩니다.

최상의 결과는 서로 다른 분야가 커뮤니케이션 구조를 통합할 때 나타납니다. 다만 이는 아키텍처 문서나 요구 사항 문서 등을 하나로 합쳐야 한다는 의미는 아닙니다. 각각의 프로세스를 분리하는 것은 여전히 중요합니다. 하지만 개념적 모델, 정보 구조, 명명 규칙 등은 특정 소프트웨어 아키텍처에 국한되지 않고 제품이나 제품군 전체에 걸쳐 적용되는 요소입니다. 이러한 요소를 다양한 영역에 적용한다면 공통된 이해로 새로운 작업으로 넓혀 갈 수 있는 강력한 기반을 만들 수 있습니다.

효과적으로 커뮤니케이션을 하려면 겸손함도 필요합니다. 당연히 우리는 자신의 업무에 자부심을 가져야 합니다. 그러나 우리 작업을 다른 사람들에게 설명한 뒤 상대방이 이해했는지 확인하려고 듣는 것과 인정받으려고 듣는 것은 전혀 다른 일입니다. 누구나 자신이 한 노력이 인정받길 원하지만, 상대방이 인정했다고 해서 우리 메시지가 제대로 전달되었다는 의미는 아닙니다.

반대로 상대방이 우리가 전달한 바를 이해했다는 것은 곧 우리 작업을 인정한 것이라고 볼 수 있습니다. 비록 그렇게 느껴지지 않을 때도 있지만 말입니다. 누군가가 여러분이 이미 잘 알고 있는 줄 모르고 어떤 작업을 열심히 설명한 적이 있었나요? 그렇다면 처음에는 약간 당황스럽거나 서운하게 느꼈을지도 모릅니다. 그것은 아마도 그 작업에 대한 여러분 공로가 다른 사람에게 **명확하게** 알려지지 않았다고 느꼈기 때문일 것입니다.

하지만 다시 생각해 보면 이 얼마나 놀라운 일인가요! 여러분과 그 일을 이야기한 적이 없는 누군가가 여러분이 한 작업을 너무도 잘 설명해서 내가 한 작업이란 것을 알아챌 수 있다면 말입니다. 이는 의심할 여지없이 효과적으로 커뮤니케이션을 했다는 증거입니다. 결국 누가 공로를 인정받았는지 신경 쓰기보다 내가 이룬 작업과 커뮤니케이션의 성과를 묵묵히 만끽하는 편이 더 바람직하다고 할 수 있습니다.

8.8 요약

제품 개발은 팀 차원의 노력으로, 효과적인 커뮤니케이션 없이는 어떤 팀도 제대로 돌아가지 않습니다. 가장 생산적인 팀은 현재 구축 중인 제품에 대한 공통의 개념적 모델을 바탕으로 운영됩니다. 이들은 문서 및 구두 커뮤니케이션을 통해 공통의 이해를 확립하고 발전시킵니다.

커뮤니케이션에서는 우선 문서 작성에 중점을 두어야 합니다. 문서 작성은 장소와 시간대에 관계없이 협업을 용이하게 하고, 지속성과 확장성을 제공하며,

사고를 명확히 정리하는 데 도움을 줍니다. 아울러 문서를 사용하면 이메일이나 채팅 메시지에서 손실될 수 있는 정보를 기록하고 보존할 수 있습니다.

문서 작성을 이용한 커뮤니케이션을 보완하기 위해 팀이 대화할 수 있는 시간과 공간을 마련하는 것이 좋습니다. 특히 대면 회의를 오래 하면 새로운 개념을 정립하거나 팀원 간 유대감을 형성하는 데 매우 유용합니다. 즉석에서 하는 대화는 오해나 기타 여러 문제를 해결하는 데 도움을 줄 수 있습니다. 팀 회의처럼 정기적으로 대화의 장을 마련하면 작은 주제를 다룰 수 있는 기회를 제공할 뿐만 아니라 장기적으로 팀 유대감을 유지하는 데도 도움이 됩니다.

프로젝트에서는 많은 문서가 생성됩니다. 따라서 아키텍트뿐만 아니라 모든 사람이 필요한 문서를 쉽게 찾을 수 있도록 정보 아키텍처에 투자해야 합니다. 또 커뮤니케이션을 활용하여 피드백을 받고 작업 품질을 향상시킬 수 있는 연결 고리를 만들어야 합니다.

커뮤니케이션을 할 때는 명확하고 직관적인 이름과 명명 규칙을 신중하게 선택하고, 이를 일관되게 사용해야 합니다. 프로젝트에서 사용하는 각종 이름과 중요한 용어를 용어집에 유지 관리하는 것도 중요합니다. 이러한 노력은 우리 사고를 더 명확하게 하는 데 도움을 줄 뿐만 아니라 팀 전체와 원활하게 소통하는 데도 기여할 것입니다.

모든 팀은 커뮤니케이션에 시간과 에너지를 투자합니다. 문서화, 정보 구조, 명명 규칙에 체계적으로 접근하는 방식을 취하면 이러한 투자는 팀의 생산성과 효율성을 높이는 데 크게 기여할 것입니다.

memo

9장

아키텍처 팀

9.1 전문화

9.2 팀 구조

9.3 리더십

9.4 책임

9.5 인재

9.6 다양성

9.7 조직 문화

9.8 모임

9.9 세미나와 서밋

9.10 요약

이 책은 소프트웨어 개발 조직 내에서 효과적인 소프트웨어 아키텍처 실천 방안을 수립하는 방법을 다룹니다. 소프트웨어 아키텍트와 그 팀은 아키텍처를 정의하고 발전시키며 유지하는 **책임**을 집니다. 아울러 이들은 아키텍처 작업의 추적, 변경 제안서의 작성 및 검토, 의사 결정, 커뮤니케이션 등 프로세스를 담당하고 관리합니다. 아키텍처 팀은 이러한 활동을 의도적 또는 체계적으로 수행하며, 때로는 즉흥적으로 진행할 수도 있습니다. 어떤 방식이든 아키텍처 팀은 아키텍처 작업에서 공식적 또는 비공식적 프로세스를 설정합니다.

아키텍처 팀의 규모와 형태, 운영 방식은 조직마다 다릅니다. 차고에 네 명이 모여 차세대 혁신 제품을 개발할 때도 소프트웨어 아키텍처는 필요합니다. 하지만 따로 아키텍처 팀을 만들거나, 역할을 세분화하거나, 복잡한 의사 결정 프로세스를 만들지 않아도 됩니다. 이 경우에는 네 명 모두가 아키텍처 팀이라고 간주할 수 있습니다(실제로 이들은 제품 관리, 엔지니어링, 테스트, 운영, 영업팀의 역할도 함께 수행할 것입니다). 이러한 팀의 의사 결정과 커뮤니케이션은 그저 잠시 헤드폰을 벗고 팀원들과 짧게 대화하는 것만으로도 충분할 것입니다.

대규모 조직에서는 수백 명, 수천 명이 한 제품을 개발하는 데 참여하기도 합니다. 연관된 여러 제품을 포함하는 대규모 프로젝트에서는 수만 명이 투입되기도 합니다. 이처럼 작업 규모가 커지면 조직에서는 먼저 역할을 세분화하고 특정 분야에 집중하는 작은 팀들을 구성합니다. 그런 다음 이러한 팀들을 조직 구조와 프로세스, 협업 도구 등을 이용하여 하나로 엮어 조율합니다. 대규모 프로젝트에서 요구되는 조직 운영 역량을 확보하는 일은 그 자체로도 어렵지만, 동시에 강력한 경쟁 우위가 되기도 합니다.

앞서 소프트웨어 아키텍처 실무 과정을 어떻게 운영해야 하는지 논의했습니다. 이제는 더 큰 조직 내에서 독립된 분야로서 소프트웨어 아키텍처 실무 과정을 어떻게 조직해야 하는지 살펴보겠습니다. 완벽한 조직 구조는 없듯이, 아키텍처 팀을 위한 단 하나의 최상 모델은 존재하지 않습니다. 다만 모든 조직이 고려해야 할 공통된 요소가 몇 가지 있습니다.

9.1 전문화

먼저 아키텍처가 조직 내에서 전문적인 역할로 존재해야 하는가 하는 질문부터 시작해 보겠습니다. 훌륭한 소프트웨어를 만들려면 아키텍처 역량이 필요하다는 것은 분명하지만, 조직에서는 이러한 역량을 어떻게 분류하고 인식하며 통합할지에 대해 여러 옵션이 있습니다.

그중 한 가지는 아키텍처 분야에 전문화된 **소프트웨어 아키텍트**가 독립된 역할로 존재하는 것입니다. 즉, 이들은 소프트웨어 아키텍처에 대한 전문성과 지식을 바탕으로 채용되며, 지속적으로 소프트웨어 아키텍처 지식을 확장하고 발전시키는 역할을 맡습니다. 아울러 합리적인 범위 내에서 다른 업무를 맡지 않으며, 오로지 아키텍처 작업에만 집중하도록 요구됩니다.

다른 한편으로는 모든 소프트웨어 엔지니어가 다양한 기술을 갖추어야 한다고 보는 조직도 있습니다. 이러한 조직에서는 소프트웨어 아키텍처가 하나의 전문 분야라기보다는 모든 구성원이 보유하고 활용해야 할 기술 중 하나로 여깁니다. 모바일 애플리케이션 개발, 클라우드 컴퓨팅, 데이터베이스 등 분야의 기술도 마찬가지입니다.

두 접근 방식 모두 장단점이 있습니다. 다만 다양한 기술과 역량을 두루 갖춘 인력을 요구하는 일반화 모델은 팀원들이 특정 분야의 전문가들에 비해 경쟁력을 갖추기 어렵다는 문제가 있습니다. 실제로 이러한 점이 전문가가 존재하는 이유라고 할 수 있습니다. 전문가는 특정 분야를 더 깊이 이해하고, 이를 실제 업무에 적용할 수 있기 때문입니다.

소프트웨어 영역 밖에서 예를 들어 보겠습니다. 앞서 언급한 네 명으로 구성된 스타트업에서 회계 업무는 누가 담당해야 할까요? 개발자 네 명 모두가 회사의 회계 업무를 관리해야 할까요? 불가능한 일은 아니지만, 그렇게 할 가능성은 크지 않습니다. 이들이 소프트웨어 개발과 관련해서 특별한 기술을 보유하고 있다 볼 수는 없지만, 소프트웨어 개발은 그 자체로 이미 전문화된 기술입니다. 따라서 아마도 회계 업무를 직접 처리하기보다는 외부의 회계 전문가를 고용할 것입니다.

마찬가지로 소프트웨어 영역 내부에도 모바일, 웹, 서비스, 데이터베이스, 검색, 보안, 머신러닝 등 다양한 전문 분야가 있습니다. 아키텍처 역시 이 리스트에 포함되는 하나의 전문 분야입니다. 결국 각 팀에서는 이러한 영역별로 전문가가 필요한지 고민할 수밖에 없습니다. 아울러 어떤 분야의 전문가를 둘 것인지는 팀 규모, 제품 영역 및 기타 여러 요소에 따라 다릅니다.

이 점을 감안했을 때 전문화 필요성과 가치는 두 가지 요인으로 결정되기도 합니다. 첫 번째 요인은 규모입니다. 앞서 논의했듯이, 프로젝트와 조직의 규모가 클수록 특정 기능별로 조직을 구성하는 것이 더 가치 있을 수 있습니다. 프로젝트마다 아키텍처 작업량이 많아지면 결국 누군가 아키텍처를 전담해야 하는 시점이 옵니다. 이 시점에 도달했을 때는 전문성을 기반으로 한 접근 방식이 아키텍처 업무 책임을 분산시키는 것보다 더 효과적입니다.

두 번째 요인은 제품의 시작점과 관련이 있습니다. 모든 제품이 소프트웨어 설계 측면에서 완전히 새롭게 시작하는 것은 아닙니다. 이미 만들어진 아키텍처와 검증된 기술을 기반으로 또 다른 버전의 소프트웨어를 만든다면 프로젝트 규모가 크더라도 아키텍처 작업이 많지 않을 수 있습니다. 예를 들어 기존 게임의 새로운 버전을 개발하는 팀을 생각해 봅시다. 게임플레이를 약간 수정하고 콘텐츠를 업데이트하는 것만으로도 새로운 느낌을 줄 수 있습니다. 이 경우 새로운 아키텍처 작업은 필요하지 않을뿐더러 오히려 프로젝트 비용만 증가시키는 요인이 될 수 있습니다.

반면에 어떤 제품은 아키텍처 측면에서 새로운 접근 방식을 요구하기도 합니다. 예를 들어 스마트폰이 처음 등장했을 때는 스마트폰 애플리케이션을 어떻게 설계하는 것이 가장 적합한지 명확한 기준이 없었습니다. 데스크톱 애플리케이션 아키텍처는 모바일 애플리케이션의 동작 방식에 적합하지 않았습니다. 게다가 스마트폰 이전의 휴대폰에서 사용되던 애플리케이션의 아키텍처를 그대로 사용하는 것도 적절하지 않았습니다. 이러한 아키텍처는 사용자와 상호 작용에서 스마트폰 이전의 휴대폰이 가진 한계를 그대로 반영하고 있었기 때문입니다.

따라서 아키텍처 영역을 어느 정도 수준으로 전문화해야 하는지는 프로젝트 상황에 따라 다릅니다. 즉, 아키텍처에 큰 노력을 기울일 필요가 없는 프로젝트에서는 전담 아키텍처 팀을 둘 필요가 없습니다. 반면에 어떤 기술이나 플랫폼의 변화 때문에 새로운 영역에 도전해야 할 때는 상당한 아키텍처 작업이 요구됩니다. 이 경우에는 전문화된 아키텍처 역할을 마련하는 것이 프로젝트 성공에 도움이 될 것입니다.

9.2 팀 구조

개발 조직이 아키텍처 분야를 전문적인 역할로 만들었다고 가정해 봅시다. 아마도 이러한 선택은 팀 규모가 크고 다양한 전문 분야의 역할이 필요했기 때문일 것입니다. 혹은 시스템 아키텍처가 복잡해서 이를 해결하려고 아키텍처 전문가를 고용했을 수도 있습니다. 이유가 무엇이든 이제는 아키텍처 팀을 어떻게 구성하고, 조직 내 어디에 배치해야 할지 생각할 때입니다.

앞서 어떤 영역을 전문화할지 고민했던 것과 마찬가지로 아키텍처 팀을 어떻게 구성하고 배치해야 하는지 명확한 정답은 없습니다. 다만 몇 가지 선택지가 있는데, 그중 한 가지는 다른 팀과 독립적으로 운영되는 중앙 집중식 아키텍처 팀을 두는 것입니다. 또 다른 선택지로는 (아마도 여러 가지 역할이 혼합된) 아키텍트가 개별 팀에 소속되어 활동하는 완전히 분산된 '가상' 아키텍처 팀이 있습니다. 어떤 방식이 조직에 가장 적합한지는 앞서 말했듯이 여러 요소를 고려하여 결정해야 합니다.

여러 요소 중 한 가지 핵심 요소는 조직 규모입니다. 규모가 작은 조직에서는 다양한 이유로 가상 아키텍처 팀을 더 원활하게 운영할 때가 많습니다. 일단 규모가 작은 조직에서는 아키텍처를 전문 영역으로 둘 필요성이 상대적으로 적으며, 중앙 집중식 아키텍처 팀을 만들면 팀원들은 오직 아키텍처 작업에만 주력하게 됩니다. 따라서 아키텍트가 다양한 업무를 함께 수행하길 원한다면 그런 업무를 담당하는 팀에 아키텍트를 배치시키는 것이 더 적합합니다. 조직 구조는 구성원이 어떤 책임을 맡아야 하는지 명확히 할 수 있도록 구성해야 하기 때문입니다.

중앙 집중식 아키텍처 팀은 또한 자체적인 운영 비용을 수반합니다. 예를 들어 팀에 관리자가 필요할 것입니다. 관리자 역시 아키텍트일 수도 있지만, 일단 팀이 구성되면 관리자는 필연적으로 아키텍처 외에 다른 관리 업무에 일정 시간을 할애할 수밖에 없습니다. 규모가 작은 조직에서는 이러한 역할을 소규모 교차 기능 팀[1]의 관리자에게 부여하여 추가적인 관리 직책을 없애는 것도 가능합니다. 반면에 규모가 큰 조직에서는 아키텍트들을 중앙의 아키텍처 팀에 배치하면 다른 팀에서 과중한 부담을 안고 있는 관리자들에게 도움이 될 것입니다.

아키텍트를 조직 전반에 분산 배치하는 방식의 단점은 아키텍트 간 커뮤니케이션과 조직화가 어려워질 수 있다는 것입니다. 아울러 팀 간 아키텍처와 관련된 작업은 각자 팀 목표에 비해 부차적인 일로 인식될 가능성이 큽니다. 다만 팀 규모가 작거나 아키텍처 측면에서 중요한 쟁점이 없을 때는 이 문제가 크게 부각되지 않습니다.

아키텍트 간에 교류가 부족한 것이 문제라면 이를 해결할 수 있는 다양한 방법이 있습니다. 그중 가장 간단한 방법은 아키텍트들이 소속된 **가상 팀**(virtual team)을 구성하는 것입니다. 가상 팀이더라도 어느 정도의 프로세스와 커뮤니케이션, 회의, 계획 등은 필요합니다. 일정한 구조를 갖추지 않으면 아무것도 할 수 없기 때문입니다.

---

1 역주 다양한 역할과 전문성을 지닌 팀원으로 구성된 팀을 의미합니다.

가상 팀을 구성했는데도 아키텍처 작업이 원활하지 않다면 좀 더 중앙 집중화된 방식을 채택해야 할 수도 있습니다. 이미 여러 조직에서 중앙 아키텍처 팀을 두는 방식과 개별 팀에 아키텍트를 분산하는 방식을 병행하는 **하이브리드 방식**을 활용하고 있습니다. 이러한 접근법의 장점은 중앙 팀이 전체적인 관점에서 중요한 문제를 다룰 수 있다는 것입니다. 즉, 각각의 아키텍트가 혼자서는 해결하기 어려운 문제에 중앙 아키텍처 팀의 도움을 받을 수 있는 것입니다.

하이브리드 방식의 또 다른 장점은 조직 내에서 아키텍처 분야의 목소리를 강화할 수 있다는 것입니다. 아키텍트가 개별 팀에 소속되어 있을 때는 아키텍트 의견이 해당 팀 리더를 통해 개별적으로 전달됩니다. 그런데 그 과정에서 아키텍트 목소리가 희석될 가능성이 큽니다. 여기에서 주의해서 보아야 할 부분은 아키텍트 의견이 고의로 희석되는 것이 아니라, 조직 구조상 불가피하게 발생하는 현상이라는 점입니다.

중앙의 아키텍처 팀에서는 팀 리더가 리더십 회의에서 아키텍처 분야를 대표할 수 있습니다. 이는 아키텍처 분야의 목소리를 좀 더 명확하고 일관되게 전달하는 데 도움이 됩니다. 예를 들어 아키텍처 리더는 여러 엔지니어링 팀이 유사한 설계 문제를 조율 없이 개별적으로 해결하고 있다는 점을 지적하고, 이를 통합된 아키텍처 접근 방식으로 전환할 것을 제안할 수 있습니다.

더 나아가 아키텍처 리더는 리더십 회의에서 결정된 사항을 조직 내 분산된 아키텍트들에게 공유하고 설명하는 역할도 맡습니다. 이렇게 함으로써 중앙 아키텍처 팀이 독립된 조직으로 존재하더라도 아키텍처 사고의 고립을 **방지**하는 데 기여할 수 있습니다. 여기에서 수석 아키텍트는 조직의 목표와 아키텍처 활동 간 강력한 연계를 만드는 책임을 집니다.

마지막 선택지로는 완전히 중앙 집중화된 아키텍처 팀이 있습니다. 이 방식의 가장 큰 장점은 아키텍처 역할을 확장하고, 아키텍처 업무에 필요한 각종 관리와 프로그램 운영을 직접 지원할 수 있다는 것입니다. 다른 팀과 마찬가지로 이러한 직접적인 지원은 아키텍처 작업이 일정에 맞추어서 진행되도록 돕고, 때로는 속도를 높이는 데 기여합니다. 아울러 중앙 집중화된 팀은 아키텍트들이 의견을 조율하여 한 목소리를 낼 수 있도록 합니다. 특히 새로운 아키텍처나 큰 변화가 필요한 아키텍처를 다루는 프로젝트에서는 그 가치가 더욱 커집니다.

다음 그림은 제품 개발 조직 내에서 아키텍처 팀을 구성하는 세 가지 방식을 보여 줍니다.

▼ 그림 9-1 제품 개발 조직에서 아키텍처 팀을 구성하는 세 가지 방식. 여기에서 PO, E, A는 각각 제품 책임자(Product Owner), 엔지니어(Engineer), 아키텍트(Architect)를 나타내며 조직에 따라 이러한 역할의 명칭과 인원수는 다를 수 있습니다

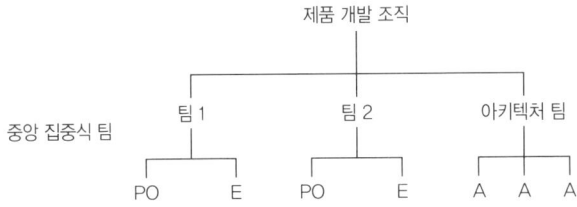

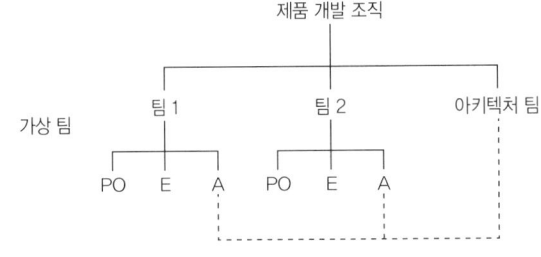

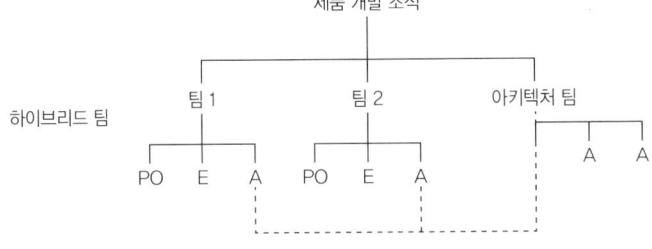

그림 내용을 요약하면 다음과 같습니다.

- 중앙 집중식 팀에서는 모든 아키텍트가 리더 한 명에게 보고하며, 이 리더는 조직의 최고 책임자에게 보고합니다. 이 방식은 아키텍처 팀 내에

강력한 유대감을 형성하지만, 엔지니어링과 기타 팀 간 연결성은 상대적으로 느슨해질 수 있습니다.

- 가상 팀 방식에서는 아키텍트들이 아키텍처 리더에게 직접 보고하지 않습니다. 대신에 조직 내 다른 리더들에게 보고합니다. 아키텍처 리더가 존재하더라도 아키텍트들과는 느슨한 **점선 보고**(dotted line) 관계를 유지합니다.

- 하이브리드 방식은 앞의 두 가지 방식을 결합한 형태입니다. 일부 아키텍트는 아키텍처 리더에게 직접 보고하고, 다른 아키텍트는 엔지니어링 팀에 소속된 상태로 활동합니다.

조직 구성 방식은 매우 다양하므로 설명을 위해 그림 9-1에서는 다른 팀을 다소 모호하게 표시했습니다. 팀 구성원도 제품 책임자, 엔지니어, 아키텍트로 표시했지만, 실제로는 다양한 구조가 있으며 모든 조직에 제품 책임자가 있는 것도 아닙니다. 따라서 그림 9-1에서 제시된 구조는 규범적인 방식으로 받아들이기보다는 각 조직 상황에 맞게 재해석해야 합니다.

앞서 설명한 방식 중 어떤 것을 선택하든지 엔지니어링 및 다른 팀과 의견을 조율하고 소통을 유지하는 것은 성공적으로 프로젝트를 수행하는 데 중요합니다. 아키텍트가 모두 중앙 아키텍처 팀에 소속되어 있으면, 팀 내에 지속적인 대화를 촉진하는 요소가 많아 아키텍트 팀원 간에 하는 내부적인 소통은 비교적 수월합니다. 이 경우 아키텍처 리더는 팀 내 소통보다 엔지니어나 다른 팀과 하는 외부적인 소통 채널을 마련하는 데 특별히 더 신경을 써야 합니다.

하이브리드 방식에서는 중앙 아키텍처 팀에 소속된 아키텍트와 엔지니어링 팀에 배치된 아키텍트 사이에 분열이 생길 위험이 있습니다. 이러한 위험은 중앙 팀의 규모를 상대적으로 작게 유지하고, 일부 엔지니어링 팀에 배치된 아키텍트를 각종 회의와 커뮤니케이션 등 중앙 팀의 활동에 지속적으로 참여시키는 방식으로 완화할 수 있습니다. 즉, 하이브리드 방식에서는 중앙 아키텍처 팀의 경계가 더욱 유연하고 개방적이어야 합니다.

> **하위 팀 구성**
>
> 어떤 시스템은 규모가 너무 커서 팀 구조와 관계없이 단일 아키텍처 팀으로는 감당하기 어려울 때가 있습니다. 그렇다고 아키텍처 팀을 12명 이상으로 구성하면 팀을 관리하기가 어려울 수 있습니다. 물론 조직마다 팀원을 정확히 몇 명으로 제한해야 하는지는 다르지만, 제한된 인원수를 넘으면 특정 영역에 집중하는 **하위 팀**에 책임을 위임하는 방안을 고려할 필요가 있습니다.
>
> 하위 팀 구성은 시스템 분해 방식과 일치되도록 하는 것이 좋습니다. 예를 들어 하위 팀이 서브시스템이나 서비스 또는 애플리케이션의 아키텍처를 책임지도록 할 수 있습니다. 앞서 5장에서 언급했듯이, 조직 구조가 시스템 구조와 일치되게 하는 것이 이상적입니다.
>
> 하위 팀 역할을 명확하게 정하면 각 팀이 어떤 변경 사항을 책임져야 하는지도 쉽게 구분할 수 있습니다. 변경 사항이 해당 하위 팀의 담당 범위 안에 있는 구성 요소와 관계에만 영향을 미친다면 그 변경 사항은 해당 하위 팀에서 관리해야 합니다.
>
> 하지만 변경 사항이 시스템 내 다른 구성 요소나 관계에 영향을 미친다면 이를 상위 아키텍처 팀에 보고해야 합니다. 즉, 두 하위 팀끼리 해당 변경 작업을 직접 처리하는 일은 피해야 합니다. 두 하위 팀만 작업하면 각 팀은 시스템 전체에 미치는 영향을 최소화하려고 할 것이기 때문입니다. 물론 불필요하게 다른 요소에 영향을 미치는 변경 작업이 좋은 일은 아니지만, 시스템 전체에서 적용할 필요가 있는 변경 사항은 적절히 식별하고 처리할 필요가 있습니다. 그리고 이러한 부분이 바로 상위 아키텍처 팀이 할 역할이기도 합니다.

9.3 리더십

팀 구조를 설계할 때는 현재 리더와 앞으로 필요할 리더를 모두 고려해야 합니다. 유능한 리더가 없다면 중앙 집중식 아키텍처 팀을 성공적으로 운영하기 어렵습니다. 반대로 뛰어난 아키텍처 리더가 있더라도 이를 뒷받침할 조직 구조가 없으면 그 리더는 기대한 성과를 내지 못하고 좌절하고 말 것입니다.

앞서 논의했듯이, 어떤 프로젝트는 강력한 아키텍처 리더십이 필요하지 않습니다. 이는 일반적으로 해당 프로젝트가 소프트웨어 아키텍처 측면에서 새로운 영역을 개척하는 것이 아니기 때문입니다. 이러한 팀에서는 강력한 아키텍처 리더가 필요하지 않으며, 중앙 집중식 아키텍처 팀도 마찬가지입니다. 다만 여기에서는 이러한 케이스는 중점적으로 다루지 않겠습니다.

가상 아키텍처 팀이 참여하는 프로젝트에는 팀 간 경계를 넘나들며 일할 수 있는 리더가 필요합니다. 아키텍처 운영 방식에서 자신만의 관점을 발전시켜 온 시니어 아키텍트들이 이러한 역할에 적합합니다. 가상 팀 리더는 직접 보고를 받는 팀원이 없으므로 인력을 직접 관리하지 않아도 됩니다. 이는 해당 역할에 적합한 인재를 확보하는 데 장점이 되기도 합니다. 다만 가상 아키텍처 팀의 리더는 다른 팀에 분산된 아키텍트들의 직속 관리자와 긴밀하게 협력할 수 있어야 합니다.

하이브리드 또는 중앙 집중식 모델로 전환하려면 직접적인 관리 책임을 맡을 수 있는 아키텍처 리더가 필요합니다. 이러한 책임을 담당하는 아키텍처 리더의 업무는 오히려 더 단순하기도 합니다. 다른 목표를 제시하거나 상충되는 피드백을 제공하는 별도의 관리자와 협력해야 하는 번거로움이 줄어들기 때문입니다.

규모가 큰 조직에서는 어느 정도 계층 구조가 필요합니다. 아키텍처 팀을 독립적인 구조로 구성하는 것도 가능하지만, 규모 문제를 해결하려면 하이브리드 모델을 고려하는 것도 좋습니다. 즉, 중앙 아키텍처 팀은 관리자 한 명이 운영할 수 있을 만큼 작게 유지하고, 추가적인 아키텍트들은 엔지니어링 팀에 배치하는 방식입니다. 별도로 아키텍처 팀을 만들면 엔지니어링 팀과 협력이 약화될 수 있는 반면, 하이브리드 모델은 이러한 협력을 강화할 수 있다는 장점이 있습니다. 그리고 각 프로젝트의 아키텍처 설계를 성공적으로 구현하고 운영하려면 이러한 협력 관계는 반드시 필요합니다.

하이브리드 모델을 사용할 때는 조직적 경계를 강조하기보다 모든 아키텍트를 하나의 **협의회** 같은 공동체 일원으로 지칭하는 방안을 고려하는 것이 좋습니다.

조직 구조상 어떤 아키텍트는 중앙 아키텍처 팀에 소속되고, 다른 아키텍트는 그렇지 않을 수 있습니다. 이에 따라 중앙 팀에 속하지 않은 아키텍트들이 의도치 않게 소외감을 느낄 수 있으며, 이는 두 그룹의 협력을 약화시킬 수 있습니다. 이러한 문제를 해결하고 모든 아키텍트가 협력해야 한다는 점을 강조하려면 협의회처럼 통합된 느낌을 주는 명칭을 사용하여 일체감을 부각시키는 것이 좋습니다.

이와 동시에 협의회가 아키텍트를 도와주는 역할이 아니라 감독관처럼 행동하는 함정에 빠지지 않도록 주의해야 합니다. 중앙 협의회가 하는 일이 단순히 다른 아키텍트들이 수행한 작업을 검토하는 일에만 그친다면, 그것은 진정한 아키텍처 활동이 아닙니다. 이는 물론 협의회에서 검토하면 안 된다는 것을 의미하지는 않으며, 좋은 검토 방법을 이미 이 책 앞부분에서 다룬 바 있습니다. 요점은 중앙 협의회에서 검토만 하는 운영 방식은 아키텍처 개선에 기여하기보다는 각종 병목 현상과 의견 충돌을 더 자주 일으키게 된다는 것입니다.

이러한 규모에서 중앙 팀이든 하이브리드 팀이든 간에 아키텍처를 이끄는 일은 아키텍처 설계와 관리, 리더십 역량이 필요합니다. 이러한 역할은 일반적으로 수석 아키텍트(Chief Architect) 또는 아키텍처 책임자(Head of Architecture) 등으로 부릅니다. 이 역할을 맡는 사람은 엔지니어링, 제품 관리 등 리더들과 함께 제품 리더십의 주요 멤버로 간주해야 하며, 아키텍처와 관련된 사항을 대표하는 역할을 수행합니다.

이 장 나머지 부분에서는 효율적인 아키텍처 팀을 구성하고 유지하는 데 도움이 되는 구체적인 고려 사항과 실천 방안을 다루겠습니다. 수석 아키텍트를 채용했다면 추후 다룰 내용들은 모두 그들의 책임 범위에 포함될 것입니다. 조직에서 아직 이러한 내용을 다루고 있지 않다면 이제 그 역할을 맡을 인재를 채용할 시점일 수도 있습니다.

9.4 책임

아키텍트를 어디에 배치하든 아키텍트 영역을 전문화하는 데는 그 자체로 위험이 따릅니다. 전문가가 현장 요소들과 지나치게 분리되어 있으면 실제 문제에 비해 비현실적인 해결책을 제시할 가능성이 있기 때문입니다. 예를 들어 새롭게 고용한 데이터베이스 전문가가 데이터베이스 시스템을 처음부터 다시 설계하려고 할 때가 있습니다. 데이터베이스 그 자체가 제품이라면 괜찮은 선택일지도 모르지만, 그렇지 않다면 팀 측면에서 보았을 때 부적절한 선택일 가능성이 큽니다.

이와 비슷한 상황은 아키텍트가 그럭저럭 설계를 만들어 놓고 실제 구현에는 책임을 지지 않을 때 발생하기도 합니다. 즉, 아키텍트가 변경 사항을 상세하게 설계한 뒤 이를 엔지니어링 및 운영 팀과 함께 구현하지 않고 떠나는 경우 자주 문제가 발생합니다.

어떤 형태로 문제가 발생하든 실무 현장과 괴리되는 일은 아키텍트들이 흔히 빠질 수 있는 위험한 상황입니다. 그리고 이렇게 실무 현장과 괴리된 아키텍트를 **상아탑 아키텍트**(ivory-tower architects)라는 별칭으로 부르기도 합니다. 실제로 제품 개발 현장과 동떨어진 아키텍처 작업은 아무런 가치가 없습니다. 실제 현장에 적용할 수도 없는 아키텍처를 설계하는 데 시간과 노력을 쓰는 것은 조직 전체 자원을 낭비하는 일이기 때문입니다.

이러한 위험을 미리 방지하려면 실제로 구현하고 운영할 때까지 아키텍트는 자신의 설계를 책임져야 합니다. 상세 설계를 완료했다고 해서 그들이 할 작업이 끝난 것이 아니라, 단지 변경 작업의 첫 단계를 마무리했을 뿐입니다. 변경 작업은 시스템에 적용한 이후 일정 시간이 지나 원래의 목표와 요구 사항을 충족하기 전까지는 완료했다고 할 수 없으며, 당연히 그 전까지는 해당 변경 작업이 성공했다고도 볼 수 없습니다.

아키텍트 책임을 확실히 하는 효과적인 방법으로 변경 작업 프로세스에 추가적인 단계를 넣고 관리하는 것이 있습니다. 앞서 7장에서 논의한 백로그를 기준으로 보면 **구현**과 **운영**을 각 변경 작업이 거쳐야 하는 추가적인 단계로 설정할 수 있습니다. 즉, 변경 작업을 완료했다고 해서 해당 항목을 바로 종료하지 말고, 실제 운영 단계에서 충분한 기록을 쌓을 때까지 보류 상태로 두어야 합니다. 그 전까지는 해당 변경 작업의 설계를 담당한 아키텍트가 자신이 할 역할을 완료했다고 여기도록 하면 안 됩니다.

이 방식을 기존 프로젝트에 적용하면 그 프로젝트에 관련된 아키텍트가 새롭게 부과된 책임에 당황할 수도 있습니다. 이는 지금까지 아키텍트가 상세 설계가 완료되면 자신의 역할도 끝난다고 인식해 왔다는 강력한 신호이기도 합니다. 아키텍트 기대치를 낮추고 전체 변경 작업 프로세스에 지속적으로 참여하도록 요구하면 좀 더 나은 결과를 얻을 수 있을 것입니다. 다만 아키텍트에게는 이전에는 고려하지 않았던 시간과 노력이 들어간다는 점은 잊지 말아야 합니다. 따라서 새로운 아키텍처 작업의 부담을 줄여 줄 필요가 있습니다.

다시 말하지만 변경 작업이 구현과 운영 두 가지 추가 단계 중 하나에 머무르는 동안 아키텍트는 엔지니어링 및 운영 팀과 지속적으로 협력해야 합니다. 그 과정에서 모든 것이 순조롭게 진행될 수도 있지만, 새로운 문제점을 발견할 가능성이 더 큽니다. 예를 들어 변경 사항을 구현하는 것이 예상보다 더 어렵거나 비용이 많이 든다는 것을 알 수 있습니다. 그렇다면 이에 대한 조정이 필요하며, 이것으로 다음 변경 작업을 위한 교훈을 얻을 수 있을 것입니다. 변경 사항이 성능, 확장성, 비용 등 운영상 기대치를 충족하는지도 파악할 수 있습니다. 이러한 기대치를 충족하지 못한다면 시스템을 조정하는 추가 작업이 필요할 수도 있습니다.

이러한 과정에서 문제가 발생했을 때는 즉흥적으로 대응하지 말고 원칙에 따라야 합니다. 즉, 아키텍트가 구현 및 운영 과정에 지속적으로 참여한다고 해서 변경 프로세스 원칙을 무시할 수 있는 것이 아닙니다. 예를 들어 변경 사항이 제대로 작동하지 않는다고 마음대로 수정해서는 안 됩니다. 대신에 새로운 변경 제안을 수립하고 검토하여 정해진 프로세스를 거쳐야 합니다. 이러한 변경 사항은 규모가 작지만 긴급하기 때문에 우선순위 조정이 필요할 수도 있습니다. 그렇다 하더라도 정해진 프로세스를 따라야 잘못된 결정이나 시행착오, 혼란 등을 방지할 수 있습니다.

물론 아키텍처 설계 프로세스는 문제가 발생했을 때 빠르게 대응해야 할 수도 있습니다. 7장에서 작업 속도(velocity)를 논의하면서 어떤 프로젝트에서는 일반적인 설계가 4~6주 정도 소요된다고 언급한 바 있습니다. 하지만 모든 변경 작업에 항상 4~6주씩 걸렸다면 프로세스 절차를 모두 지키면서 제때 제품을 출시하기는 불가능했을 것입니다. 특히 구현 과정에서 문제가 발생할 때는 더 빠르게 대응할 수 있어야 합니다. 앞서 말한 프로젝트에서 작은 변경 사항은 프로세스와 원칙을 동일하게 지키면서도 하루 만에 처리할 수 있었습니다.

마지막 단계로 변경 사항을 구현하고 운영하는 과정에서 얻은 교훈은 문서화해야 합니다. 비록 모든 변경 사항에 적용할 필요는 없지만, 규모가 크고 중요한 변경은 특히 더 필요합니다. 앞서 언급했듯이, 이러한 교훈은 기록해 두면 향후 많은 사람이 유용한 정보를 더 쉽게 활용할 수 있을 것입니다.

궁극적으로 아키텍처 영역을 전문화할 때 발생하는 위험을 해결하는 가장 좋은 방법은 이를 회피하는 것이 아니라, 아키텍처 활동도 다른 모든 제품 개발 요소와 마찬가지로 제품 출시를 돕는 역할임을 강조하는 것입니다. 아키텍트가 제품을 자신의 아키텍처 실험의 장으로 여긴다면 이는 그들이 하는 역할을 오해하는 것입니다.

9.5 인재

아키텍처 팀 규모가 크든 작든, 하이브리드 팀이든 가상 팀이든 간에 팀 성공은 구성원의 재능과 역량에 달려 있습니다. 따라서 아키텍처 인재를 발굴하고 육성하는 것은 매우 중요한 활동입니다. 이는 중앙 아키텍처 팀을 운영하는 사람의 주요 역할 중 하나이기도 합니다(하이브리드 팀에서 이 역할은 팀에 속한 아키텍트뿐만 아니라 조직 전체의 아키텍처 인재를 대상으로 해야 합니다). 아키텍트가 다른 소규모 팀에 분산 배치되었다면 이러한 책임은 좀 더 경험이 많은 시니어 아키텍트나 조직의 리더 중 한 명이 맡아야 할 수도 있습니다.

아키텍처 업무가 어떤 방식으로 구성되어 있는지와 관계없이 아키텍처 업무를 명확하게 정의하고 어떻게 운영하는지 명시하면 조직 내 개인들에게 관련된 커리어 경로를 만들어 주는 데 도움이 될 것입니다. 구성원들은 이것으로 아키텍처 분야에 관심을 갖고 아키텍트 커리어를 위해 행동할 것입니다. 또는 커리어를 발전시키고 싶지만 구체적인 방향을 알지 못하는 사람들에게 유용한 대화의 출발점을 제공할 수도 있습니다.

아키텍처 커리어 진로는 여러 선택지 중 하나로 자리 잡는 것이 이상적입니다. 결국 전문화 핵심은 선택 문제이기 때문입니다. 그래픽, 데이터베이스 등 다른 분야를 추구하고자 하는 개인들이 이러한 분야도 동등하게 유망한 선택지로 인식하는 것이 바람직합니다. 여기에서 중요한 점은 각 전문 분야가 반드시 동등한 위치에 있어야 한다는 의미가 아니라, 개인의 재능과 관심사가 조직의 필요와 조화를 이룰 때 최상의 결과가 나온다는 것입니다. 이와 반대로 아키텍처가 가장 좋은 혹은 유일한 승진 기회로 여겨 사람들이 어쩔 수 없이 이 분야를 선택하는 상황은 바람직하지 않은 결과로 이어질 수 있습니다.

대부분의 조직에는 인사 팀이 있을 것입니다. 이들과 협력할 방안을 모색해 보십시오. 많은 인사 팀이 인재를 발굴하고 육성하는 프로그램을 운영하고 있을 것입니다. 아키텍트와 아키텍트 커리어 트랙 역시 관리직 인재와 마찬가지로 이러한 논의에 포함하면 좋습니다.

멘토링 프로그램도 인재를 발굴하고 육성하는 데 도움이 됩니다. 보너스로 이는 멘티뿐만 아니라 멘토에게도 긍정적인 효과를 제공합니다. 멘토링 프로그램은 공식 또는 비공식적으로 운영할 수 있으며, 어떤 방식이든 아키텍트들이 일정 시간을 멘토링에 할애해야 한다는 점을 명확히 하면 좋습니다. 아울러 누구나 멘티로서 배울 기회가 있음을 인식시키는 것이 중요합니다.

아키텍트는 지속적으로 학습을 장려하고 모범을 보여야 합니다. 업무 지식은 학교에서 배우는 것이 아니라 현장에서 오랜 기간 경험을 하면서 습득합니다. 경험이 풍부한 실무자 중에는 시간과 노력을 들여 자신이 터득한 지식을 책으로 공유하는 사람도 있습니다. 이러한 책에서 간단하고도 비용 부담 없이 자신의 역량을 높일 수 있는 기회를 활용하지 못한다면 이는 중요한 배움의 기회를 놓치고 있는 것과 마찬가지입니다.

소프트웨어 아키텍처를 비롯하여 어떤 분야에서든 뛰어난 인재가 되는 데 재능은 매우 중요합니다. 하지만 진정한 성공을 이루려면 열심히 일하려는 의지를 결합해야 합니다. 조직에서 인재를 발굴하고 육성할 때는 자신의 경험 외에도 멘토와 책, 기타 자료를 이용하여 배우려는 열의를 가진 사람을 찾아야 합니다.

9.6 다양성

아키텍처 팀이든 다른 팀이든 간에 강력한 팀에는 다양한 관점과 경험이 있습니다. 앞서 4장에서는 변경 제안서로 여러 접근 방식을 제안하고 검토하는 것을 논했습니다. 이는 다양성이 더 좋은 결과를 이끌어 내는 한 가지 예시라고 할 수 있습니다. 이외에도 다른 사례가 무수히 많습니다.

자연과 달리 조직 내 다양성은 저절로 생겨나지 않습니다. 인간 편향은 오히려 획일성을 초래하는 경향이 있기 때문입니다. 예를 들어 우리는 아키텍트를 채용할 때 자연스럽게 **아키텍트처럼 보이는** 지원자를 선호합니다. 그리고 아키텍트가 직접 채용을 담당하면 자신과 비슷한 사람을 더 선호하는 경향이 나타날 수도 있습니다.

안타깝게도 이는 채용 절차를 개선하는 것만으로 해결할 수 있는 문제가 아닙니다. 실제로 특정 직무에서는 다양한 지원자를 모집하는 것조차 어려울 수 있습니다. 지원자가 없는 상황에서 적합한 인재를 채용하는 것은 쉽지 않습니다.

따라서 다양성을 지닌 소프트웨어 아키텍처 조직을 구축하려면 장기적인 관점이 필요합니다. 채용, 면접, 인재 선발 과정부터 다양성을 고려해야 합니다. 이전 절에서 언급했던 인재 발굴과 육성 과정도 마찬가지입니다. 또 아키텍처 분야에 필요한 역량과 관심을 가진 사람들이 더 많이 참여할 수 있도록 포용적인 환경을 만들어야 합니다.

현재 팀의 구성과 관계없이 포용성이 다양성을 촉진시킨다는 점을 기억해야 합니다. 팀이 다양성을 갖추었더라도 구성원들이 자유롭게 의견을 내고 때로는 기존 방식에 의문을 제기할 수 없다면 앞선 노력은 별 소용없습니다. 7장에서 다루었던 대부분의 실무 방식은 누구나 참여할 수 있는 환경을 제공함으로써 포용성을 높이는 데 중점을 둡니다.

9.7 조직 문화

가상 팀, 하이브리드 팀, 중앙 집중식 팀 중 어떤 형태든 아키텍트 간에 원활하게 소통하기 시작하면 팀 문화가 형성되고, 자연스럽게 조직 내에 관습이 자리 잡습니다. 이러한 관습 중에는 아주 사소한 것도 있습니다. 예를 들어 이메일에 이모지(emojis)를 사용해도 되는지 같은 것들이 있습니다.

하지만 이러한 팀 내 관습은 대부분 좀 더 중요한 사안을 중심으로 형성됩니다. 아키텍처 리더에게는 이러한 조직 내 관습을 조직에 도움이 되는 방향으로 이끌 책임과 역할이 있으며, 부정적인 관습이 조직에 굳어져 문제를 일으키기 전에 조치를 취해야 합니다.

팀 문화는 광범위한 주제고, 우리는 이미 특정 요소를 언급한 바 있습니다. 예를 들어 5장에서 다룬 **개방적인 작업**은 조직 문화에 관한 내용입니다. 7장에서 다룬 아키텍처 실무 프로세스에 대한 준수 여부도 마찬가지입니다. 팀이 프로세스를 진지하게 받아들이는지, 아니면 불편하다고 느끼며 쉽게 무시하는지가 중요한 부분입니다. 또 앞서 논의한 포용적인 환경을 조성하는 것 역시 팀 문화의 중요한 측면이기도 합니다.

앞서 이 책에서 다룬 예시들 외에도 팀 문화에서 가장 중요하고 적극적으로 육성할 가치가 있다고 생각하는 다섯 가지 사항을 여기에 정리해 보았습니다.

- **팀워크**: 우리는 **팀**이라는 단어를 광범위하게 사용해 왔기 때문에 팀워크를 특별히 강조할 필요가 있나 싶을 것입니다. 하지만 특히 가상 팀 또는 하이브리드 팀은 팀이 단순히 함께 일하는 사람들의 모임에 불과한 경우가 많습니다. 여기에서 중요한 차이점은 팀원들이 어떻게 일하는지에 있습니다. 즉, 각자 맡은 일을 독립적으로 수행하는지, 아니면 서로 격려하고 도와주는지가 중요합니다.

  강력한 팀워크 문화가 구축되면 그 누구도 혼자 버려지지 않습니다. 누군가 어려운 문제를 해결하는 중이라면 다른 팀원이 기꺼이 도와줄 것입니다. 잠시 자리를 비워야 한다면 1시간, 하루, 혹은 일주일이라도 다른 누군가가 대신 맡아 줄 것입니다. 방금 작성한 문서를 검토해야 한다면 다른 팀원이 시간을 내어 검토해 줄 것입니다. 아직 진정한 팀으로 자리 잡지 않은 그룹에서는 각자가 개인적인 책임에만 관심을 가집니다. 하지만 진정한 팀으로 발전하면 공동의 책임감을 지고 목표를 달성하려고 함께 노력합니다. 즉, 성공과 실패는 개인이 아니라 집단으로 하게 됩니다.

- **겸손**: 그 누구도 모든 답을 알 수 없고 모든 것을 완벽하게 할 수 없습니다. 누군가가 여러분 아이디어에 이의를 제기하거나 실수를 지적하는 것은 여러분 결점을 찾는 것이 아니라 더 잘할 수 있도록 도와주는 것입니다. 이는 팀도 마찬가지입니다. 팀 역시 실수할 수 있으며, 이를 인정하고 바로잡을 수 있는 겸손함이 있어야 앞으로 나아갈 수 있습니다. 즉, 항상 더 배울 것이 있고 더 잘할 수 있는 부분이 있다는 사실을 인정하는 겸

손함을 가져야 합니다.

- **파트너십**: 여러 차례 언급했듯이, 소프트웨어 아키텍처는 훌륭한 제품 개발이라는 더 큰 목표를 위해 존재합니다. 소프트웨어 아키텍처는 그 자체가 목적이 되어서는 안 되며, 별도의 명성을 쌓으려고 일을 해서도 안 됩니다. 따라서 프로젝트를 성공시키려면 제품 개발과 출시 과정에 관여하는 모든 사람과 긴밀하게 파트너십을 맺어야 합니다. 이는 종종 매우 많은 사람과 협력해야 함을 의미합니다. 이것은 10장에서 더 자세히 살펴보겠습니다.

- **고객 중심**: 최고의 제품을 만드는 팀은 제품이 고객에게 맞지 않으면 성공할 수 없다는 사실을 절대 잊지 않습니다. 고객 요구 사항은 독창적이거나 혁신적인 설계 또는 비용 효율적이고 간단한 방법으로 충족되는 것이 아닙니다. 고객 중심 사고는 긴박감을 유지하는 데도 도움이 됩니다. 고객은 해결책이 자신의 문제를 해결할 수 있는 것은 물론, 그 해결책이 언제 제공되는지도 중요하게 생각합니다.

- **철저함**: 아키텍처 작업에는 시스템 문서화, 변경 제안서 작성, 의사 결정, 커뮤니케이션 및 조율 등 많은 단계가 포함됩니다. 따라서 해야 할 일이 많고 이를 수행할 시간은 제한적일 때가 많습니다. 이 과정에서 절차를 생략하거나 대충 넘어가고 싶은 유혹을 느끼기 쉽습니다. 그런 유혹을 뿌리치지 못하면 시간이 지나면서 불완전하고 부정확한 문서가 쌓이게 되고, 결국 잘못된 의사 결정과 잦은 실수나 실패로 귀결될 것입니다.
이러한 상황을 방지하는 가장 좋은 방법은 모든 프로세스 단계에서 철저함을 요구하는 것입니다. 이러한 관행이 익숙하지 않은 팀은 처음에는 각 단계가 시간이 오래 걸리고 느리다고 느낄 수 있습니다. 하지만 시간이 지나면서 더 정확하고 유용한 정보가 축적되고, 팀 작업 속도는 오히려 빨라질 것입니다. 결과적으로 의사 결정의 질이 향상되고 나중에 번복되는 일도 줄어듭니다. 아울러 제품 품질 또한 훨씬 좋아질 것입니다.

이러한 요소들을 이용하여 팀 문화가 강화되도록 해야 합니다. 강력하고 긍정적인 팀 문화는 예상대로 최고의 성과를 꾸준하게 이룰 것입니다. 이러한 팀은 구성원들에게도 가장 만족스러운 환경이 될 것입니다.

9.8 모임

필자 경험에 따르면, 팀을 진정한 하나의 팀으로 변화시키는 가장 효과적인 방법은 함께 시간을 보내는 것입니다. 특히 같이 식사하면 그 효과는 두 배로 커집니다. 왜 그런지는 정확히 설명할 수 없지만, 아마도 인간의 깊은 본성 때문일 것이라고 생각합니다. 어쨌든 효과가 있다는 점이 중요하죠.

게다가 공식적이지 않은 자리에서 함께 시간을 보내는 것만으로도 많은 아키텍처 팀의 업무가 더 빠르게 진척되기도 합니다(커뮤니케이션 방법 중 하나인 대화의 중요성은 8장에서 이미 다루었습니다). 팀을 이루는 데는 시간이 필요하며, 함께 식사하는 것도 시간이 걸리고 대화를 나누는 데도 시간이 필요합니다.

이 모든 점을 종합하면, 팀을 물리적으로 한자리에 모으는 것이 타당해 보입니다. 특히 새로운 팀을 구성할 때 이러한 모임은 매우 유용하며, 오랜 기간 함께 해 온 팀도 정기적으로 모이는 것이 좋습니다. 1년에 한두 번이라도 모일 수 있다면 분명 긍정적인 변화를 가져올 것입니다. 최소 며칠에서 길게는 일주일 정도 함께 시간을 보내면 좋습니다.

이러한 모임에서 다루는 주제는 시간이 지남에 따라 자연스럽게 변화합니다. 아마도 첫 번째 모임 또는 두세 번의 모임에서는 공통의 개념과 용어를 정립하는 데 초점을 맞출 것입니다. 그리고 어느 시점이 되면 그런 이야기는 마무리될 것입니다. 제품이 성장하고 발전하면서 용어나 개념이 항상 끊임없이 변화하지만 말이죠. 이외에도 규모가 큰 프로젝트에서는 정기 모임에서 항상 새로운 논의 주제가 생겨날 것입니다.

팀이 여러 지역에 분산되어 있을 때는 모임에 참석하려면 물리적으로 이동해야 합니다. 이는 오히려 좋은 일이기도 합니다. 참가자들이 이동하면 일상적인 업무에서 잠시 벗어나 주의를 환기할 수 있어 모임에서 하는 대화에 더 집중할 수 있기 때문입니다. 즉, 단순히 몸만 참석하는 것이 아니라 마음까지 온전히 참여하도록 하는 것입니다.

팀이 한곳에 모여 있을 때 동일한 효과를 내려면 장소를 변경하는 것도 좋습니다. 가까운 곳에 있는 다른 장소를 선택하는 것도 좋은 방법입니다. 평소 사용하지 않는 회의실도 괜찮습니다. 다른 층에 있거나 옆 건물에 있는 공간이라면 더 효과적입니다. 이렇게 물리적으로 분리하면 자연스럽게 집중력과 몰입도를 높일 수 있기 때문입니다.

9.9 세미나와 서밋

이전 절에서는 개별 아키텍처 팀 단위의 모임을 다루었는데, 이는 조직 요구를 모두 만족시킬 수 있을 것입니다. 하지만 여러 아키텍처 팀을 보유한 큰 조직이라면 이러한 모임에 몇 가지 추가 요소를 고려하는 것이 좋습니다.

비교적 편안한 분위기에서 진행하는 정기적인 세미나는 팀 간 커뮤니케이션과 협업을 촉진하는 좋은 방법입니다. 세미나는 주 1회에서 월 1회까지 다양한 주기로 열릴 수 있으며, 보통은 1시간 정도면 충분합니다. 발표자는 주로 각 팀에서 맡지만, 가끔 외부 연사를 초청하는 것도 좋습니다.

팀 간 연결을 촉진하는 데 가장 중요한 점은 대화할 수 있는 공간을 마련하는 것인데, 이러한 공간이 마련된 세미나에서는 평소보다 더 활발하게 의사소통을 해야 합니다. 따라서 발표자는 주어진 시간을 발표 자료로만 가득 채우지 않도록 합니다. 가능하다면 세미나를 녹화하는 것도 좋습니다. 이러한 녹화 자료는 시스템의 다른 문서들을 보완하는 유용한 자료로 활용할 수 있기 때문입니다.

개별 팀이 정기적으로 만나면 생산성이 더 높아지듯이, 여러 팀이 대규모로 모이는 서밋(summit)도 마찬가지로 효과적입니다. 다만 다수 팀이 참여하는 대규모 회의를 준비하려면 상당한 시간과 주의가 필요하며, 때에 따라 큰 비용이 들 수도 있습니다. 따라서 이러한 모임은 1년에 한두 번 정도가 적절합니다.

서밋에서 중요한 의제는 2~3일에 걸쳐 다루기도 합니다. 서밋 의제는 참석자 전체에 폭넓게 적용할 수 있는 내용에 초점을 맞추어야 하며, 특정 사안을 **깊게** 파고드는 것은 좋지 않습니다(깊은 논의가 필요할 때는 별도 회의를 개최해야 합니다). 또 식사 시간과 휴식 시간, 하루 일정을 마친 뒤 네트워킹할 수 있는 시간을 충분히 확보하는 것도 중요합니다.

9.10 요약

제품 개발 조직 내 아키텍처 팀을 구성하는 방법은 여러 가지입니다. 어떤 방식이 가장 적합한지는 팀 규모와 프로젝트 성격 등 다양한 요소에 따라 다릅니다. 팀은 가상, 하이브리드, 중앙 집중식으로 구성할 수 있으며, 조직의 필요와 요구에 따라 적절한 방식을 선택해야 합니다.

어떤 팀 구조든 아키텍트들이 하나의 팀으로 결속되도록 해야 합니다. 아키텍트가 진정한 하나의 팀으로 모이면 서로를 지원함으로써 최고의 성과를 낼 수 있습니다. 아울러 강력한 아키텍처 팀은 구현과 운영 전반에서 자신들의 작업에 책임을 집니다. 이 방식으로 아키텍처 팀은 비록 가상 팀일지라도 다른 팀과 긴밀하게 협력하는 강력한 파트너가 될 수 있습니다.

아키텍처 팀을 육성하는 과정은 일반적인 관리 업무와 크게 다르지 않습니다. 즉, 인재를 발굴하고 성장시켜야 합니다. 여기에서 다양성은 팀에 가치를 더하고 효과적으로 팀이 진화할 수 있도록 지원할 것입니다. 팀워크, 겸손, 파트너십, 고객 중심, 철저함을 강조하는 팀 문화는 구성원 모두가 올바른 방향으로 나아가도록 도와줍니다.

지속적으로 대화할 수 있는 공간을 마련함으로써 팀은 더욱 강화됩니다. 이러한 공간은 대면 모임, 주제별 대화, 긴급하지는 않지만 중요한 논의를 지속적으로 이어 가는 정기 모임 등이 포함됩니다. 규모가 큰 조직에서는 제품 간 경계를 넘어서는 세미나와 서밋이 아키텍처 커뮤니티를 형성하는 데 도움이 될 것입니다.

수석 아키텍트 역할은 성공적으로 아키텍처 팀을 운영하는 데 필요한 일련의 아키텍처 설계와 관리, 리더십 역량을 모두 아우릅니다. 프로젝트가 클수록 수석 아키텍트 역할은 더욱 중요하며, 효과적으로 소프트웨어 아키텍처를 실천하는 방안을 수립하는 데 핵심적인 역할을 맡게 됩니다.

10장

제품 개발 조직

10.1 개발 방법론에 따른 작업

10.2 제품 관리 팀과 협업

10.3 UX 팀과 협업

10.4 프로그램 관리 팀과 협업

10.5 엔지니어링 팀과 협업

10.6 테스팅 팀과 협업

10.7 운영 팀과 협업

10.8 요약

소프트웨어 제품을 혼자 개발한다고 상상해 봅시다. 그러면 먼저 프로덕트 매니저 역할을 맡아 고객을 이해하고 시장 요구 사항을 파악하여 제품을 정의해야 합니다. 다음으로 아키텍트와 UX 디자이너 역할을 맡아 제품 콘셉트를 식별하고, 소프트웨어 구성 요소를 배치하며, 이에 맞는 사용자 인터페이스를 설계하는 데 시간을 할애해야 할 것입니다. 설계를 어느 정도 완료하면 엔지니어 역할로 전환하여 코드를 작성하고 테스트로 검증하는 과정을 진행해야 합니다. 비록 혼자 일하지만 앞선 작업들의 일정과 순서 등을 관리해야 하므로 프로젝트 매니저 역할도 수행해야 할 것입니다. 마지막으로 제품을 출시한 뒤에는 운영, 고객 피드백 관리, 마케팅, 세일즈 같은 영역에도 시간을 투자해야 합니다.

이처럼 해야 할 일이 너무 많기 때문에 혼자서 소프트웨어 제품을 개발하는 상황은 거의 없습니다. 따라서 소프트웨어 제품 개발은 대체로 팀 차원에서 하며, 팀이 커지면 역할을 점점 세분화합니다. 비록 이러한 역할 구분에 대한 명확한 기준은 없지만, 팀원이 수십 명에 이르면 제품 관리, 프로그램 관리, UX 디자인, 아키텍처, 엔지니어링, 테스팅, 운영 등 해당 분야의 전문 교육과 경험을 갖춘 사람들이 각각 역할을 맡게 됩니다.

소프트웨어 아키텍처도 독립적으로 떨어진 것이 아니라 소프트웨어 제품 목표를 달성하는 데 필요한 여러 가지 전문 분야 중 하나입니다. 이미 여러 차례 아키텍처 업무를 어떻게 진행하는지 살펴보면서 아키텍처 팀과 다른 조직 간 소통이 중요하다는 점을 언급한 바 있습니다. 여기에서는 다시 한 번 소프트웨어 제품 개발에 참여하는 다른 전문 분야와 아키텍처 팀이 어떻게 협력하고 지원하며 배워 가는지 살펴보겠습니다.

각 전문 분야에서 사용하는 역할과 책임, 명칭은 조직마다 다릅니다. 이는 조직 규모, 산업 분야, 기업 문화, 조직 구조를 최적화하는 끊임없는 변화 등 다양한 요인 때문입니다. 여기에서 제시하는 분류나 구분이 여러분 조직과 정확히 일치하지 않을 수도 있습니다. 특히 여러분이 다른 전문 분야에서 일하고 있다면 이 책에서 설명하는 내용이 여러분 관점과 다소 다를 수도 있습니다. 여기에서 제시하는 구조는 어디까지나 각 전문 영역이 어떻게 유기적으로 연결되어 효과적으로 소프트웨어를 개발하는지 논의하는 것입니다. 즉, 각 역할에서 명칭을 어떻게 정해야 하는지, 소프트웨어 제품 개발 조직은 어떻게 구성해야 하는지 절대적인 기준을 제시하려는 것이 아닙니다.

10.1 개발 방법론에 따른 작업

어느 정도 규모가 있는 프로젝트라면 소프트웨어 개발 프로세스를 체계적으로 운영하기 위해 반드시 특정한 방법론을 채택하게 됩니다. 대표적인 예로 애자일(Agile), 스파이럴(Spiral), 래셔널 통합 프로세스(Rational Unified Process) 등이 있습니다. 이렇게 다양한 개발 방법론이 있다는 사실만 보더라도 모든 조직과 제품에 동일하게 적용할 수 있는 단 하나의 정답은 없다는 것을 알 수 있습니다.

개발 방법론에 따라 어떻게, 언제 작업해야 하는지는 다르지만, 어떤 작업을 해야 하는지는 근본적으로 바뀌지 않습니다. 예를 들어 사용자 경험(UX) 설계를 생략하는 방법론은 없습니다. 단지 사용자 경험 설계를 언제 수행할 것인지(한 번만 진행할 것인지, 반복적으로 진행할 것인지), 작업 우선순위를 어떻게 정할 것인지 등이 다를 뿐입니다. 즉, 어떤 방법론이든 여전히 UX 설계는 필요하며 반드시 해야 합니다.

이와 마찬가지로 개발 방법론마다 아키텍처 작업을 언제, 어떻게 수행할지 관점은 다르지만 그 필요성 자체를 부정하는 방법론은 없습니다. 따라서 우리는 특정 방법론에 구애받지 않고도 소프트웨어 아키텍처 개념, 적용하는 환경, 변화 관리 방법, 의사 결정 방식 등을 논의할 수 있었습니다.

아울러 모든 팀은 자신들의 필요에 맞추어 개발 방법론을 자연스럽게 조정하고 수정하며 발전시킵니다. 새로운 방법론이 나타나고 기존 방법론이 점차 사라지는 등 방법론 자체도 끊임없이 변화합니다. 따라서 소프트웨어 아키텍처 실무를 특정 방법론에 의존하도록 만들면 오히려 그 본연의 의미가 퇴색되고 시대에 뒤처집니다. 아키텍처는 사용자 경험 설계와 마찬가지로 각 방법론이 중요하게 고려해야 할 요소이지 특정 방법론이 아키텍처 방향을 결정할 수 있는 것은 아닙니다.

그럼에도 효과적으로 아키텍처 실무를 하려면 아키텍처 업무를 소프트웨어 제품에 적용된 개발 방법론과 조화롭게 맞출 필요가 있습니다. 이를 위해 아키텍처 업무는 두 가지 관점에서 바라보아야 합니다. 하나는 적용하는 개발 방법론에 따라 달라지는 부분이고, 다른 하나는 개발 방법론과 관계없이 일관되게 유지하는 부분입니다.

개발 방법론과 상관없이 일관적으로 유지해야 하는 것으로는 아키텍처 원칙, 비전 문서, 시스템 문서화 등이 있습니다. 이러한 작업은 아키텍처 실무 기초가 되므로 어떤 개발 방법론을 사용하든 반드시 수행해야 합니다. 이러한 작업이 조직 운영 방식과 조화를 이룬다면 더욱 효과적입니다. 예를 들어 여러 조직에서 연간 계획을 수립하여 조직을 운영하고 있는데, 이처럼 연간 계획을 수립하는 시기에 아키텍처 비전을 업데이트하면 가장 효과적일 것입니다.

개발 방법론에 따라 달라지는 것으로는 변경 제안(change proposals) 작업이 있습니다. 이전 장에서 살펴보았듯이, 변경 제안은 현재 시스템을 어떤 목표에 따라 미래의 특정 상태로 변경하는 작업의 한 단위입니다. 이러한 의미는 어떤 개발 방법론을 사용하든 변하지 않습니다. 하지만 변경 제안을 언제 작성하고 그 범위를 어떻게 정할지는 개발 방법론에 따라 다를 수 있습니다.

예를 들어 구현 작업에 앞서 설계를 완료하도록 하는 방법론[1]을 살펴보겠습니다. 이 방법론은 모든 변경 제안을 설계 단계에서 작성하고 완료하도록 합니다. 모든 설계를 구현에 앞서 진행해야 하므로 미리 만들어야 할 변경 제안서가 상당히 많으며 그 범위도 클 것입니다. 따라서 이 시기에 아키텍처 팀은 굉장히 바쁘겠지만, 설계 작업이 반드시 필요한 일이라는 사실은 변하지 않습니다.

---

1 역주 예로 워터폴(waterfall) 방법론이 있습니다.

이와 반대로 필요할 때(just-in-time) 설계하는 방법론[2]에서는 각각의 반복 주기마다 작은 단위의 변경 제안을 다룹니다. 여기에서는 아키텍처 원칙과 비전을 명확히 설정하는 것이 특히 중요합니다. 아키텍처 원칙이나 비전 같은 기준이 없으면 작은 설계 변경들이 서로 조화를 이루기보다 오히려 충돌할 위험이 크기 때문입니다.

이러한 두 가지 극단적인 방법론 사이에서도 변경 제안 기반의 접근 방식은 유연하게 확장될 수 있다는 장점이 있습니다. 이 접근 방식은 개발 방법론이 변화하거나 발전하더라도 아키텍처 프로세스를 근본적으로 수정할 필요가 없습니다. 즉, 아키텍처 작업은 어떤 방법론을 적용하든 본질적으로 동일한 역할을 수행해야 합니다.

변경 제안을 기반으로 한 접근 방식은 실제 개발 과정에서도 유연하게 적용할 수 있습니다. 예를 들어 모든 설계를 먼저 완료하는 방식을 적용했다가 구현 단계에서 설계상 결함을 발견하는 경우가 있을 것입니다. 이 경우 전체 프로젝트를 다시 설계 단계로 되돌릴 수는 없지만, 일부는 just-in-time 설계를 적용하여 문제를 해결할 수 있습니다. 이러한 유연성은 매우 유용합니다.

반대로 너무 많은 소규모 변경 제안을 just-in-time 방식으로 처리하는 것은 상대적으로 광범위하여 범위가 명확한 변경 제안을 다루는 것보다 더 어려운 일일 수 있습니다. 이 경우에는 애자일 같은 반복적인 방법론을 사용하더라도 자연스럽게 일부 변경 제안 규모를 더 키워 처리할 수 있습니다.

궁극적으로 아키텍처 프로세스는 조직의 개발 방법론을 주도하기보다 지원하는 역할을 해야 합니다. 다만 이와 동시에 아키텍처 프로세스를 조직의 개발 방법론에 맞게 조정하는 일은 아키텍처 팀의 업무를 효과적으로 수행하는 데 지장을 주어서는 안 됩니다.

---

2 역주 예로 애자일(Agile) 방법론이 있습니다.

10.2 제품 관리 팀과 협업

아키텍트는 프로덕트 매니저에게 다음 두 가지 사항을 확인받아야 합니다. 첫째는 앞으로 개발해야 할 기능과 그에 따른 요구 사항이며, 둘째는 향후 이러한 기능들을 어떤 방향으로 확장하고 발전시킬 것인지에 대한 계획입니다.

기능이란 고객 관점에서 소프트웨어 제품이 수행하는 모든 것을 의미하며, 주로 제품 특징이나 특정한 동작과 관련되어 있습니다. 예를 들어 워드 프로세서에는 **인쇄 기능**이 있습니다. 사용자가 인쇄 기능을 실행하면 프린터 선택, 문서 포맷 변환, 출력 데이터 생성 및 전송 등 과정을 수행합니다. 따라서 여러분이 워드 프로세서를 개발한다면 프로덕트 매니저는 반드시 **인쇄 기능**을 포함하길 원할 것입니다.

기능은 항상 어떤 특징이나 동작에 국한되지 않습니다. 성능이나 안정성 등 **비기능적** 요구 사항에 해당되기도 합니다. 예를 들어 워드 프로세서에 이미 인쇄 기능이 있지만, 100쪽 이하의 문서만 인쇄할 수 있다고 가정해 보겠습니다. 이 경우 1만 쪽처럼 대용량 문서를 인쇄하는 것은 새로운 기능이라고 볼 수 있습니다. 실제로 대용량 문서를 인쇄하는 것 같은 확장성 문제는 아키텍처 측면에서 상당한 작업이 필요하기도 합니다.

기능은 일련의 요구 사항으로 나타납니다. 따라서 설계나 명세서, 기타 산출물과 마찬가지로 반드시 문서화해야 합니다. 문서를 작성할 때는 가능한 한 템플릿을 기반으로 해야 합니다. 이것으로 세부 정보를 체계적으로 정리할 수 있으며, 발표나 토론 같은 다른 커뮤니케이션 방식으로는 할 수 없는 비동기적 검토도 가능합니다.

요구 사항은 특정 기능이 무엇을 수행해야 하는지, 적어도 암묵적으로 무엇을 수행할 필요가 없는지 설명할 수 있어야 합니다. 앞서 예로 든 인쇄 기능에 대한 요구 사항을 정의하면 이러한 것들이 있을 수 있습니다.

- 사용자가 시스템에서 제공하는 인쇄 설정 및 대화 상자를 이용하여 접근 가능한 모든 프린터로 현재 문서를 출력할 수 있도록 해야 합니다.
- 사용자가 문서를 인쇄할 때 출력물에 **초안**(DRAFT) 워터마크를 적용할 수 있도록 해야 합니다.

이 두 가지 요구 사항만으로도 설계할 때 고려해야 할 중요한 사항을 알 수 있습니다. 예를 들어 독자적인 인쇄 대화 상자나 프린트 연결 기능을 따로 개발할 필요가 없다는 점이 분명합니다. 어떤 애플리케이션에서는 독자적인 인쇄 대화 상자나 프린트 연결 기능이 적절할 수도 있지만, 여기에서는 운영 체제에서 제공하는 인쇄 기능을 활용하도록 명확히 요구하고 있습니다. 이는 아키텍처 측면에서 중요한 요구 사항이라고 볼 수 있습니다.

비록 이 두 요구 사항에 많은 내용이 담겨 있지만, 성능이나 확장성과 관련된 내용은 빠져 있습니다. 그리고 바로 이것들이 간과하기 쉬운 부분이기도 합니다. 누구나 프린터를 사용해 보았으니 성능이나 확장성과 관련된 내용은 쉽게 유추할 수 있다고 생각합니다. 그러나 실제 개발 과정에서는 이러한 가정 때문에 문제가 발생하고는 합니다. 예를 들어 인쇄 기능에서 초당 한 페이지를 출력하는 정도의 속도면 매우 합리적인 성능이라고 생각할 수 있습니다. 하지만 프로덕트 매니저는 고객들이 그보다 100배 빠른 고속 프린터를 사용하고 있음을 알고 있을 수도 있습니다.

요구 사항 중 누락되거나 암묵적인 부분을 추론하는 것은 아키텍처인 여러분이 할 일이 아닙니다. 다만 그런 부분을 발견해 내는 것은 매우 중요합니다. 경험이 많은 아키텍트는 이러한 공백을 빠르게 포착하고 프로덕트 매니저에게 이를 보완하도록 요청할 수 있습니다. 특히 요구 사항을 검토할 때는 처리량이나 지연 시간, 확장성, 효율성 등이 충분히 반영되어 있는지 점검해야 합니다. 이러한 체크 리스트는 비즈니스 도메인에 따라 다릅니다. 따라서 자신의 분야에서 어떤 부분이 중요한지 생각하고 요구 사항 공백을 찾아낼 수 있어야 합니다. 가능하다면 제품 관리 팀과 협력하여 이러한 항목을 요구 사항 템플릿에 포함시키는 것도 좋은 방법입니다.

또 앞으로 발생할 수 있는 잠재적인 변경 사항도 미리 생각해야 합니다. 모든 기능이 반드시 변경 작업을 요구하지는 않습니다. 일부 새로운 코드 추가가 필요하더라도 기존 설계 내에서 해결하는 경우도 있습니다. 또는 약간의 설계 변경이 필요할 수 있지만 현재의 아키텍처로 해결할 수 있는 경우도 있습니다. 바로 이러한 상황이 가장 이상적인 경우입니다. 이는 현재 시스템 아키텍처가 새로운 기능을 효과적으로 수용할 수 있고, 최소한의 비용으로 구현할 수 있음을 보여 주기 때문입니다.

아키텍처 변경 같은 새로운 변경 작업이 필요할 때는 해당 요구 사항이 두 가지 이상의 접근 방식을 적용할 수 있는 요구 사항인지 확인해야 합니다. 프로덕트 매니저는 종종 특정 접근 방식을 염두에 두고 요구 사항을 작성하기도 합니다. 또는 아키텍트가 프로젝트 초기 단계에서 자신이 염두에 둔 접근 방식을 공유함으로써 프로덕트 매니저가 그 방식을 고려하여 요구 사항을 작성하도록 유도하기도 합니다. 모두가 특정 방식에 동의하고 있는 것처럼 보인다면, 해당 방식을 전제로 요구 사항을 작성하도록 하는 것이 더 간단하고 편리한 방법처럼 보일 것입니다.

하지만 이러한 함정에 빠지지 않도록 주의해야 합니다. 즉, 특정 방식을 지나치게 강요하는 요구 사항은 재검토를 요청해야 합니다. 대부분의 문제가 프로젝트 초기에 여러분이 생각했던 부분이 바뀌면서 발생하기 때문입니다. 프로젝트 초기 단계에서 나온 아이디어는 어디까지나 초기 구상일 뿐입니다. 향후 모든 요구 사항을 파악하고 시간을 두고 충분히 고민하다 보면 다른 접근 방식을 선택하는 것이 더 적절하다고 판단할 수도 있습니다. 아키텍트의 중요한 역할 중 하나가 다양한 대안을 검토하는 일이라는 점을 다시 한 번 명심해야 합니다.

결국 요구 사항이 특정 구현 방식을 암시하는 경우에는 문제가 됩니다. 요구 사항과 다른 방식으로 구현하면 결과적으로 해당 요구 사항을 충족하지 못하게 되는 것입니다. 실제로는 요구 사항 의도에 부합할 수도 있지만, 문서화된 요구 사항과는 불일치하여 문제를 만듭니다. 따라서 이러한 혼선을 방지하려면 요구 사항을 작성할 때 특정 구현 방식을 전제로 하지 않도록 해야 합니다.

더 심각한 상황은 이러한 불일치가 중요한 가정이나 오해를 감추는 경우입니다. 예를 들어 프로덕트 매니저가 **PDF로 저장**하는 기능에 대한 요구 사항을 작성한다고 가정해 보겠습니다. 아마도 여러분은 처음에는 시스템의 **프린트** 기능을 활용하는 것이 적절하다고 판단할지도 모릅니다. 이러한 판단에 따르면 프린트할 페이지 형태를 그대로 PDF로 저장하게 될 것입니다. 또 프린트 기능과 PDF 저장 기능 모두 동일한 레이아웃을 갖출 것입니다. 프로덕트 매니저가 이러한 판단을 들었다면 **PDF로 저장**하는 기능을 일종의 프린터로 가정하고 요구 사항을 작성할 것입니다.

하지만 PDF는 단순히 종이에 인쇄된 내용을 디지털화한 것 이상을 의미합니다. 전자 문서로서 PDF는 암호화를 적용할 수도 있고, 입력할 수 있는 폼 필드를 포함할 수도 있습니다. 이러한 유용한 기능들은 실제 인쇄물에는 적용할 수 없으며, 프린트 기능을 담당하는 코드만으로는 처리할 수 없습니다. 그렇다면 앞서 프로덕트 매니저가 작성한 요구 사항에 암호화나 입력할 수 있는 폼 필드 같은 PDF 기능을 넣지 않겠다는 내용이 포함되어 있나요? 아니면 프로덕트 매니저가 나중에 이러한 기능이 필요하면 언제든지 추가할 수 있다고 여겨 요구 사항을 작성했을까요?

이 문제는 요구 사항이 **무엇을 해야 하는지**보다 **어떻게 해야 하는지** 지정할 때 발생합니다. 요구 사항에 다양한 설계 접근 방식을 고려할 수 있는 여지가 없다면 이러한 함정에 빠질 가능성은 클 것입니다. 설령 요구 사항이 요청하는 방식으로 구현할 계획이었다고 하더라도 그대로 받아들이지 말고 다시 검토해야 합니다. 무엇을 해야 하는가에 초점을 맞추어 요구 사항을 다시 검토하면 설계에 영향을 미칠 수 있는 새로운 요구 사항이나 추가적인 고려 사항을 발견할 수도 있기 때문입니다.

요구 사항을 검토할 때는 여러분과 프로덕트 매니저가 해당 요구 사항을 충족했는지 어떻게 확인할 것인지도 논의해야 합니다. 이상적으로는 구체적이고 테스트할 수 있는 형태로 요구 사항을 작성해야 합니다. 예를 들어 **PDF로 저장**하는 기능을 요구 사항으로 나타내는 두 가지 방식을 비교해 보겠습니다.

애플리케이션은 사용자가 문서를 PDF로 저장할 수 있도록 해야 합니다.

이 문장은 테스트가 가능하다는 점에서 유용합니다. 애플리케이션이 문서를 PDF로 저장할 수 있거나 그렇지 않거나 둘 중 하나이기 때문입니다. 그러나 구체성이 부족합니다. 이대로라면 프로덕트 매니저가 기대했던 것보다 기능이 제한적인 결과물이 나올 것입니다.

아키텍트는 요구 사항에 숨긴 가정을 이른 시점에 끌어내어 설계에 반영해야 합니다. 프로덕트 매니저가 실제로 의도한 요구 사항은 다음과 같이 더 구체적일 가능성이 있습니다.

- 애플리케이션은 사용자가 문서를 PDF로 저장할 수 있도록 해야 합니다.
- 문서를 PDF로 저장할 때 애플리케이션은 비밀번호 기반 암호화를 적용할 수 있는 옵션을 제공해야 합니다.
- 문서를 PDF로 저장할 때 애플리케이션은 문서 내 모든 입력 필드를 작성 가능한 PDF 폼 필드로 변환할 수 있는 옵션을 제공해야 합니다.

혹은 이보다 더 간단한 기능만 필요할 수도 있습니다. 어떤 경우든 구체적인 요구 사항을 알아내는 것이 중요합니다. 암호화나 폼 필드 기능이 없는 단순한 PDF 저장 기능은 더 쉽고 빠르게 구현할 수 있으며, 굳이 필요하지 않은 기능에 시간을 투자하지 않아도 됩니다. 반대로 이러한 추가 기능을 반드시 포함해야 한다면 설계 단계부터 이를 고려해야 합니다. 예를 들어 워드 프로세서 문서의 폼 필드를 PDF 폼 필드로 변환해야 한다면, 워드 프로세서 문서의 폼 필드를 PDF 폼 필드로 매핑하는 방식이 일관되게 동작하도록 접근 방식을 재검토해야 할 것입니다.

10.2.1 도와주기

우리는 지금까지 아키텍트가 프로덕트 매니저에게 요구해야 하는 사항을 논의했습니다. 그러나 좋은 관계를 유지하려면 정보가 일방적으로 흐르지 않고 상호 공유되어야 합니다. 프로덕트 매니저는 고객 요청, 제품 및 시장 방향에 대한 판단, 기업의 전략적 목표, 일정과 마감 기한의 조율 등 복잡한 작업을 수행하고 있다는 점을 알아야 합니다.

여러분은 아키텍트로서 프로덕트 매니저에게 도움을 줄 수 있습니다. 새로운 기능 중 어떤 것은 쉽게 구현될 수 있고, 어떤 것은 더 많은 노력을 투입해야 하는지 인사이트를 제공할 수 있습니다. 특히 대규모 설계 작업이나 시스템 변경이 필요한 기능처럼 구현에 오랜 시간이 걸리는 항목을 프로덕트 매니저에게 미리 알려 주는 것이 매우 유용합니다. 개발 소요 시간과 필요한 작업량은 프로덕트 매니저가 의사 결정을 내리는 데 중요한 요소이기 때문입니다.

프로덕트 매니저와 시스템 콘셉트에 대한 공통된 용어와 이해를 구축하면 더욱 좋습니다. 2장에서 소개된 콘셉트(concepts)는 특정한 방식에 얽매이지 않고 시스템이 수행할 기능을 논의할 수 있는 개념적 틀을 제공합니다. 이처럼 시스템을 콘셉트 수준에서 논의하면 앞서 요구 사항을 정할 때처럼 무엇을 할지와 어떻게 할지를 분리할 수 있습니다. 이에 따라 아키텍처 설계를 변경하거나 교체하더라도 기능 자체는 유지할 수 있도록 하는 유연성을 보장할 수 있습니다.

예를 들어 프로덕트 매니저가 애플리케이션에 'PDF로 저장' 기능을 추가하고 싶어 한다 가정하겠습니다. 그는 이 기능이 프린트 기능과 유사하다는 점을 알고 있으며 최대한 빠르게 출시하길 원합니다. 애플리케이션에는 이미 프린트 기능이 있으니 PDF로 저장 기능도 금방 구현할 수 있지 않겠느냐고 질문할 것입니다.

콘셉트는 이 질문 속에 숨겨진 가정을 끄집어 내고 논의할 수 있는 틀을 제공합니다. 애플리케이션에는 이미 **인쇄**라는 콘셉트가 있습니다. 'PDF로 저장' 기능이 일종의 **인쇄**라면 비교적 쉽게 기능을 추가할 수 있을 것입니다. 하지만 이 경우 PDF 저장 기능은 인쇄라는 콘셉트 안에서만 구현할 수 있다는 한계가 있습니다. 예를 들어 **인쇄**는 암호화나 폼 필드를 처리하는 것이 아니기 때문에 'PDF로 저장' 역시 이러한 요소를 지원하지 못할 것입니다.

어쩌면 프로덕트 매니저가 새로운 개념을 추가하길 원할 수도 있습니다. 예를 들어 **PDF 저장**이라는 새로운 콘셉트를 만드는 것입니다. 이 콘셉트는 PDF와 관련된 기능들을 모두 포함할 것입니다. 비록 인쇄라는 콘셉트와 어느 정도 연관되기 때문에 일부 코드를 공유할 수도 있지만, 완전히 동일한 콘셉트는 아닙니다.

또는 'PDF로 저장'이라는 기능이 **포맷 변환**이라는 콘셉트 안에 있는 기능 중 하나일 수도 있습니다. 이 포맷 변환이라는 다소 넓은 범위의 콘셉트를 기반으로 하면 PDF뿐만 아니라 HTML 같은 출력 포맷도 고려할 수 있을 것입니다. 또 포맷 변환이라는 콘셉트는 각 포맷이 가지는 공통점과 차이점을 구분하는 역할을 할 것입니다. 예를 들어 PDF는 암호화를 지원할 수 있지만, HTML은 그렇지 않습니다. 반면에 두 포맷 모두 작성할 수 있는 폼 필드를 포함할 수 있다는 공통점이 있습니다. 이렇게 포맷 변환이라는 콘셉트를 만들면 서로 다른 포맷 간 공통점과 차이점을 모델링할 수 있습니다.

이러한 방식으로 접근하려면 프로덕트 매니저와 하는 대화를 기능 중심에서 콘셉트 중심으로 전환해야 합니다. 콘셉트에 공통된 이해가 형성되면 프로덕트 매니저는 새로운 요구 사항을 충족하는 데 드는 비용을 좀 더 정확하게 독립적으로 판단할 수 있습니다. 이는 아키텍처가 고려해야 하는 기능의 발전 방향(3장에서 다룬 내용)과도 자연스럽게 연결됩니다.

10.2.2 다양한 결말

프로덕트 매니저와 하는 모든 논의가 항상 시스템 변경으로 이어지는 것은 아닙니다. 때로는 요구 사항이 기존 설계로 충분히 해결할 수 있을 만큼 단순해서 시스템 변경이 필요 없을 때도 있습니다. 그런 경우라면 성공적으로 처리된 것으로 간주하고 다음 과제로 넘어갑니다.

가끔은 요구 사항 검토 중에 콘셉트, 기능, 특징 등을 길게 논의하다 결국 해당 요구 사항을 완전히 폐기하는 경우도 있습니다. 이 역시 성공적으로 처리한 결과로 볼 수 있습니다.

이러한 상황은 보통 두 가지 경우로 나타납니다. 첫 번째는 요구 사항이 명확하지 않은 경우입니다. 예를 들어 프로덕트 매니저가 요구 사항을 작성할 때 'PDF로 인쇄하기'와 'PDF로 저장하기' 차이를 충분히 알지 못했을 수도 있습니다. 이후 요구 사항을 논의하면서 프로덕트 매니저가 두 콘셉트 차이를 이해하게 되겠지만, 실제로 어떤 기능이 필요한지 판단하려면 유스케이스(use cases)[3]를 다시 검토해야 할 것입니다.

그렇게 유스케이스를 재검토한 뒤 프로덕트 매니저가 'PDF로 인쇄하기' 기능만으로도 유스케이스를 충족할 수 있다 판단했다고 가정해 보겠습니다. 즉, 추가적인 PDF 기능을 지원할 필요가 없으며, 운영 체제에서 기본적으로 제공하는 'PDF로 인쇄하기' 기능을 사용하면 되는 상황입니다. 이 경우 해당 요구 사항은 철회될 것이며, 별도로 추가적인 작업은 필요하지 않습니다. 이러한 결과는 아키텍처와 엔지니어링 자원을 아낄 수 있기 때문에 매우 성공적인 결과라고 할 수 있습니다.

두 번째는 투자 대비 효과가 너무 낮다고 판단된 경우입니다. 앞선 경우와 반대로 요구 사항을 정리한 결과 'PDF로 저장하기' 기능이 필요한 것으로 판단되었다고 가정해 보겠습니다. 애플리케이션의 문서 모델이 입력할 수 있는 폼 필드를 포함하고 있지만, 이를 PDF로 변환하는 기능이 없다면 결국 애플리케이션의 문서 모델을 변경해야 하는 상황일 것입니다.

물론 이러한 상황에서 애플리케이션의 문서 모델을 변경할 수도 있습니다. 하지만 그렇게 하면 시스템 변경 범위가 단순히 인쇄 기능의 하위 시스템을 수정하는 수준에서 애플리케이션 전반에 걸친 대규모 변경으로 확대될 수 있습니다. 이 경우 프로덕트 매니저가 비용 대비 효과를 고려하여 해당 기능을 굳이 도입할 필요가 없다고 판단할 수도 있습니다. 이에 따라 새로운 기능을 추가하지는 않겠지만, 이 역시 또 다른 성공적인 결과라고 볼 수 있습니다.

---

3 역주 사용자 관점에서 시스템 동작을 표현한 시나리오입니다.

10.2.3 작업 범위의 한계 설정

새로운 요구 사항을 간단하게 해결할 때도 있지만, 대부분의 요구 사항은 아키텍처, 설계, 구현 중 어느 한 영역에서 추가적으로 작업이 필요하기도 합니다. 구현해야 할 기능의 우선순위를 정하고 작업 순서를 결정하는 것은 프로덕트 매니저의 책임입니다. 결국 프로덕트 매니저의 핵심 역할은 고객과 시장을 깊이 이해하고, 이를 바탕으로 어떤 기능을 먼저 개발할지 판단하는 것입니다.

가끔 조직에서는 프로덕트 매니저가 모든 아키텍처 및 엔지니어링 작업의 우선순위와 일정까지 결정할 수 있다고 착각하기도 합니다. 결국 요구 사항과 직접적으로 관련이 없는 작업의 진행 순서까지 프로덕트 매니저가 결정하게 하기도 합니다.

하지만 이러한 실수는 피해야 합니다. 프로덕트 매니저가 아키텍처 및 엔지니어링 작업의 필요성과 수행 시점을 결정하도록 놔둔다면 이는 아키텍처 팀이 자신의 책임을 포기한 것과 다름없습니다. 또 이는 프로덕트 매니저에게도 불리한 일입니다. 그들은 기술적 결정을 내릴 수 있을 만큼 준비되어 있지 않기 때문입니다.

이러한 상황이 발생한다면 이는 조직에 문제가 있다는 신호일 수 있습니다. 이러한 상황은 주로 아키텍처 팀이 특정 아키텍처나 설계를 변경하고 싶어 하지만, 그 변경이 실제로 얼마나 가치가 있는지 확신하지 못할 때 나타납니다(특히 새로운 기술을 도입하는 것과 관련된 경우가 많습니다). 그러나 투자 대비 효과가 낮거나 불분명하다는 이유로 프로덕트 매니저에게 그 결정을 맡겨서는 안 됩니다. 아키텍처 팀이 스스로 냉정하게 평가하고 변경이 필요한지 신중히 판단하는 것이 바람직합니다. 대부분의 경우 이러한 변경은 진행하지 않는 것이 더 나은 선택일 가능성이 큽니다.

아키텍처 팀이 자신들의 변경안을 정당화하려고 프로덕트 매니저를 끌어들일 때도 있습니다. 이는 프로덕트 매니저에게 불필요한 부담을 주는 행동입니다. 해당 변경이 기존 요구 사항을 충족하는 것이라면 추가적인 승인 과정은 필요하지 않습니다. 반대로 요구 사항과 직접적인 관련이 없는 순수한 아키텍처 문제라면 프로덕트 매니저가 이를 판단할 근거는 없습니다. 결국 프로덕트 매니저에게 이러한 결정을 맡긴다면 그들이 내릴 수 있는 합리적인 답변은 '아니요'일 수밖에 없을 것입니다.

여기에서 핵심은 아키텍처 팀이 엔지니어링 작업의 우선순위를 정할 수 없다는 것이 아닙니다. 오히려 아키텍처 팀은 이를 결정할 수 있어야 합니다. 다만 그 결정을 내릴 때는 반드시 아키텍처 관점에서 충분한 근거를 마련해야 합니다. 즉, 여러 변경 제안을 신중히 검토한 뒤 특정 방향을 선택해야 하는 명확한 이유가 있어야 합니다.

결국 새로운 구성 요소를 도입할지, 기존 것을 활용할지, 시스템을 구성하는 다양한 요소 간의 관계를 개선할지, 현재 형태를 유지할지 등 결정은 아키텍트가 내려야 합니다. 이러한 결정을 회피하면 아키텍처 팀이 해야 할 역할을 약화시키는 결과를 초래할 것입니다.

앞서 말한 의사 결정은 매우 어렵지만, 아키텍트로서 반드시 해야 하는 일입니다. 선택의 갈림길에서 고민하고 있다면 동료나 다른 리소스에서 도움을 받길 바랍니다. 의사 결정 과정에 대한 추가적인 내용은 6장을 참고하길 바랍니다. 우리는 모두 종종 잘못된 결정을 내릴 수 있습니다. 그렇다고 하더라도 결정에 대한 책임을 회피해서는 안 됩니다.

10.3 UX 팀과 협업

사용자 경험(User Experience, UX) 팀 또는 경험 디자인(Experience Design) 팀은 아키텍처 팀의 핵심 파트너입니다. UX 팀은 종종 픽셀 단위까지 정교한 디자인을 제시하지만, 이러한 디자인이 담고 있는 의미는 그보다 훨씬 깊습니다. 제대로 설계된 사용자 경험은 시스템의 핵심 콘셉트를 반영하고 전달하는 역할을 합니다.

사용자 경험이 제품의 핵심 콘셉트를 정확히 반영할 때 사용자는 제품에 대한 올바른 정신 모델(mental model)[4]을 형성할 수 있습니다. 그리고 이것으로 제품이 기대한 대로 동작한다고 인식합니다. 사용자 기대에 부합하는 경험을 제공하면 만족도는 높아지고, 제품의 동작 방식을 이해하지 못해 느끼는 좌절감을 줄일 수 있습니다.

단순히 유용한 기능을 제공한다고 해서 제품이 사용자에게 만족감을 주는지는 알 수 없습니다. 제품이 유용해야 한다는 것은 필수지만, 그것만으로는 충분하지 않습니다. 사용자가 제품의 작동 방식을 잘못 이해하면 제품을 아무리 잘 만들었다고 하더라도 제대로 활용하기는 어려울 것이기 때문입니다.

따라서 사용자에게 만족감을 주는 제품을 만들려면 제품의 본질적인 콘셉트를 정확하게 전달하는 사용자 경험이 필수입니다. 이를 실현하려면 UX 팀과 아키텍처 팀이 제품의 콘셉트에 대한 공통된 이해를 가지고 있어야 합니다.

어쩌면 아키텍처 팀이 시스템의 핵심 콘셉트를 정의하고, UX 팀은 이를 올바르게 전달하는 역할만 하면 된다고 생각할 수도 있습니다. 그러나 이러한 태도는 두 팀 간에 협업을 원활하게 진행하는 데는 도움이 되지 않습니다.

어떤 경우든 UX 팀이 이해할 수 없거나 논리적으로 맞지 않는 콘셉트 모델은 제대로 구현하기 어렵습니다. UX 팀조차 이해하지 못한다면 사용자들도 제품의 콘셉트를 제대로 이해할 수 없을 것입니다.

따라서 제품 목적에 적합한 콘셉트 모델을 정립하려면 UX 팀과 협력해야 합니다. 또 제품 관리 팀도 이 논의에 참여해야 합니다. 아울러 좋은 콘셉트 모델은 다음 세 가지 기준을 충족해야 합니다.

4　역주　8장을 참고합니다.

- 제품 관리 팀이 작성한 요구 사항을 만족할 것
- 시스템 아키텍처 안에서 합리적으로 설계하여 구현할 수 있을 것
- 직관적인 사용자 경험으로 사용자에게 쉽게 전달할 것

궁극적으로 제품 관리 팀, UX 팀, 아키텍처 팀이 이러한 핵심 콘셉트에서 의견을 맞춘다면 각 팀의 책임과 권한 논쟁은 의미가 없을 것입니다.

10.4 프로그램 관리 팀과 협업

프로그램 관리 팀[5]은 각 릴리스[6]에 포함될 작업 항목을 조율하는 역할을 담당합니다. 여기에는 업무 할당, 의존성 관리, 진행 상황 추적 등이 포함됩니다. 물론 이러한 작업 항목 중 일부분은 아키텍처 작업과 관련되어 있습니다.

여러분은 아키텍처 작업이 필요한 경우와 그렇지 않은 경우를 명확히 알려 주어 프로그램 관리 팀을 도와줄 수 있습니다. 다만 아키텍처 작업이 필요한지 여부를 명확히 구분하는 것은 쉽지 않습니다. 제품에 중대한 변화가 있을 때는 아키텍처를 변경해야 하지만, 대부분은 기존 아키텍처 내에 새로운 설계를 추가하는 것으로도 충분하기 때문입니다. 때로는 설계 변경 없이 새로운 기능을 도입할 수 있기도 합니다.

그렇더라도 아키텍처 작업이 필요한지 아닌지는 프로그램 관리 팀보다 여러분이 더 명확하게 알 수 있습니다. 아키텍처 변경이 필요한지 여부를 최대한 이른 시점에 알려 주면 프로그램 관리 팀이 작업량뿐만 아니라 그 범위와 규모까지 효과적으로 계획하는 데 도움이 될 것입니다.

---

5 역주 프로젝트 관리 팀, 릴리스 관리 팀 등으로 부릅니다.
6 역주 특성 소프트웨어 배포 버전입니다.

이러한 협업을 효과적으로 하려면 프로그램 관리 팀이 아키텍처 팀의 다양한 개입 방식을 이해하고 있어야 합니다. 여러분 팀이 이전까지 체계적인 아키텍처 프로세스를 따르지 않았다면 프로그램 관리 팀에 아키텍처 팀의 다양한 개입 방식과 프로세스를 설명하는 데 시간을 투자하는 것이 좋습니다.

아키텍처 팀은 설계 프로세스를 정립하고 문서화하고 공유함으로써 프로그램 관리 팀이 업무를 조율하여 프로젝트가 일정대로 진행될 수 있도록 지원할 수 있습니다. 예를 들면 다음과 같습니다.

- 설계 작업을 공개적으로 진행하면 프로그램 관리 팀이 어떤 설계를 시작했고 어떤 설계를 아직 착수하지 않았는지 쉽게 파악할 수 있습니다.
- 표준화된 설계 템플릿을 사용하면 진행 중인 설계에서 어떤 부분을 완료했고 어떤 부분이 남아 있는지 프로그램 관리 팀이 쉽게 확인할 수 있습니다.
- 책임자와 승인 절차를 명확히 하면 프로그램 관리 팀이 설계 상태나 계획을 확인할 때 누구에게 문의해야 하는지 정확히 알 수 있습니다.

프로그램 관리 팀과 효과적으로 협업하려면 아키텍처 작업을 수행하는 방식을 명확히 정의해야 합니다. 이렇게 함으로써 **무엇을 해야 하는지**는 아키텍처 팀이 결정하고, **언제 해야 하는지**는 프로그램 관리 팀이 조율하는 방식으로 역할을 분담할 수 있습니다. 이렇게 분담하면 추가적인 이점으로 아키텍처 팀이 프로그램 관리 업무에 불필요하게 개입하지 않고 본연의 아키텍처 작업에 집중할 수 있습니다.

프로그램 관리 팀은 작업 항목 간 의존성 관리에도 중요한 역할을 합니다. 이 과정에서 잘못된 규칙이나 지나치게 엄격한 규칙을 적용하지 않도록 주의해야 합니다. 예를 들어 어떤 아키텍트는 요구 사항을 완전히 정리할 때까지는 검토하려고 하지 않고, 어떤 엔지니어는 설계를 모두 완료할 때까지 검토를 미루려는 경향이 있습니다. 즉, 이전 작업이 완전히 끝나야 다음 작업을 시작할 수 있다는 **완료 후 시작**(finish-to-start) 방식을 전제로 하는 사람들이 있습니다.

이러한 행동은 작업을 진행하는 방식을 오해한 것에서 비롯됩니다. 보통 이전 단계의 작업을 완료했다고 판단할 수 있는 시점은 해당 작업을 이어받아 활용할 사람들(요구 사항의 경우 아키텍트, 변경 제안의 경우 엔지니어)이 완료했다고 동의할 때입니다. 이렇게 판단하는 가장 좋은 방법은 이전 작업에 이어 다음 작업을 진행하는 것입니다. 예를 들어 아키텍트로서 필자는 변경 제안서 초안을 작성하기 전까지는 이전 단계에서 작성한 요구 사항이 완전한지 확신할 수 없었습니다. 마찬가지로 변경 제안을 완전히 다듬었는지 여부도 엔지니어링 팀이 다음 작업을 진행하면서 철저히 검토해야만 알 수 있습니다.

따라서 이러한 작업 간 올바른 의존성은 **완료 후 완료**(finish-to-finish) 관계일 것입니다. 즉, 다음 작업은 이전 작업을 완료하기 전까지는 끝낼 수 없지만, 반드시 이전 작업을 완료하기 훨씬 전에 시작해야 한다는 것입니다.

프로그램 관리 팀은 아키텍처 작업을 계획하고 일정을 조정하는 데도 중요한 역할을 합니다. 특히 복잡한 대규모 프로젝트에서는 다양한 작업 범위와 우선순위를 조율해야 합니다. 그런데 프로그램 관리 팀이 여러분에게 특정 날짜를 확실하게 약속하라고 요구한다면 이는 잘못된 방식으로 논의를 진행하고 있는 것이라고 볼 수 있습니다. 즉, 여러분이 일정에 대한 부담을 과도하게 떠안고 있다는 신호일 수 있습니다.

이를 해결하려면 공개적으로 작업을 진행하는 것이 좋습니다. 먼저 앞으로 수행할 작업 항목을 열거하고 기존에 했던 작업을 참고하여 변경 범위를 예측하세요. 그다음 프로그램 관리 팀과 그 내용을 공유하고, 균형 잡힌 일정 계획을 수립할 수 있도록 협력해야 합니다. 이렇게 프로그램 관리 팀과 함께 논의를 진행하면 엔지니어링 팀이 바쁘거나 아직 요구 사항을 준비하지 않아서 6월까지는 완료해야 하는 설계를 8월로 미루어도 괜찮다는 것을 알 수 있습니다. 이처럼 일정 논의를 단순히 마감일에 맞추는 것이 아니라 전반적인 계획을 수립하는 방향으로 전환하면 프로그램 관리 팀과 현 상황을 파악하여 최적의 일정 계획을 수립할 수 있을 것입니다.

10.5 엔지니어링 팀과 협업

아무리 우아한 아키텍처와 뛰어난 설계를 만들어도 결국 이를 실현하는 것은 엔지니어링 팀[7]입니다. 따라서 엔지니어링 팀과 하는 협업은 프로젝트 성공을 위해 필수입니다. 즉, 변경 프로세스의 모든 단계에서 엔지니어링 팀과 지속적으로 소통해야 합니다.

엔지니어링 팀과 협업하려면 우선 현재 시스템이 구현된 상태를 파악하는 것부터 시작해야 합니다. 따라서 새로운 프로젝트에 투입되었다면 먼저 소스 코드 저장소를 살펴보는 것이 좋습니다. 여기에서 목표는 모든 코드를 일일이 읽는 것이 아니라 전체적인 구조를 파악하고 기본적인 구현 방식에 익숙해지는 것입니다.

코드 구조와 품질에 대한 기본적인 이해만으로도 중요한 정보를 얻을 수 있습니다. 예를 들어 클라이언트 애플리케이션의 코드를 검토하는 과정에서 다양한 HTTP API를 호출하는 것을 발견했다고 가정해 보겠습니다. 보통은 웹 아키텍처를 활용하여 클라이언트와 서비스 간 통신을 수행하도록 설계되어 있을 것입니다. 아마도 아키텍처 팀에서 해당 API를 직접 설계했거나 적어도 API에 대한 표준을 정했을 것입니다.

그렇더라도 엔지니어링 팀은 이러한 API 호출을 구현하는 과정에서 몇 가지 중요한 결정을 내렸을 것입니다. 예를 들어 플랫폼(즉, 운영 체제)의 기본 HTTP 라이브러리를 사용했는지 아니면 자체적으로 구현한 라이브러리를 사용했는지, 멀티 스레드 방식의 HTTP 라이브러리를 사용했는지 아니면 이벤트 기반 방식의 HTTP 라이브러리를 사용했는지, 대용량 요청 및 응답을 스트리밍할 수 있도록 했는지 아니면 메모리에 모두 로드하도록 했는지 등이 있습니다.

---

7 역주 애플리케이션 개발 팀, 소프트웨어 개발 팀 등으로도 부릅니다.

이러한 결정에는 대부분 정답이 없습니다. 엔지니어링 팀이 어떻게 구현했는지 파악하는 일은 비판하려는 것이 아닙니다. 검토 과정에서 어느 정도 비판은 할 수 있지만, 이는 주된 목적이 아닙니다. 대부분의 애플리케이션에는 다양한 접근 방식을 적용할 수 있으므로 앞서 살펴본 세부적인 구현은 중요하지 않습니다.

가끔은 이러한 세부적인 구현이 중요한 사안이 되기도 합니다. 예를 들어 애플리케이션이 API 호출로 이미지 데이터를 송수신하는 경우 요청과 응답을 메모리에 모두 로드하는 방식은 최적의 선택이 아닐 수 있습니다. 이미지 크기가 커질수록 확장성 문제가 발생할 가능성이 있기 때문입니다. 이러한 부분은 현재는 문제되지 않더라도 향후 다시 검토할 사항으로 기록해 두어야 할 것입니다.

종종 이 부분들이 당장은 큰 이슈가 되지 않더라도 향후 어떤 변화로 문제가 되기도 합니다. 예를 들어 현재 애플리케이션이 이미지 처리에는 무리 없이 동작한다고 해도 다음 릴리스에서 제품 관리 팀이 동영상 지원 기능을 추가하려고 한다면 상황은 달라질 수 있습니다. 동영상 지원은 API로 주고받는 데이터 크기를 많이 증가시키기 때문에 확장성 문제가 발생합니다.

궁극적으로 시스템을 제대로 이해하려면 현 시스템 상태를 정확하게 인지하는 것이 중요합니다. 대부분의 시스템은 구현이 잘못되어 있지는 않을 것입니다. 아마도 현재 요구되는 모든 기능 및 성능 요구 사항을 충족하고 있을 것입니다. 그렇지 않다면 이미 결함으로 분리하여 문제 해결을 위한 작업을 진행하고 있을 것입니다.

모든 것을 완벽하게 처리할 수 있도록 구현하는 것은 비현실적일 뿐만 아니라 실행하기도 어렵습니다. 예를 들어 스트리밍 기반 HTTP 라이브러리는 이미지와 더불어 동영상 같은 대용량 데이터도 처리할 수 있지만, 시스템을 복잡하게 만들기 때문에 자칫 제품 출시가 늦을 수 있습니다. 최대한 간단하게 구현 작업을 하는 것은 상당한 가치가 있으며, 때로는 가장 좋은 전략이 되기도 합니다. 이미지 처리 기능을 빠르게 구현하지 못해 소프트웨어 제품 출시가 늦어지면 이후에 동영상 지원 기능을 추가할 기회조차 얻지 못할 것입니다.

다시 말하지만, 여기에서 핵심은 각 구현 한계를 인지하고 이를 미리 대비하는 것입니다. 새로운 요구 사항을 검토할 때는 현재 시스템에 구현된 부분을 충분히 파악하고 있어야 합니다. 이렇게 함으로써 해당 요구 사항을 간단한 변경으로 해결할 수 있는지, 기존 코드를 대대적으로 수정해야 하는지 등을 판단할 수 있기 때문입니다.

구현 한계를 파악하는 것은 엔지니어링 팀의 책임입니다. 즉, 아키텍처 팀이 전부 책임져야 하는 것은 불합리한 일입니다. 하지만 아키텍처 팀이 코드 작성 방식에 대한 잘못된 가정으로 설계를 진행하고 엔지니어링 팀이 이를 바로잡는 일이 반복된다면, 이는 양측 모두에게 불필요한 부담이 될 것입니다. 여러분이 현재 구현된 코드에 대한 기본적인 이해를 갖추고 있다면 아키텍처 팀과 엔지니어링 팀이 공통된 기준을 바탕으로 좀 더 원활하게 협업을 진행할 수 있을 것입니다.

새로운 변경 제안을 작업할 때는 엔지니어링 팀을 적극적으로 참여시켜야 합니다. 공개적으로 작업하고 있다면 이러한 부분은 자연스럽게 진행될 것입니다. 예를 들어 공개적으로 새로운 변경 제안 문서를 작성한다면 엔지니어링 팀에서 작성된 변경 제안서 초안을 확인할 것입니다. 그리고 관심이 있다면 검토를 진행할 것입니다. 때로는 변경 제안서를 제대로 준비하기 전에 피드백을 받을 수도 있는데, 이러한 적극적인 참여는 분명히 좋은 신호입니다. 다만 공개적인 작업만으로 명확한 의사소통을 대신할 수는 없습니다. 엔지니어링 팀 의견이 반드시 필요한 변경 제안이라면 그들이 이를 인지할 수 있도록 직접 공유하고 논의할 수 있도록 해야 합니다.

엔지니어링 팀이 변경 제안에 참여하는 동안 프로그램 관리 팀은 초기 작업량을 추정하려고 엔지니어링 팀에 의견을 구할 수도 있습니다. 작업량 추정과 작업 분할은 변경 제안을 검토하는 데 유용한 관점을 제공합니다. 첫째, 이 과정은 철저한 검토를 유도합니다. 엔지니어들은 정확하게 추정하려고 변경 사항의 모든 측면을 면밀히 검토할 것입니다. 둘째, 추정치는 엔지니어링 관점에서 검증 역할을 합니다. 변경 사항에 대한 엔지니어링 비용 추정이 예상한 범위와 크게 다르다면 이는 주의해야 할 부분으로 더 깊이 조사할 필요가 있습니다.

때때로 이러한 추정치 차이는 잘못된 커뮤니케이션에서 비롯되기도 합니다. 아무리 문서를 명확하게 작성해도 엔지니어링 팀에서 이를 다르게 해석할 가능성이 있습니다. 이 경우 엔지니어링 팀과 직접 대화를 나누면서 오해를 해소해야 합니다. 논의를 거쳐 문제를 정리하고, 필요하다면 문서를 업데이트해야 합니다.

앞선 상황보다 문제가 되는 경우는 변경 제안에 이해가 일치하는데도 작업량 추정치가 크게 다를 때입니다. 이는 좀 더 깊이 조사해야 하는 상황입니다. 이러한 상황은 아키텍트가 시스템에 대해 완전히 이해하지 못한 부분이 있을 수 있다는 신호이기 때문입니다. 또는 변경 제안 자체는 타당하지만, 예상보다 더 많은 작업량이 필요하다는 것을 받아들여야 하는 상황일 수도 있습니다.

시스템의 현 상태를 깊게 이해할수록 좀 더 효율적으로 설계하여 구현 비용을 줄일 수 있습니다. 다만 품질을 희생하면서까지 비용을 줄여서는 안 됩니다. 대부분의 요구 사항은 여러 방법으로 해결할 수 있으며, 작업 과정에서 항상 다양한 요소를 저울질하게 됩니다. 그중 비용도 중요한 요소지만, 기능 혹은 비기능 요구 사항을 제대로 충족할 수 없는 방향으로 비용을 절감하려는 것은 바람직하지 않습니다. 여기에서 추구하는 것은 시스템 특성을 고려했을 때 동일한 목적을 달성할 수 있으면서도 상대적으로 구현 비용이 적은 대안을 찾는 것입니다. 이러한 이유로 효과적인 아키텍처 프로세스에서는 특정 접근 방식을 확정하기 전에 여러 개념적 접근법을 비교하고 평가하는 과정을 거치는 것입니다.

10.5.1 끝까지 참여하기

엔지니어링 팀과 하는 협업은 변경 제안을 승인했다고 해서 끝나지 않습니다. 아키텍트는 전체 구현 과정과 실제 제품을 운영하는 단계까지 지속적으로 참여해야 합니다.

아키텍처 팀이 파트너십에서 자신의 역할을 다하려면 엔지니어링 팀과 이러한 협력을 반드시 이행해야 합니다. 작업을 진행하는 동안 변경 사항에서 다양한 질문이 나올 텐데 아키텍트는 이에 적극 대응해야 합니다. 이러한 질문들은 단순한 문의가 아니라 중요한 피드백이 되기도 합니다. 또 질문이 나온다는 것은 변경 제안의 세부 사항이 매우 명확하지 않거나 구체적으로 정의하지 않았을 가능성이 있다는 의미일 수도 있습니다. 당장의 문제를 해결하는 것도 중요하지만, 가능하다면 이것에서 다음 작업을 위한 교훈을 얻어야 합니다.

반복되는 과정임을 고려하여 변경 제안을 승인한 뒤에는 이를 수정하고 싶은 유혹을 떨쳐야 합니다. 물론 변경 제안을 승인한 뒤에 추가적인 변경이 필요할 수도 있습니다. 상세 설계에서 오류를 발견할 수도 있고, 프로젝트 후반부에 더 나은 접근 방식을 제안해서 그것을 검토해야 할 수도 있습니다. 심지어 요구 사항을 변경하여 계획된 변경 제안 자체를 다시 검토해야 하는 상황이 발생할 수도 있습니다.

승인된 변경 제안을 수정해야 하는 이유가 무엇이든 간에 모든 변경은 정해진 변경 프로세스를 거쳐 처리해야 한다는 점을 명심해야 합니다. 즉, 승인된 변경 제안을 직접 수정하는 대신에 새로운 변경 제안을 만들어야 합니다. 4장에서 설명했듯이, 이러한 원칙을 따르면 모든 팀원이 일관되게 이해할 수 있고 불필요한 혼선도 줄일 수 있습니다.

구현 과정을 모니터링하는 동안에 추가로 반영하고 싶은 변경 사항을 발견할 수도 있습니다. 이러한 변경은 현재 요구 사항을 충족하는 데 반드시 필요한 것은 아니지만 시스템을 더 단순하게 하거나, 신뢰성을 높이거나, 새로운 기능을 추가할 기회가 될 수 있습니다. 따라서 이러한 아이디어는 사라지지 않도록 백로그에 기록해 두어야 합니다. 비록 모든 아이디어를 실제로 구현하는 것은 아니더라도 중요한 개선 사항을 놓치지 않도록 하는 것이 중요합니다.

> **아키텍트가 코드도 작성해야 할까?**
>
> 소규모 팀에서는 역할을 뚜렷하게 구분하지 않기 때문에 아키텍트가 직접 자신이 제안한 변경 사항을 코드로 구현해야 할 때도 있습니다. 이는 전혀 문제가 되지 않으며, 오히려 작은 팀에서는 역할과 책임을 유연하게 할 필요가 있습니다.
>
> 규모가 큰 팀에서는 아키텍트가 **코딩하는 것이 좋은지** 또는 **반드시 해야 하는지**를 두고 논쟁을 벌이기도 합니다. 이러한 논쟁은 코딩을 할 수 없는 아키텍트 설계는 신뢰할 수 없기 때문에 엔지니어링 팀이 따를 수 없다는 의미를 담고 있기도 합니다.
>
> 이는 전문화 가치를 제대로 이해하지 못한 논리입니다. 우리는 아키텍트가 프로덕트 매니저 역할까지 수행해야 하거나 모든 엔지니어가 아키텍트가 되어야 한다고 말하지 않습니다. 마찬가지로 그래픽 엔지니어가 SQL 쿼리를 최적화할 수 있어야 한다고 기대하지도 않습니다. 따라서 코딩 실력이 아키텍트 신뢰성과 직접적으로 연결된다고 보는 것도 타당하지 않습니다.
>
> 게다가 아키텍처 설계와 코딩은 모두 높은 수준의 사고를 요구하는 작업입니다. 한 사람에게 두 가지 역할을 하도록 요구하면 결국 어느 한쪽도 제대로 수행하기 어려울 수 있습니다. 애초에 이 두 가지 역할을 각각 전문적인 역할로 분리한 이유도 그만큼 복잡하고 중요한 작업이기 때문입니다.
>
> 팀을 잘 운영하려면 각기 다른 역할을 맡은 구성원들이 서로의 역할을 존중하고 인정하는 것이 중요합니다. 그런 의미에서 아키텍트와 엔지니어는 서로 신뢰를 형성해야 합니다. 어떤 팀에서는 아키텍트로서 신뢰를 쌓는 방법이 코딩하는 것이라면, 그렇게 하는 것이 하나의 선택이 될 수도 있습니다. 다만 코딩 능력을 보여 주는 것이 엔지니어링 팀과 협력하며 신뢰를 쌓아 가는 과정 그 자체를 대체할 수 있다고 생각해서는 안 됩니다.

10.6 테스팅 팀과 협업

프로젝트에 이상적으로는 테스트, 검증, 품질 관리, 품질 보증 등을 전담하는 팀이 존재해야 합니다. 이는 어떤 명칭을 사용하든 소프트웨어가 의도한 대로 작동하는지 확인하는 팀을 의미합니다. 여기에서는 이를 **테스팅 팀**이라고 하겠습니다.

포괄적인 의미의 테스팅은 여러 단계에서 제품을 검증하는 것입니다. 즉, 제품의 기능과 특징이 예상대로 동작하는지 확인하고, 오류를 일으키는 결함은 없는지 검증합니다. 예를 들어 특정 API를 호출하면 문서에 명시한 대로 동작해야 하며, 의도하지 않은 동작이나 잘못된 출력 또는 커널 패닉(kernel panics)[8] 같은 문제가 발생해서는 안 됩니다.

아울러 테스팅은 기본적인 기능 요구 사항뿐만 아니라 시스템 신뢰성도 평가합니다. 따라서 API 명세서는 단순히 API가 수행하는 기능뿐만 아니라 확장성(동시에 처리할 수 있는 요청 수), 성능(응답 시간), 복원력(하드웨어에 장애가 발생할 때 대응하는 방식) 등도 포함해야 합니다. 이러한 요소들은 모두 테스트를 거쳐 검증할 수 있습니다.

적절한 테스팅은 시스템 기능이 설계 단계에서 정의된 요구 사항을 충족하는지도 검증해야 합니다. 즉, 단순히 API가 문서에 명시된 대로 동작하는지만 확인하는 것이 아니라, 애초에 해결해야 했던 요구 사항을 제대로 충족하는지도 확인해야 하는 것입니다.

테스팅이 이러한 목표를 어떻게 달성하는지는 이 책 범위를 벗어나는 내용입니다. 기본적으로 테스팅은 모든 변경 사항에 대해 올바르게 동작하는지, 요구 사항을 충족하는지 등을 검증할 수 있습니다. 그럼에도 아키텍처 차원에서 테스팅 및 검증 작업을 도와줄 수 있는 다양한 방법이 있습니다.

먼저 문서 작업부터 살펴보겠습니다. 테스팅 팀이 가장 먼저 참고하는 자료가 바로 문서입니다. 테스팅 팀은 시스템 명세서를 기반으로 검증할 수 있는 항목을 식별하고, 이를 바탕으로 테스트 계획과 시나리오 등을 수립하여 검증 작업을 진행합니다. 따라서 문서를 잘 정리했을수록 테스트 과정도 더 정확하고 신뢰할 수 있게 진행할 가능성이 높습니다.

---

[8] 역주 운영 체제가 복구할 수 없는 치명적인 오류를 감지했을 때 시스템이 강제로 중단되는 현상을 의미합니다.

좋은 문서는 단순히 시스템 기능을 설명하는 것 이상이어야 합니다. 즉, 시스템의 핵심적인 콘셉트를 정확하게 전달하고, 시스템 동작에 대한 올바른 정신 모델을 형성할 수 있도록 해야 합니다. 테스트 담당자가 이것들을 제대로 이해하고 있으면 시스템이 수행해야 할 것과 수행하지 말아야 할 것을 올바르게 판단할 수 있습니다. 이는 정확하고 완전한 테스트를 설계하는 데 필수적인 요소라고 할 수 있습니다.

따라서 문서를 작성할 때는 테스트 담당자의 관점도 고려해야 합니다. 좋은 문서는 언제나 독자를 중심으로 작성해야 하며, 테스트 담당자 역시 중요한 독자 중 한 명입니다. 테스트 담당자는 문서에서 해당 구현을 검증하기에 충분한 정보를 얻을 수 있는지 스스로 점검하는 것이 좋습니다.

테스팅 팀을 프로젝트 초기에 참여시키면 단순한 이론적 접근이 아닌 실질적인 협업으로 이어질 수 있습니다. 가장 좋은 방법은 테스팅 팀을 문서 검토 과정에 직접 초대하는 것입니다. 더욱 이상적인 방법은 공개적으로 작업을 진행하여 테스팅 팀이 스스로 참여할 수 있도록 하는 것입니다. 테스팅 팀이 프로젝트 초기에 참여하면 테스트 과정도 앞당길 수 있고, 결함이나 단순한 오해를 더 이른 시점에 발견하여 바로잡기가 훨씬 수월합니다.

아울러 시스템을 설계할 때 해당 설계가 어떻게 테스트될지도 미리 고려해야 합니다. 여기에서 중요한 점은 시스템의 무결성을 유지하면서 블랙박스처럼 동작하지 않도록 하는 것입니다. 시스템의 내부 상태를 더 면밀하게 확인할수록 테스트 담당자가 시스템 동작을 더 쉽게 검증할 수 있습니다. 아울러 이러한 가시성은 디버깅 과정에서도 도움이 됩니다.

대부분의 경우 시스템 가시성을 높이는 목표는 시스템 구성 요소의 적절한 분해(well-decomposed)와 느슨한 결합(loosely coupled)이라는 원칙과 연관됩니다. 즉, 구성 요소 간 결합을 최소화하면 각 연결 지점이 테스트할 수 있는 지점이 되며, 이를 기반으로 적절한 테스트 항목을 작성할 수 있습니다.

테스팅 팀은 이러한 연결 지점을 다양한 방식으로 활용할 수 있습니다. 가장 단순한 방법으로는 시스템 상태를 점검하고 기능이 정상적으로 작동하는지 검증하는 데 사용할 수 있을 것입니다. 여기에 시스템의 주요 속성과 상태 정보를 확인할 수 있는 기본 인터페이스는 테스트 과정에서 큰 도움이 될 것입니다.

시스템 상태를 모니터링하는 것은 매우 유용하므로 대부분의 시스템에는 언제든지 시스템 상태를 읽을 수 있는 로깅 기능이 있습니다. 이러한 로깅 기능이 적절한지 여부는 구축하고자 하는 시스템에 따라 다릅니다. 로깅 기능이 단순한 디버깅 도구가 아니라 시스템 운영 및 테스트에서 중요한 역할을 한다면 이를 공식적인 인터페이스로 관리해야 합니다. 물론 API처럼 엄격하게 문서화할 필요는 없지만, 기본적인 사항을 적절히 문서화하면 테스팅 팀이 로깅 기능을 좀 더 신뢰할 수 있는 검증 도구로 활용할 수 있을 것입니다.

더 복잡한 방법으로는 시스템의 연결 지점에 테스트 코드를 삽입하는 방법도 있습니다. 이 테스트 코드는 단순히 시스템 상태를 모니터링하거나 로깅할 수도 있고, 나아가 구성 요소 간 동작을 변경하는 역할을 할 수도 있습니다. 이러한 기법을 활용하면 의도적으로 시스템에 장애를 발생시켜 오류 상태를 시뮬레이션하여 영향을 받는 구성 요소들을 평가할 수 있습니다.

이러한 접근 방식은 시스템의 개별 구성 요소나 특정 구성 요소 그룹을 테스트하는 테스트 하네스(test harness)[9]와도 밀접한 관련이 있습니다. 참고로 테스트 하네스는 **실제** 운영 환경에서 동작하는 다른 구성 요소와 통합되어 정상적으로 동작해야 합니다. 인터페이스가 명확하게 정의되어 있고 동적 바인딩(dynamic binding)이 가능하다면, 테스팅 팀에서 특정 구성 요소를 대체할 수 있는 요소[10]를 만들어 테스트에 활용할 수도 있습니다. 이것으로 다양한 테스트 조건을 인위적으로 설정하여 다른 구성 요소들을 테스트할 수 있습니다. 실제로 이는 특정 구성 요소가 현재 의존하고 있는 다른 구성 요소의 오류에서 적절히 보호되고 있는지 테스트하는 방법이기도 합니다.

이 기법들은 개별 설계에 적용할 수도 있지만, 시스템 아키텍처에 통합할 때 훨씬 더 강력한 효과를 발휘합니다. 즉, 이 기법들을 설계 표준에 넣는 것입니다.

---

9 역주 테스트를 지원하려고 만든 코드와 데이터로 테스트 드라이버(test driver)라고도 합니다.
10 역주 예로 모의 구성 요소(mock components)가 있습니다.

예로 시스템이 로깅 기능을 사용한다면 어떤 내용을 언제, 어디에 기록할 것인지 일관된 원칙을 수립하는 것을 들 수 있습니다. 이렇게 하면 테스팅 팀은 한 번만 로깅 방식을 학습하면 되어 이후 검증 과정 전반에서 이를 일관되게 활용할 수 있을 것입니다.

마찬가지로 시스템의 다양한 요소가 서로 연결되는 방식을 표준화하는 것도 유용합니다. 이는 여러 아키텍처에서 시스템 초기화 단계에 구성 요소들이 레지스트리(registry)나 서비스 검색(discovery service) 등으로 필요한 의존성을 찾을 수 있도록 동적 바인딩 메커니즘을 적용하는 이유이기도 합니다. 이렇게 표준화된 메커니즘을 사용하면 시스템 아키텍처는 단순해질 뿐만 아니라 테스팅 팀이 모니터링과 장애 주입(fault injection) 등을 위해 자체적으로 로직을 삽입할 수 있는 특정한 제어 지점을 제공할 수 있습니다.

마지막으로 테스트로 얻은 정보는 다음 설계에 중요한 참고 자료가 될 수 있습니다. 테스트 데이터는 개발 주기의 후반부에 생성되지만, 일반적으로 시스템에서 특히 문제가 될 수 있는 부분을 찾아 주는 역할도 합니다. 여기에는 여러 가지 지표가 사용되며, 아마도 그중에서 영역별로 발견된 결함 수가 가장 직관적인 지표가 될 것입니다. 테스팅 팀에 이러한 테스트 정보를 요청하여 향후 설계에 추가적인 주의와 개선이 필요한 영역을 식별하는 데 활용하면 좋습니다.

10.7 운영 팀과 협업

소프트웨어 제품은 테스트를 마쳤다고 해서 완성되는 것이 아닙니다. 사실 테스트가 끝났다는 것은 이제 전반부를 완료했다고 보면 됩니다. 그 이후에는 배포와 운영 단계가 이어지기 때문입니다.

테스팅과 마찬가지로 배포 및 운영 요구 사항도 아키텍처 작업에서 반드시 고려해야 할 요소입니다. 따라서 아키텍처 팀은 변경 프로세스 전반에서 운영 팀과 지속적으로 협력해야 합니다.

모든 변경 사항이 배포나 운영에 영향을 미치는 것은 아닙니다. 일반적으로 배포나 운영 단계에 미치는 영향은 개념적 접근 방안 모색 단계[11]에서 미리 파악할 수 있습니다. 이 단계에서는 어떻게 시스템을 변경할지 방향을 결정하지만, 아직 상세 설계까지는 결정하지 않습니다. 따라서 이 시점이 운영 팀과 해당 변경의 영향을 논의할 적절한 시점입니다. 영향이 없다고 판단되면 운영 팀에서는 해당 변경 사항에 더 이상 시간을 투자할 필요가 없습니다. 반대로 영향이 있다고 판단하면 이후 상세 설계 단계에서도 지속적으로 협업할 수 있도록 조율해야 합니다. (모든 조직이 배포 및 운영을 전담하는 팀을 두고 있지는 않습니다. 이러한 팀이 없다면 해당 역할을 수행하는 적절한 담당자를 찾아 협력하는 것이 중요합니다.)

자체적으로 배포 및 운영 메커니즘을 가지고 있는 시스템은 많지 않습니다. 대신에 배포 기능을 제공하는 플랫폼에서 운영할 때가 많습니다. 예를 들어 애플리케이션은 앱 스토어에서 배포하며, 클라우드 서비스는 컨테이너 관리 시스템 등을 활용합니다. 어떤 플랫폼은 다양한 배포 옵션을 지원하여 더 복잡합니다. 예를 들어 모바일 및 데스크톱 운영 체제는 앱 스토어뿐만 아니라 엔터프라이즈 소프트웨어 관리 도구, 사이드로딩(sideloading)[12] 등에서도 애플리케이션을 배포하도록 하고 있습니다. 가능하다면 새로운 배포 시스템을 구축하기보다는 이러한 배포 방식을 지원하는 것이 더 좋습니다. 반면에 맞춤형 장치에 소프트웨어를 배포해야 한다면 별도의 배포 기능을 직접 개발해야 할 수도 있습니다. 또는 데이터 센터 환경에서 서비스를 배포해야 할 때는 다양한 선택지 중에서 적절한 방식을 결정해야 합니다. 이처럼 여러분 시스템이 당면한 상황이 무엇이든 배포와 운영을 담당하는 팀은 해당 분야에서 전문성을 보유하고 있으므

---

11 역주 3장을 참고합니다.
12 역주 파일이나 소프트웨어를 한 장치에서 다른 장치로 이동시키는 작업입니다.

로 최적의 결정을 내리는 데 도움을 줄 수 있을 것입니다.

그렇게 배포를 완료하면 이제는 운영 단계에 돌입합니다. 이 단계에서는 실행 중인 소프트웨어를 모니터링하고, 장애를 감지하고 복구하며, 설정을 변경하는 등 작업을 하게 됩니다. 또 다양한 종류의 디바이스와 기술 스택에 따라 여러 가지 솔루션을 적용하기도 합니다.

아키텍처를 개발하고 발전시키는 과정에서 앞선 모든 사항을 운영 팀과 협력해야 합니다. 운영과 관련된 문제에서 정답은 없으며, 소프트웨어 업계에서는 관련 기술이 빠르게 변화하고 있습니다. 여기에서 중요한 점은 배포와 운영을 어떻게 설계해야 하는지에 대한 구체적인 조언이 아니라, 협업과 공동의 노력이 필요함을 강조하는 것입니다.

다시 말하지만, 배포와 관련하여 대부분의 시스템에는 중요한 아키텍처 측면의 과제가 있습니다. 새로운 소프트웨어 버전을 모든 기기에서 동시에 배포하는 경우는 드뭅니다. 대개 배포는 일정 기간에 걸쳐 단계적으로 진행하며, 이에 따라 동일한 시점에 여러 버전이 공존합니다. 실제로 대부분의 배포 전략은 새로운 버전을 점진적으로 배포하고 문제가 발생하면 이를 되돌릴 수 있는 롤백 기능을 기반으로 합니다. 따라서 새로운 버전을 순차적으로 배포할 수 있을 뿐만 아니라 어떤 시스템에서는 기존 버전을 최신 버전 위에 다시 배포하도 합니다.

일부 통제된 환경에서는 이 문제를 어느 정도 제한할 수 있습니다. 예를 들어 서비스가 오직 업그레이드만 가능하도록 정책을 정할 수도 있습니다. 새로운 버전에서 결함이 발견되면 롤백하는 대신 해당 배포를 중단하고 더 최신 버전으로 대체하는 방식입니다. 그러나 이 방식을 항상 모든 환경에 적용할 수 있는 것은 아닙니다.

예를 들어 클라이언트 기기에 배포된 소프트웨어는 구버전을 설치하는 것을 완전히 막을 수 없습니다. 또는 오랜 기간 사용하지 않던 기기를 다시 사용하면서 구버전 소프트웨어가 실행되는 경우도 흔합니다. 이와 관련해서 재미있는 실험을 하나 해 보고 싶다면 노트북을 몇 달 동안 꺼둔 뒤 다시 켜 보세요. 운영 체제와 애플리케이션 업데이트를 따라잡기 위해 몇 시간 동안 업데이트를 진행할 것입니다.

게다가 모든 시스템은 일정한 상태를 기록하고 관리합니다. 시스템이 아무 정보도 저장하지 않는다면 별로 쓸모없을 것입니다. 시스템 정보는 데이터베이스의 행, 파일, 메모리 저장 등 다양한 형태로 존재합니다.

어디에 저장하든지 시스템 정보는 일정한 규칙에 따라 유지 관리됩니다. 일반적으로 데이터베이스에서는 이를 스키마(schema)라고 하며 파일에서는 포맷(format)이라고 하지만, 근본적으로 발생할 수 있는 문제는 동일합니다. 저장된 정보는 특정한 구조를 보이며, 이를 읽고 쓰는 모든 소프트웨어 버전은 해당 구조에서 일관된 방식으로 동작해야 합니다. 그렇지 않으면 문제가 발생합니다.

따라서 어떤 아키텍처에서는 서로 다른 버전의 시스템이 동일한 상태 데이터를 읽고 쓸 수 있도록 설계해야 합니다. 새로운 소프트웨어 버전이 이전 버전에서 저장한 데이터를 읽을 수 있어야 한다는 것입니다. 또 소프트웨어 배포를 완벽하게 제어할 수 없을 때는 이전 버전의 소프트웨어가 최신 버전에서 작성한 데이터를 읽어야 하는 상황도 고려해야 합니다. 이러한 상호 호환성을 유지하는 것은 쉽지 않지만, 구버전이 최신 버전의 데이터를 읽지 못하도록 하는 것보다는 현실적으로 더 쉬운 접근 방식입니다.

배포 및 운영 팀은 이러한 복잡한 시나리오를 관리하는 데 핵심적인 역할을 합니다. 이들은 시스템이 배포된 플랫폼의 특성과 구축한 시스템의 기능을 잘 이해하고 있습니다. 또 문제가 발생했을 때 업데이트를 중단할지 진행할지, 롤백할지 유지할지를 결정하기도 합니다. 이러한 이유로 배포 및 운영 팀은 아키텍처 팀의 중요한 협력 파트너라고 할 수 있습니다.

10.8 요약

아키텍처는 소프트웨어 제품을 개발, 배포, 운영하는 데 필요한 여러 기능 중 하나에 불과합니다. 각 기능이 서로 어떻게 협력하며 무엇을 주고받을 수 있는지 공통의 이해를 갖추는 것은 원활한 제품 개발 조직을 구축하는 데 필수적인 요소입니다.

어떤 조직이든 정도 차이는 있지만 특정한 개발 방법론에 따라 운영됩니다. 이러한 개발 방법론은 소프트웨어 개발 생명 주기를 구성하는 방식에서 큰 차이를 보이지만, 본질적으로 어떤 작업을 수행해야 하는지가 아니라 작업을 어떻게 조직하고 진행할 것인지를 정의합니다. 따라서 아키텍처 팀은 다양한 방법론에 적응해야 하고, 아키텍처 원칙과 비전을 수립하고 시스템을 문서화하며, 점진적으로 발전시켜야 하는 핵심적인 작업 자체는 변하지 않습니다.

아키텍처 팀이 하는 역할에는 제품 관리, 사용자 경험, 프로그램 관리, 엔지니어링, 테스트, 운영 팀과 협력 관계를 구축하고 유지하는 것이 포함됩니다. 이러한 팀들은 아키텍처에게 중요한 정보를 제공해야 하며, 동시에 아키텍처도 그들에게 필요한 정보를 제공해야 합니다. 아키텍처 팀은 시스템 전체 동작을 이해하는 책임을 맡고 있는 만큼 각 팀과 원활하게 협력할 수 있도록 조율하는 역할을 해야 합니다.

memo

부록

결론

A.1 비전
A.2 아키텍처 복구
A.3 조직 변화
A.4 변경 프로세스
A.5 맺음말

소프트웨어는 시간이 지날수록 점점 더 복잡해집니다. 우리는 언제 어디서나 원하는 정보와 기능을 사용할 수 있는 소프트웨어에 익숙하며, 이러한 제품들은 다양한 기기에서 사용자 수십억 명이 사용하더라도 대부분 원활하게 작동합니다.

하지만 이러한 소프트웨어 시스템을 직접 만든 적이 있다면 그 과정에 얼마나 많은 노력이 필요한지 잘 알 것입니다. 이러한 시스템은 수백 명 또는 수천 명이 수년 또는 수십 년에 걸쳐 협력하면서 만들기도 합니다. 즉, 현대의 소프트웨어 시스템은 단순히 **저절로** 작동하는 것이 아니라, 오랜 시간에 걸친 수많은 협업과 체계적인 노력 덕분에 원활하게 작동하는 것입니다.

이러한 시스템을 어떻게 설계할지, 구성 요소를 어떻게 관리할지, 변화하는 환경 속에서 시스템을 어떻게 발전시킬지 등은 바로 소프트웨어 아키텍처라는 분야를 정의하는 핵심 과제들입니다. 아키텍처는 이러한 복잡성을 효과적으로 관리할 수 있도록 프로세스와 도구, 작업 방식을 제공하는 역할을 합니다.

그렇다고 아키텍처가 소수의 전문가만 접근할 수 있는 신비로운 영역은 아닙니다. 사실 아키텍처를 만드는 일은 대체로 매우 직관적이고 평범한 작업을 기반으로 합니다. 효과적인 소프트웨어 아키텍처에는 탄탄한 설계 프로세스가 필요하지만, 이는 다른 모든 공학 분야에서도 마찬가지입니다. 올바른 의사 결정도 중요하지만, 다른 모든 일도 마찬가지입니다. 문서를 작성하고 용어를 정의하는 일은 단지 실용적인 조언일 뿐이며, 결코 로켓을 만드는 것처럼 복잡한 과학은 아닙니다.

즉, 아키텍처는 누구나 접근할 수 있는 분야라는 것입니다. 여러분은 지금 조직 내 새로운 아키텍처 팀을 만들려고 하거나, 기존 아키텍처 운영 방식을 개선하려고 고민하고 있을 것입니다. 어쩌면 그 두 가지 사이에서 어떻게 해야 할지 고민할 수도 있습니다. 어떤 고민이든 이 책에서 제시하는 직관적이고 실용적인 조언들은 여러분 조직에도 충분히 활용할 수 있을 것입니다.

문제는 이렇게 직관적이고 평범한 조언조차 실제로 적용하기가 쉽지 않다는 점입니다. 이 책에서 제시하는 조언이 누구나 쉽게 따라 할 수 있고 이미 널리 활용되고 있었다면 필자는 이 책을 쓸 필요가 없었을 것입니다. 더 나은 아키텍처 실천 방안을 고민하는 조직조차도 구체적으로 어떤 단계를 밟아야 할지 어려움을 겪는다는 사실을 인지하면서 이 책을 썼습니다.

안타깝게도 모든 조직에 똑같이 적용할 수 있는 아키텍처 실무 매뉴얼은 없습니다. 모든 조직은 각각 고유한 업무 방식과 도전 과제를 가지고 있을 뿐만 아니라 조직을 구성하는 사람과 문화도 다양합니다. 따라서 조직 내 아키텍처 실무 방식을 변화시키고자 한다면 이 책에서 제시하는 조언을 여러분 상황에 맞게 적용하는 과정이 필요할 것입니다.

이 책을 마무리하며 여러분이 어디에서부터 시작할지, 무엇을 우선순위로 둘지, 조직에 맞는 최적의 방안을 어떻게 **선택하고 적용할지** 몇 가지 의견을 전하고자 합니다.

A.1 비전

아키텍트가 명확한 비전을 설정하고 그 방향을 따라가듯이(4장 참고) 조직 또한 비전을 가질 수 있습니다. 아직 조직 내 소프트웨어 아키텍처 비전이 없다면 이를 수립하고 문서로 만드는 것을 고려해 보길 바랍니다. 기술 비전과 마찬가지로 조직 비전 역시 구성원들이 나아가고자 하는 방향을 조율하고 의사 결정을 원활하게 하는 데 중요한 역할을 할 것입니다.

그리고 이러한 비전을 수립하면서 소프트웨어 아키텍처 부분을 명확히 기술해야 한다고 깨달을 것입니다. 이는 소프트웨어 아키텍처를 하나의 전문 분야로 정의하고, 그 역할과 운영 방식을 설명하며, 조직 성공에 어떻게 이바지할 수 있는지 논의할 좋은 기회가 될 것입니다. 자세한 내용은 1장을 참고하길 바랍니다.

A.2 아키텍처 복구

현재의 시스템 상태를 제대로 문서화하지 않았다면, 먼저 문서화 작업을 진행하는 것을 고려하길 바랍니다. 4장에서 설명했듯이, 현 시스템을 정확히 이해할 수 있어야 앞으로 어떤 변경을 할지 결정할 수 있기 때문입니다.

시스템을 문서화하는 과정에서 여러 유형의 정보를 정리해야 합니다. 이때 용어 사전을 만드는 것도 좋은 방법입니다. 공통으로 쓰는 정의를 명확하고 간결하게 정리하면 시스템의 다양한 구성 요소를 복구하는 데 큰 도움이 될 것입니다. 이렇게 하면 일상적인 업무에서 발생하는 혼선을 줄이는 효과를 기대할 수 있습니다.

설계 문서는 시스템의 현재 상태를 문서화하는 데 가장 중요한 결과물입니다. 설계 문서를 작성하면 시스템의 각 구성 요소와 그 관계를 설명할 수 있습니다. 다만 이것만으로 아키텍처를 완전하게 설명할 수 있는 것은 아닙니다. 이보다 한 걸음 더 나아가 시스템의 암묵적인 구조와 근본적인 원칙까지 도출하여 문서화해야 합니다.

마지막으로 이 기회를 활용하여 문서화한 구성 요소들을 정리해서 목록화하는 것도 좋습니다. 소프트웨어 카탈로그는 그 자체로도 매우 유용한 자료가 될 것이며, 작성한 설계 문서를 연결할 수 있는 좋은 장소가 될 것입니다.

A.3 조직 변화

효과적으로 아키텍처 실무 방식을 적용하려고 반드시 조직 구조를 변경할 필요는 없습니다. 하지만 조직 구조를 바꾸는 것은 우선순위를 강조하고, 커뮤니케이션 방식을 조정하며, 조직 구성원들의 관심을 이끌어 낼 수 있는 방법은 될 수 있습니다. 따라서 조직 내 아키텍처 팀이 없다면 새롭게 구성하는 것을 고려해 보길 바랍니다(아키텍처 팀 구조에 대한 자세한 내용은 9장을 참고합니다). 아울러 아키텍처를 이끌어 갈 리더가 없다면 그 역할을 만들어 적절한 인재를 채용하길 바랍니다.

아키텍처 팀을 구성한 뒤에는 팀을 하나로 결속시키는 실질적인 조치를 취하는 것이 중요합니다. 여기에서 아키텍처 원칙을 수립하는 것은 두 가지 측면에서 의미가 있습니다. 첫째, 팀원들이 공통된 방향성을 갖게 합니다. 둘째, 앞으로 하는 작업을 위한 중요한 기준을 제공합니다. 물론 이외에도 팀워크를 강화할 수 있는 다양한 활동도 활용할 수 있습니다.

A.4 변경 프로세스

변경 프로세스를 체계적으로 운영하고 관련된 실무 프로세스를 정립함으로써 조직의 중요한 성장 기회를 마련할 수 있습니다. 하지만 문제는 조직에서는 이미 기존 실무 방식에 따라 소프트웨어를 설계하고 있다는 점입니다. 비록 실무 프로세스를 개선하는 일은 중요하지만, 자칫 팀의 업무 흐름에 혼란을 초래할 수 있습니다.

이러한 이유로 필자는 한꺼번에 대대적으로 프로세스를 변경하는 것을 권장하지 않습니다. 대신에 이 책에서 제시하는 아이디어 중 **필요한 것만 선택**하여 적용하는 것을 권장합니다. 한 가지 변화를 도입한 뒤 그 효과를 평가하고, 이를 반복적으로 개선해 나가는 것이 더 효과적인 접근 방식일 것입니다.

현재 아키텍처 백로그를 운영하지 않고 있다면 이 부분이 아주 좋은 출발점이 될 수 있습니다. 백로그를 구축하면 전체 프로세스를 좀 더 명확하게 정리할 수 있으며, 이는 4장에서 다룬 여러 아키텍처 실무의 기초가 될 수 있습니다. 백로그를 만드는 것은 논란의 여지가 크게 없는 작업입니다. 해야 할 일 목록을 작성하고 이를 체계적으로 관리하는 것에 반대할 이유가 없기 때문입니다.

또 다른 좋은 출발점은 변경 제안 템플릿을 도입하는 것입니다. 대부분의 아키텍트에게 이러한 템플릿은 업무를 더 어렵게 만드는 것이 아니라 오히려 더 효율적으로 수행할 수 있도록 돕는 도구가 될 것입니다.

이러한 변화 외에도 현재 프로세스에서 가장 큰 어려움을 느끼는 부분은 어디인지 고민하길 바랍니다. 예를 들어 검토 절차나 의사 결정 과정에서 문제가 많이 발생한다면 이 부분을 개선하는 것이 투자 대비 효과가 가장 클 것입니다. 이처럼 프로세스를 개선하는 작업은 충분한 가치가 있지만, 너무 자주 추가적으로 프로세스를 변경한다면 그 효과는 점차 줄어들 수 있다는 점도 염두에 두어야 합니다.

A.5 맺음말

지금 시대에 소프트웨어 시스템을 설계하고 운영하는 과정에서 직면하는 과제들은 몇십 년 전에 단순한 독립형 소프트웨어 제품을 만들 때와는 비교할 수 없을 정도로 복잡합니다. 따라서 이러한 대규모 시스템을 기획하고 구현하며 운영하는 데는 다양한 분야의 협력이 필요합니다. 그중에서도 특히 소프트웨어 아키텍처에는 전체적인 그림을 보는 능력, 시스템의 모든 요소가 어떻게 유기적으로 연결되는지 이해할 수 있는 능력, 지속적으로 시스템 구조를 진화시킬 수 있는 능력이 필요합니다. 지난 20여 년간 아키텍트는 이러한 과제를 해결하려고 다양한 기술과 아키텍처 스타일을 개발하는 등 큰 성과를 이루어 냈습니다.

효과적인 소프트웨어 아키텍처 실무는 이 지식들을 소프트웨어 제품 개발 과정에 통합하는 것입니다. 아키텍트는 다양한 요구 사항을 종합할 수 있는 최적의 위치에 있으며, 개별 요소의 단순한 집합이 아닌 조화로운 하나의 시스템을 설계할 수 있습니다. 또 전체적인 관점을 바탕으로 각 요소를 어떻게 연결하고 상호 작용하는지 조직 내 모든 구성원에게 효과적으로 전달할 수 있습니다.

이것들을 잘 수행하려면 단순히 컴퓨터 공학 학위를 따거나 특정 아키텍처 스타일에 대한 경험만으로는 부족합니다. 예측할 수 있고 반복할 수 있는 프로세스, 신속하고 효과적인 의사 결정 능력, 일관적이고 명확한 커뮤니케이션 전략, 효율성을 극대화할 수 있는 도구, 개별 역량을 뛰어넘는 강력한 팀워크가 필요합니다.

결국 어떻게 소프트웨어 아키텍처를 운영하는지에 따라 조직이 적절한 소프트웨어를 개발하고 제공할 수 있는지가 달려 있습니다. 이 책에서 논의한 효과적인 아키텍처 실무 방식은 조직을 더 나은 방향으로 이끌 뿐만 아니라 더 빠르고 품질 높은 제품을 만들어 내는 데도 도움을 줄 수 있을 것입니다.

찾아보기

A
ADRs 167
Agile 111
ASR 055

B
batch 133

C
change proposals 254
Chief Architect 238
Conway's law 140
cross-platform solutions 059

D
de facto cross-platform standards 066
dependency 038
dynamic binding 278

H
Head of Architecture 238
horizontal scaling 042

I
iOS 플랫폼 039
ivory-tower architects 239

L
loose coupling 045

M
maximum latencies 055
mental model 199
minimum throughput 055
monolithic 046
MVC 060

N
network effects 037

P
pull request 120

R
Rational Unified Process 253

S
Spiral 253
standard 068
stream 133
summit 249

T
test harness 278

U

use cases 263

UX 팀 265

V

vertical scaling 042

virtual team 232

W

Write-Through 캐시 085

ㄱ

가상 팀 232

가이드라인 069

개념적 단계 075

개념적 모델 200

개념적 접근 방안 112

개발 방법론 253

개방적인 작업 142

검토 회의 186

결합도 140

기능 256

기능 요구 사항 056

기능의 경로 078

긴급성과 중요성 118

ㄴ

네이밍 215

네트워크 효과 037

느슨한 결합 045

ㄷ

다중 플랫폼 제품군 아키텍처 063

데이터 모델 카탈로그 178

데이터 컴포넌트 133

동기 부여 단계 075

동적 바인딩 278

ㄹ

라이브러리 030

래셔널 통합 프로세스 253

로깅 기능 278

로직 컴포넌트 133

릴리스 267

ㅁ

메타 변경 110

멘탈 모델 199

멘토링 프로그램 242

모놀리식 방식 046

모델-뷰-컨트롤러 060

문서화 작업 288

ㅂ

배치 133
백로그 173
백로그 관리 110
변경 범위 079
변경 속도 078
변경의 세 가지 단계 108
변경 제안 254
변경 제안서 108, 167
변경 제안 템플릿 290
변경 프로세스 289
병렬 처리 138
분해 130
불완전한 가정 085
불필요한 재작업 104
비기능 요구 사항 056, 256
비동기 검토 184
비동기 커뮤니케이션 203
비전 287
비전 문서 254
비정형 시스템 문서 179
비즈니스 도메인 257

ㅅ

사실상 표준 069
상아탑 아키텍트 239
서밋 249
서비스 030

설계 문서 288
설계 조직을 구성하는 기준 140
설계 프로세스 147
세부 단계 076
셀 036
소프트웨어 설계 028
소프트웨어 아키텍처 028
소프트웨어 아키텍트 229
소프트웨어 엔지니어 229
소프트웨어 카탈로그 178, 288
수석 아키텍트 238
수직 확장 042
수평 확장 042
스타일 가이드 069
스트림 133
스파이럴 253
승인자 목록 188
시스템 031
시스템 문서화 103, 254
시스템 재문서화 119
시스템 진화 045
신뢰도 053
실시간 대화 206

ㅇ

아키텍처 리더 236
아키텍처 백로그 111, 290
아키텍처 변경 프로세스 121

아키텍처 복구 105, 288
아키텍처 비전 107
아키텍처 설계 124
아키텍처 원칙 041, 254
아키텍처 의사 결정 기록 167
아키텍처 재구축 047
아키텍처 진화 095
아키텍처 책임자 238
아키텍처 팀 234, 289
아키텍처 팀 구조 289
아키텍트 커리어 트랙 242
아키텍팅 124
애자일 111
엔지니어링 팀 270
요구 사항 256
용어 사전 288
용어집 219
운영 팀 279
유닉스 아키텍처 037
유스케이스 263
의사 결정 문서 167
의사 결정 체크 리스트 162, 169
의사 결정 프로세스 150
의존성 038
일정과 예산 추정 191

ㅈ

장애 주입 279
점진적 배포 092
점진적 접근 136
정기적인 대화 208
정기적인 세미나 248
정보 아키텍처 209
정신 모델 199
정신 모형 199
제약 속의 창의성 126
제품 개발 프로세스 102
제품 계열 058
제품군 062
제품 라인 060
제품 백로그 111
조직 문화 244
조합 133
중개 플랫폼 065
중앙 집중식 아키텍처 팀 232
집중 시간 192

ㅊ

책임 할당 방식 164
최대 지연 시간 055
최소 처리량 055
추상화 132
추상화 계층 040

ㄱ

카탈로그 178
코드 라이브러리 135
코딩 표준 069
콘셉트 050
콘웨이의 법칙 140
크로스 플랫폼 065
크로스 플랫폼 솔루션 059
크로스 플랫폼 표준 066

ㅌ

테스트 하네스 278
테스팅 팀 276
템플릿 179
투자적 관점 090

ㅍ

파일 시스템 추상화 035
표준 068
표준의 계층화 070
풀 리퀘스트 120
프로그램 관리 팀 267
프로덕트 매니저 256
플랫폼 136

ㅎ

하이브리드 방식 233
확장 가능한 동시성 아키텍처 130